ジャストシステム公認

学んで作る！

一太郎 2019

使いこなし
ガイド

内藤由美＋井上健語
＋ジャムハウス編集部［著］

かしこい
日本語.
ATOK

Jam House

■本文中のキー表記については、基本的にWindowsパソコンでのキーボード（日本語106キーボード）で表示をしています。なお、日本語対応のキーボードではない場合、本書中で解説している機能が実行できないことがありますので、ご注意ください。

■キーボード上でのキーは、Esc のように囲んで表記しています。

■キーを「＋」でつないでいる場合は、2つあるいは3つのキーを同時に押しながら操作をすることを示しています。たとえば、Shift ＋ A の場合は、Shift キーを押しながら A キーを押すという動作を示します。

■マウス操作については、「クリック」と表記されている場合、左ボタンでのクリックを表しています。右ボタンでのクリックは「右クリック」と表記しています。

■本書中の画面は Windows 10 で作成しました。

■本書では、特に注釈のない場合、一太郎の画面や操作環境は初回起動時の設定で解説しています。

■本書では、ジャンプパレットやツールパレットは解説内容に応じて表示／非表示を切り替えていることがあります。

■本書では、解説内容に応じて画面表示の解像度や倍率を変更している図版があります。そのため記載されている画面表示と実際の操作画面で、多少のイメージが異なる場合があります。操作上の問題はありませんので、ご了承ください。

■インターネットに関係する機能は、サービス内容および画面が随時変更する場合がありますので、ご了承ください。

Contents

付 録 一太郎2019 プレミアム／スーパープレミアムでできること … 249

一太郎 2019 の新機能

一太郎 2019 では、正しい日本語文書を作成するために、機能が進化しています。文書校正や表記ゆれチェックの精度を向上したことに加え、書籍や冊子を満足度の高いレイアウトで作成できるような新機能を搭載しました。ATOKでは、漢字についての説明を読みとして入力すると、該当の漢字に変換できる「漢字絞り込み変換」や、読み方がわからない地名や駅名でも、見たままの読みから正確に変換できる「地名の入力支援」を新搭載しました。

1 たしかな日本語文書～文書校正～

文書校正に、「略称チェック」という新しいチェック項目を追加しました。略称を定義したあとの略称の未使用や再定義などの不整合を検出します。また、文章校正支援ツール「Just Right!6 Pro」の校正エンジンを搭載し、指摘精度をさらに強化しました。最新の「学年別漢字配当表」などに対応し、教育現場での利用にも役立ちます。表記ゆれはシートをまたいでの検出が可能となり、章立ての文書をシートごとに分けて作る場合など、表記ゆれの確認と修正作業の効率が格段に向上します。

1-1 略称チェック NEW

文書校正の機能アップとして、「略称チェック」を新搭載しました。長い社名や商品名などを初出以降に略す場合、いったん略したのに途中で正式名称の表記があったり、略したのにその後その文言が出てこなかったり……そんな恥ずかしいミスもきちんとチェックしてくれます。

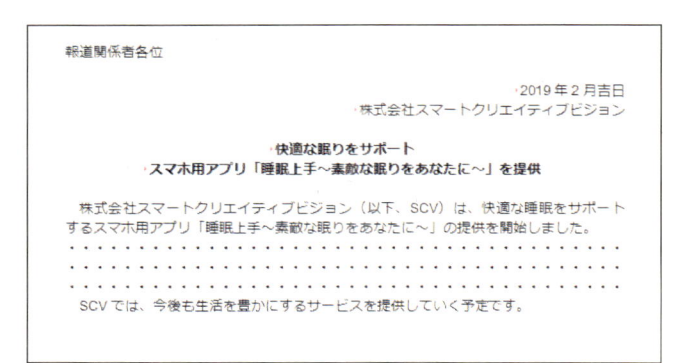

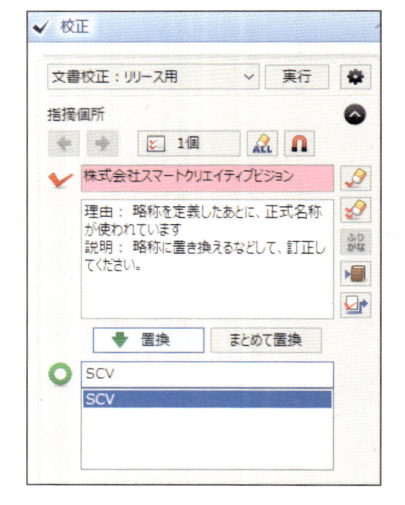

略称を定義したあとに正式名称が使われている場合に文書校正を実行します。

するとこのように、「略称を定義したあとに、正式名称が使われています」という指摘とともに、略称を候補として提示してくれます。置換をクリックすれば、正しい略語に置き換えてくれます。

150ページへ

報道関係者各位

2019年2月吉日
株式会社スマートクリエイティブビジョン

快適な眠りをサポート
スマホ用アプリ「睡眠上手～素敵な眠りをあなたに～」を提供

株式会社スマートクリエイティブビジョン（以下、SCV）は、快適な睡眠をサポートするスマホ用アプリ「睡眠上手～素敵な眠りをあなたに～」の提供を開始しました。
・・・・・・・・・・・・・・・・・・・・・・・・・・・・・・・・・・・・
・・・・・・・・・・・・・・・・・・・・・・・・・・・・・・・・・・・・
株式会社スマートクリエイティブビジョン（以下、SCV）では、今後も生活を豊かにするサービスを提供していく予定です。

ほかにも、略称を定義したあとに同じ略称が再度定義されている場合（左）や、略称を定義したあとに略称が使われていない場合にも指摘されます。

略称と判定する文字列の例

・（以下「●●」という。）
・（以下「●●」と称する。）
・（以下「●●」と総称する。）
・（以下「●●」）

・（以下、「●●」という）
・（以下、「●●」と称する）
・（以下、「●●」と総称する）
・（以下、●●）

1-2 文書校正の指摘精度が向上　UP

文筆業の方々にもご愛用いただいている、文章校正支援ツール「Just Right!6 Pro」の校正エンジンを搭載。一太郎2019では指摘精度をさらに強化し、よりスピーディーなチェックが可能となります。新しい名称や時事的な用語をはじめ語彙の解析を強化しており、過剰な指摘が抑制され、校正作業がスムーズに行えます。

〈2018〉

将棋のタイトル戦、叡王戦から目が離せない
サービス付き高齢者住宅（「サ高住」）の整備
ポゼッション率（支配率）を上げるには
リファラル採用のメリットを考える

〈2019〉

将棋のタイトル戦、叡王戦から目が離せない
サービス付き高齢者住宅（「サ高住」）の整備
ポゼッション率（支配率）を上げるには
リファラル採用のメリットを考える

新しい名称や時事的な用語をはじめ語彙の解析を強化しました。一太郎2018では指摘されていた用語も、一太郎2019では過剰な指摘が抑制され、校正作業がスムーズに行えます。

108ページへ

1-3　漢字基準 [学年別漢字配当] `UP`

学年別漢字配当表にない漢字・読みをチェックします。平成 29 年 3 月に学習指導要領で示された「学年別漢字配当表」「音訓の小・中・高等学校段階別割り振り表」に対応しました。学習する学年の変更に対応し、また、漢字は学習していても読みを学習していない場合も、指摘します。

〈2018〉[漢字基準] を [小学 4 年生] の設定
にしている場合

> 歴史を学びましょう

〈2019〉

> 歴史を学びましょう

[漢字基準] を [小学 4 年生] の設定にしている場合、一太郎 2019 では指摘します。一太郎 2018 では小学 4 年生ですでに習っていたので指摘がありませんでしたが、新学習指導要領では 5 年生に配当されるため、指摘するようになりました。

151ページへ

1-4　漢字基準 [常用漢字] `UP`

常用漢字表にない漢字をチェックします。伝統文化や行事など、常用漢字を含む単語の指摘精度が向上し、訂正候補もより適切に示されるようになります。

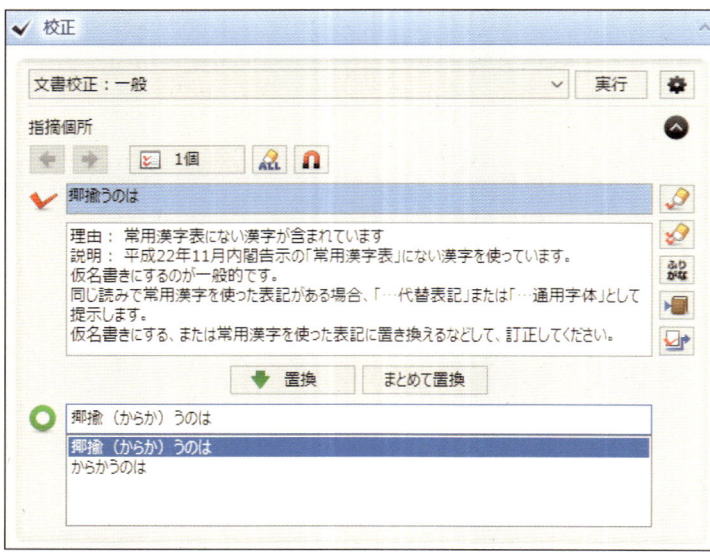

[漢字基準] を [常用漢字] の設定にしている場合

151ページへ

1-5 表記ゆれ　UP

章ごとにシートを分けている場合、シートをまたいで表記ゆれをチェックすることができるようになりました。全シートの表記ゆれをまとめて確認でき、修正作業の効率が格段に向上します。また、[表記ゆれ][文頭文末][括弧]の結果ダイアログボックスでは、一覧の文字サイズを3段階で切り替えられるようになりました。

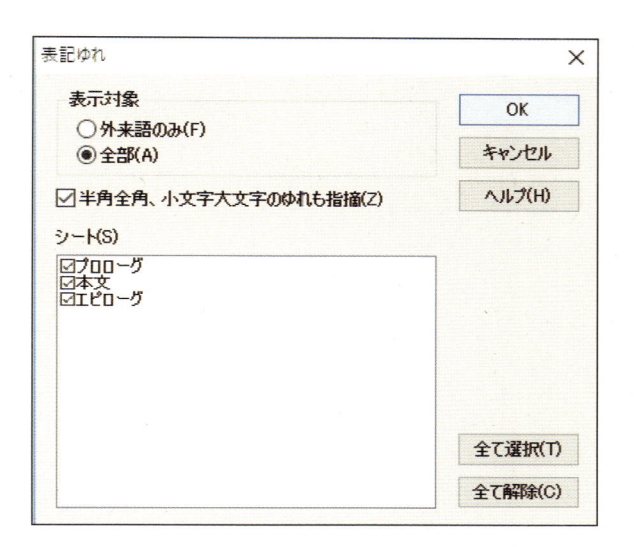

シート分けされている場合、[表記ゆれ]を実行するときに、対象にするシートを選択できます。

112ページへ

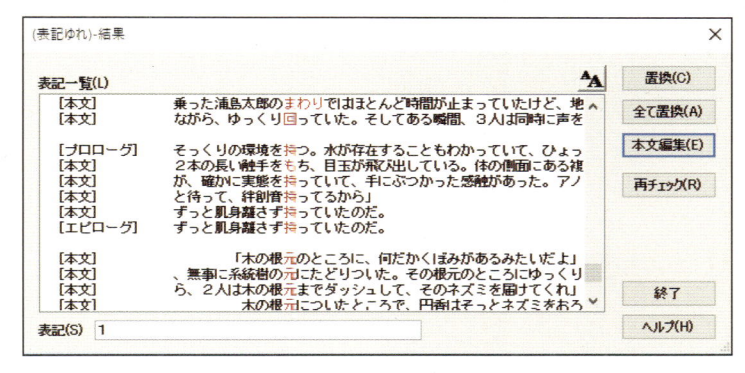

すべてのシートを対象に、表記ゆれをチェックできます。

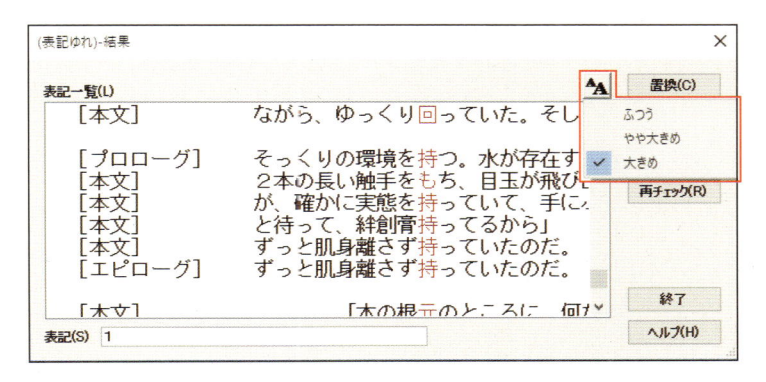

[表記ゆれ][文頭文末][括弧]の結果一覧では、大きさを3段階で切り替えることができます。

2 たしかな日本語文書〜脚注・ふりがな〜

脚注参照が自動でできるようになりました。同じ文献や引用を繰り返す場合、脚注に「前掲注」などとして示しますが、参照元の脚注の番号が変わっても自動で番号が変わるようになりました。また、平成29年3月に学習指導要領で示された「学年別漢字配当表」「音訓の小・中・高等学校段階別割り振り表」に対応しました。

2-1 脚注参照　NEW

論文やレポート、解説書などを作る際、参考文献や引用を脚注で示すことがあります。同じ文献や引用を繰り返す場合「前掲注」などとして示しますが、一太郎 2019 では脚注参照ができるようになりました。参照元の脚注の番号が変わっても自動で番号が変わるので、修正の手間がなくミスを回避します。

```
*1 アプリケーションソフトのこと。スマホを便利に活用するための機能
*2 2018 年 6 月に 500 人を対象に行った弊社独自調査
*3 iOS 用と Android 用は機能に若干の違いがある
*4 前掲注 *2
*5 レム睡眠のこと。逆に深い眠りのことをノンレム睡眠という
```

脚注の4に「前掲注」として脚注2を参照させています。

137ページへ

```
*1 2018 年 6 月に 500 人を対象に行った弊社独自調査
*2 iOS 用と Android 用は機能に若干の違いがある
*3 前掲注 *1
*4 レム睡眠のこと。逆に深い眠りのことをノンレム睡眠という
```

前の脚注を削除することによって脚注2が脚注1になっても、前掲注の参照番号が自動で変わってくれます。

2-2 ふりがな─すべての単語：学年別漢字配当　UP

平成 29 年 3 月、新学習指導要領で示された「学年別漢字配当表」「音訓の小・中・高等学校段階別割り振り表」に対応し、学年ごとのふりがなを設定した場合も正しくふりがながふられます。

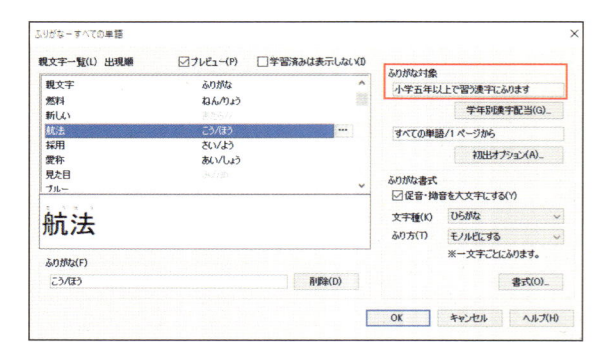

［ふりがな対象］を［小学五年以上で習う漢字にふります］の設定にしている場合、新学習指導要領で配当学年が変更された単語も、正しくふりがながふれられます。

102ページへ

3 たしかな日本語文書～レイアウト～

本文の何行分の行幅かを決め、中央に文字をレイアウトできる「行取り」が可能になりました。冊子の作成では、ページをめくる境目で文章が切れないか、見出しや画像などが見開きでどうレイアウトされるかに配慮して、執筆・編集することがあります。一太郎2019では、見開きで2ページずつ並べて表示できるようになりました。

3-1 行取り　NEW

たとえば「4行取り」の場合、本文の4行分の中央に文字を配置します。本文とは異なる文字サイズで文字を入れる場合でも、本文の行の位置が揃うため、段組みが設定されている小説での見出しなどにお勧めです。段落スタイルでも設定できるので、見出しなどにスタイルを設定しておくと4行取りを2行取りに変更したい、といった場合にも1回の修正で終わるので時短になります。

段組みが設定されていても、下段と本文の行の位置がピッタリ揃います。

97ページへ

太陽系の誕生と地球の軌道

「ごめん、ごめん、ちょっと思い出し笑い」
「こんなときに思い出し笑いって、やっぱり時生はふつうじゃないな」と隼人が言う。
「ごめんごめん、でもここに止まっていても何も解決できないみたいだから、そろそろ次の部屋に進もうよ」と、僕は言った。

次の部屋は、薄明かりもない、完全な闇だった。はぐれないように、円香が、隼人と僕の手を握ってきた。暗闇の中をさぐるように、少しずつ、前に進んでみる。足先に何かがあたることを警戒しているが、まったく何もない、真っ平らな部屋のようだ。
「なんだか暑くなってきたな」と、隼人が言う。
「見て、あそこ、何かが渦を巻いているみた

い」
円香が指す方向を見ると、部屋の中央だけが少し明るくなり、ゆっくりとオレンジ色の渦が巻いている。やがて、渦の中央は大きな塊になり、周辺にはドーナツ状の渦が形作られる。ドーナツの中には、さらに小さな渦がいくつかできてきた。
「まるで、太陽系ができるときの様子みたいだ」と僕は言う。
いくつかの渦は回転するうちにだんだん固まり、球形になっていく。
「やっぱり、これは太陽系だよ。中央にできているのが太陽、そのまわりに、水星、金星、地球、火星、木星、土星、どんどん惑星ができているよ」
「さっきからのこの熱気は、太陽からの熱なのかな」
隼人は、まぶしそうに手をかざしながら、太陽を見る。

24

3-2 見開き表示 NEW

冊子の作成では、ページをめくる境目で文章が切れないか、見出しや画像などが見開きでどうレイアウトされるかに配慮して、執筆・編集することがあります。
「一太郎 2019」では見開きで 2 ページずつ並べて表示できるようになりました。

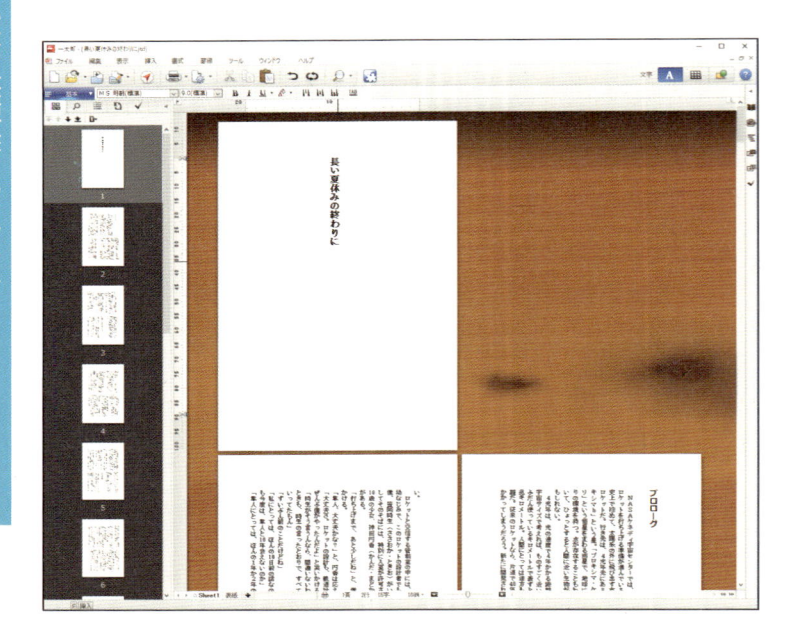

縦書き（右とじ）のため、先頭ページは左側から表示され、画面は縦方向にスクロールします。

119ページへ

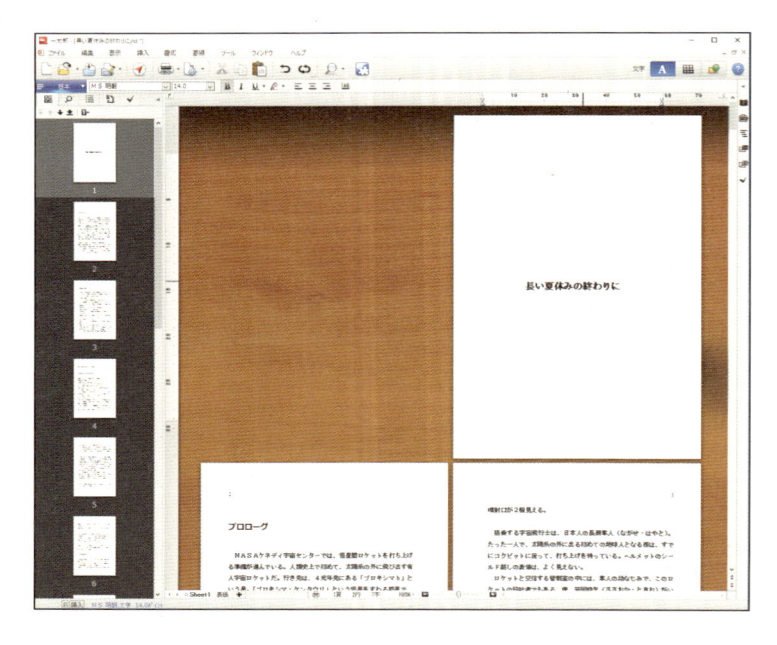

横書き（左とじ）の場合は、先頭ページは右側から表示されます。

4 日本語の文字へのこだわり

のれんや看板など、現代のくらしの中でも使われている「変体仮名」が、文字として扱えるようになりました。また、縦書きに適したフォント5書体を標準で搭載し、縦書き文書の表現力が向上します。

4-1 文字パレット[変体仮名] NEW

現在のひらがなとは異なるさまざまな字体のかなを変体仮名といいますが、のれんや看板など現代のくらしでも意外と目にします。また、戸籍上の人名として変体仮名が用いられている場合もあります。「一太郎2015」で[変体仮名]部品を搭載し、変体仮名を図形として扱えるよう対応しましたが、「一太郎2019」では変体仮名286文字を文字として扱えるようになりました。

ツールパレットの[文字]パレットで[準仮名]を選択し、[変体仮名]シートから、入力します。

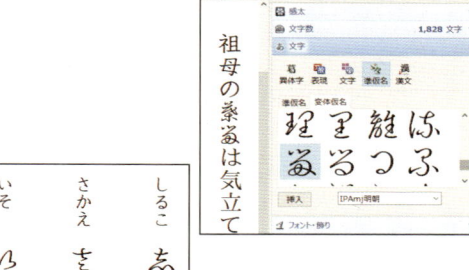

4-2 縦書きが映えるフォント5書体 UP

縦書きの日本語文書を際立たせるフォントを用意しました。用途に応じて、ニュアンスの異なる書体が利用できます。

34ページへ

●AR明朝体L
美しいフォントで縦書き文書を作成

●ARゴシック体M
美しいフォントで縦書き文書を作成

●AR教科書体M
美しいフォントで縦書き文書を作成

●AR宋朝体M
美しいフォントで縦書き文書を作成

●AR隷書体M
美しいフォントで縦書き文書を作成

明朝系、ゴシック系のほか、教科書体、宋朝体、隷書体のバラエティ感あふれる5書体

5 セキュリティ

文書に個人情報や隠しプロパティが含まれていないかをチェックします。外部に公開したり、メールなどで他者に渡したりする文書は、事前にチェックしておくと安心です。

5-1 ドキュメント検査　NEW

検査する項目は「添削、指摘、注釈／注釈行」、「文書情報と個人情報」、「ヘッダ・フッタ、すかし」、「非表示の情報」の4項目です。

[ファイル－文書補助－ドキュメント検査]から実行します。[すべて検査]をクリックします。

154ページへ

検査で見つかった項目は、個別に 削除 や 表示 などを実行します。

6 その他の強化機能

2019年5月1日の改元にともない、和暦にかかわる機能では新元号への対応を行います。また、電子書籍形式での保存の際に、ナビゲーション目次の出力をするかしないか選択できるようになったり、行間ラインの行頭・行末マークを表示しない設定を用意したりと、細かいところでもさまざまな強化・操作環境の向上を図っています。

6-1 新元号への対応 UP

改元の実施後に、アップデートプログラムをダウンロード提供します。 西暦・和暦の表記について、間違いや書式が設定と異なる個所、和暦の初年表記の統一性をチェックします。新元号もチェックできるようになります。また、テンプレートやカレンダー、楽々はがき セレクトなどで新元号への対応を行います。

●文書校正：西暦・和暦

西暦・和暦の表記について、間違いや書式が設定と異なる個所、和暦の初年表記の統一性をチェックします。新元号もチェックできるようになります。

●フィールド：日付

フィールドを利用すると、現在の日付を決まった書式で表示させたり、印刷日付や保存日付を自動的に表示させたりすることができます。日付型の書式で新元号が選択できるようになります。

●カレンダー

カレンダーでは、改元のほか、2020年の東京オリンピックにともなう祝日改正にも対応します。

●テンプレート

いろいろな用途のテンプレートが用意されています。ビジネス文書や賞状など、和暦を用いたテンプレートは新元号に置き換えられます。

●はがき作成・住所録（楽々はがき セレクト）

「楽々はがき セレクト」では、はがきの裏面を印刷したり、住所録を作って宛名を印刷したりすることが簡単にできます。はがき作成や住所録について、新元号への対応を行います。

6-2 EPUB保存：ナビゲーション目次　UP

電子書籍フォーマットの EPUB 形式、Kindle/mobi 形式として保存する際に、ナビゲーション目次を出力するかしないかを選択できるようになりました。

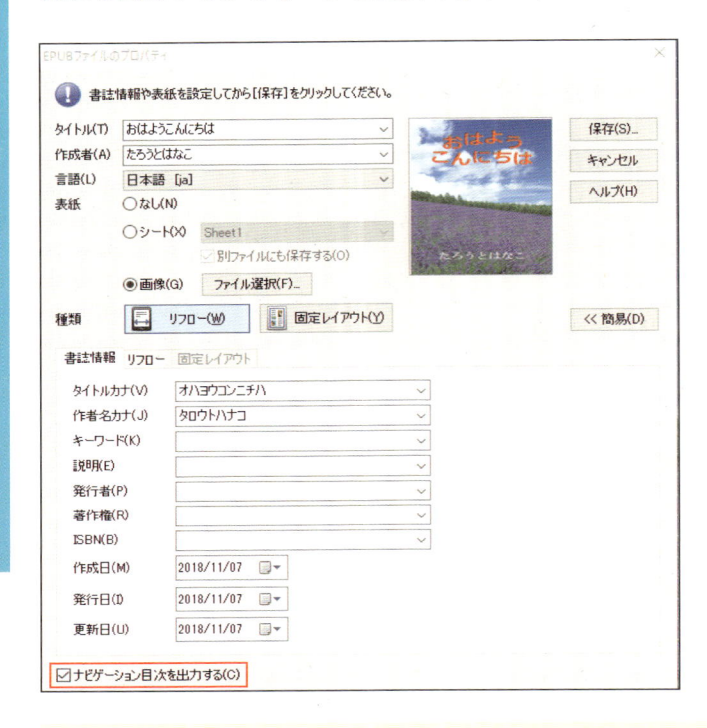

保存画面で 詳細>> をクリックすると、項目が現れます。

125ページへ

6-3 行間ラインの行頭・行末マークの非表示　UP

「一太郎」の特長のひとつである、編集画面の行間ラインには、行頭・行末を識別しやすくするためのマークがあります。画面の背景色を黒や紺の濃い色、文字色を白でお使いの場合など、行頭・行末マークが気になるという方のために、行頭・行末マークを表示しない設定が用意されました。

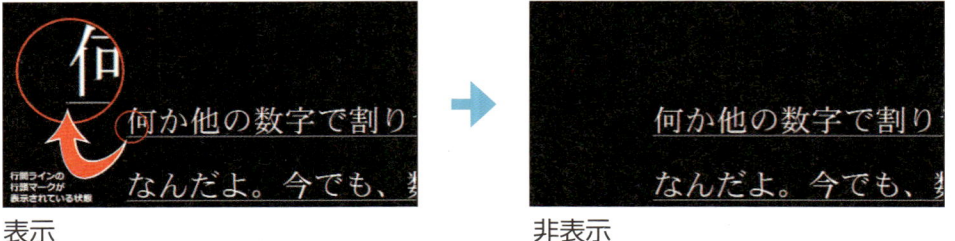

表示　　　　　　　　　　　　　　　　非表示

[ツール−オプション−オプション] を選択し、[グループ] から [操作環境−操作環境] を選択。[項目一覧] で [行頭・行末マークを表示する] を [しない] にし、OK をクリックします。

7 ATOKの新機能

ATOK for 一太郎2019 Limited（以下、ATOK）では、文字入力ストレスを軽減するためにさまざまな工夫を行っています。漢字を特定できるような説明を読みとして入力すると、漢字を絞り込んで提示する「漢字絞り込み変換」や、読み方がわからない難読地名でも、あいまいな読みからでも正確な単語に変換できる「地名の入力支援」機能が搭載されました。

7-1 漢字絞り込み変換 NEW

「言葉で漢字を特定できるように、説明するように」その文字の特性を入力すれば、ATOKが漢字を絞り込んで提案する、という画期的な機能です。
「晋二郎」さんの「晋」を見つけ出したい場合、「晋二郎」は90番目以降に表示されるため、多くの候補を確認する必要があり、大変手間がかかります。
そんな場合に便利なのが「漢字絞り込み変換」です。

```
たかすぎしんさくのしん|

晋                          《高杉晋作の晋》
高杉晋作の新聞
  :
選択 : Tab
先頭を確定 : Shift+Enter          推測候補  ×
```

```
きゅうじたいのこい|

戀                          《旧字体の戀》
旧字体の濃い
  :
選択 : Tab
先頭を確定 : Shift+Enter          推測候補  ×
```

「たかすぎしんさくのしん」と、思いついた説明をそのまま入力すれば「晋」という1文字を絞り込むことができます。
Shift + Enter キーで確定できます。

78ページへ

旧字体を見つけ出したいときにも便利です。
ほかにも、「いとへんの○○」や「さんずいの○○」など、部首で絞り込むこともできます。

その他の絞り込み例

確定したい漢字	入力する読み	コメントで表示
瑛	びえいのえい	美瑛の瑛
祥	きちじょうじのじょう	吉祥寺の祥
裕	ゆうふくのゆう	裕福の裕
團	きゅうじたいのだん	旧字体の團
團	だんじゅうろうのだん	團十郎の團
絢	けんらんごうかのけん	絢爛豪華の絢
籔	たけかんむりのやぶ	たけかんむりの籔

7-2 地名の入力支援 NEW

初めて訪れる地域の地名や駅名など、漢字の音読み訓読みを組み合わせただけでは変換候補に正解の単語を見つけ出すことができない場合があります。ATOK では、入力支援のひとつとして「曖昧な読みの入力からも正確な単語」を変換できる "地名の入力支援" 機能を追加しました。

まいかた
▼ [   ] キーで変換
枚方
ℹ️ 読みの修復「ひらかた」

みのめん
▼ [   ] キーで変換
箕面
ℹ️ 読みの修復「みのお」

想像した読みを入力して [   ] キーで変換します。すると、正しい漢字と正しい読み方が表示され、Enter キーを押せば確定できます。

79ページへ

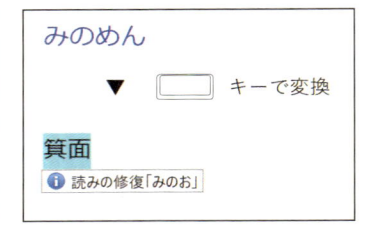

ふくせいし
▼ [   ] キーで変換
福生市《読みは「ふっさし」》
1 複製
2 覆製
3 復姓
4 副生
5 福生市
6 ふくせいし
5/6 🔍 ▤
0 フクセイシ,フクセイシ…　　カタカナ・英字

その他の事例

該当の単語	誤りやすそうな読み方	地名の正確な読み方
篠山市	しのやまし	ささやまし
吹田市	ふきたし	すいたし
京都郡	きょうとぐん	みやこぐん
函南町	はこなんちょう	かんなみちょう
皇海山	こうかいさん	すかいさん
鬼怒川温泉	きどがわおんせん	きぬがわおんせん

7-3 さらに深い知性と教養を備えた変換辞書へ

さまざまな用途で使用されることを考え、現代社会の多種多様な文章で実際に使われている語彙を精査し、初期値の設定のまま変換できるように収録されました。豊かな日本語表現を巧みに使った、個性あふれる文章を書く場合にも、身近な言葉でブログや日記を書く場合にも、広く教養が求められる日本の伝統文化〜西洋美術や思想に関した文章を書く場合にも、変換辞書にあらかじめ単語があれば、入力変換のストレスを大きく減らすことができます。

新旧・硬軟さまざまな表現を収録	知識と才学（さいがく）を愛される、常若な（とこわかな）生命の息吹、堅雪（かたゆき）を踏みしめる、菊酒（きくざけ）を飲む、非常に繊細でフラジャイルだ、アイロニックな響き

伝統文化・芸能・年中行事・祭事	仙台平、日光彫、越中和紙、大名跡、夏越の祓、御焚上
国宝・重要文化財・民俗文化財	輪王寺大猷院霊廟、黒糸威、成巽閣、船絵馬、阿波藍
四字熟語・ことわざ	百折不撓、駆け馬に鞭
ビジネス・生活	耐水紙、リブランディング、カプレーゼ、麦汁、湯もみ
西洋美術・思想	カラヴァッジョ、祭壇画、ユグドラシル、ペルセポネ、棒喝

時事用語	本庶佑、ニボルマブ、ミライトワ、ソメイティ

7-4 その他の強化ポイント

そのほかにも、日付入力支援機能に新しい形式を追加したり、文字パレットに「異体字検索」を追加したりなど、さまざまな機能強化を行っています。

●日付入力支援機能に形式を追加

年の表示位置に4つのパターンを追加しました。設定は、ATOK メニュー−プロパティー［入力・変換］シート−変換補助−日付の 追加 をクリックします。80 ページへ

「きょう」で変換した場合

「２０１８ねん」で変換した場合

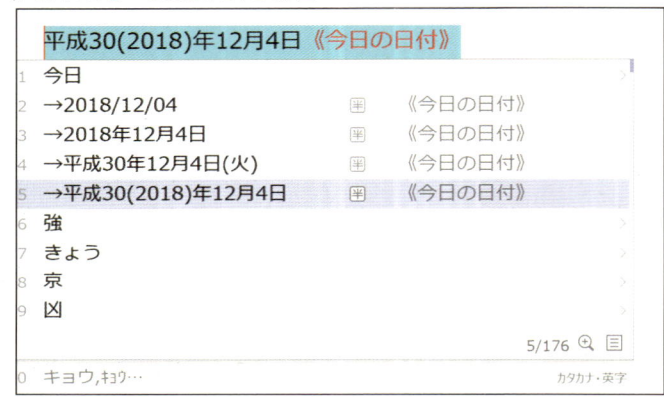

●文字パレットに「異体字検索」を追加

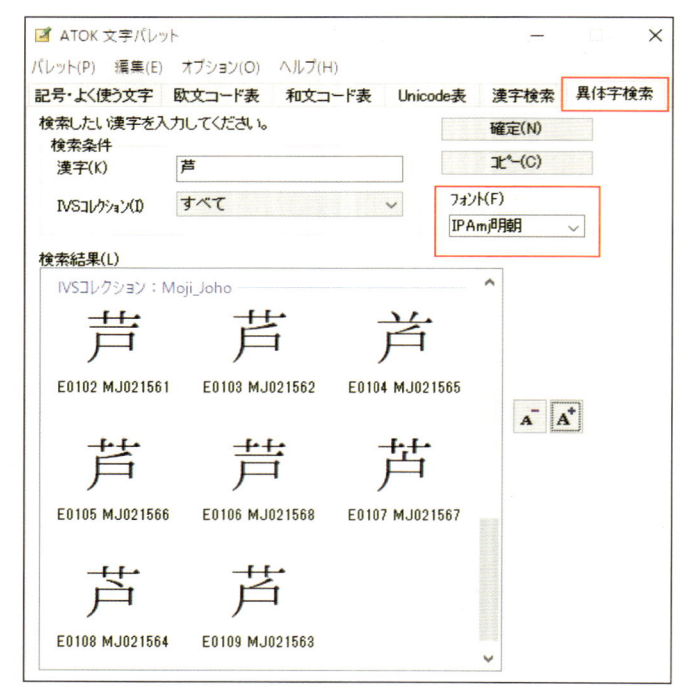

人名・地名などを区別する異体字（IVS）を、文字パレットで一般的に使用する文字から検索し、確認しながら入力できます。Unicode により定義されている IVS のコレクション「Adobe-Japan1」「Hanyo-Denshi」「Moji_Joho」を表示できます。

一太郎 2019 には IVS 対応フォントとして、「IPAmj 明朝フォント」を標準搭載しています。

79ページへ

基 本 操 作 編

一太郎 2019 の基本操作

一太郎 2019 の基本操作を確認しましょう。画面各部の名称を確認し、起動と終了、ファイルの保存や印刷などの方法について説明してます。
そのほか、写真の挿入やコピーと貼り付け、書式の調整など文章作成に役立つ機能も解説しています。

1 一太郎2019　各部の名称

一太郎2019は、左側にジャンプパレット、中央に編集画面、右側にツールパレットが配置されています。それぞれの内容を把握して、効率良く文書を作成しましょう。

基本編集フェーズ画面

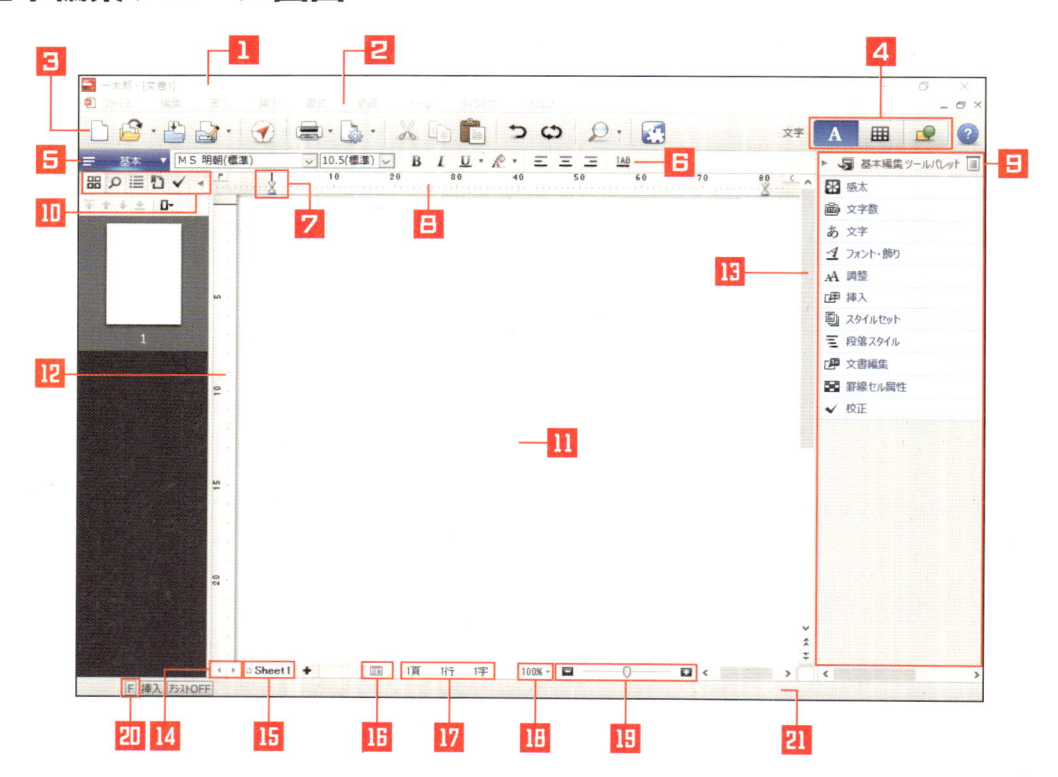

1 タイトルバー

アプリケーション名と編集中の文書名が表示されます。

2 メニューバー

クリックすると、ドロップダウンメニューが表示され、機能を選択して実行できます。

3 ツールバー

よく使用する機能がまとめてあります。アイコンボタンをクリックして、実行できます。カスタマイズすることで、自分がよく使う機能をアイコンとして追加することができます。右端には、現在の編集モードが表示されます。

4 モード切り替えボタン

文字入力や罫線のモードを切り替えます。花子をインストールすると、[花子透過編集] のボタンが現れます。

5 作業フェーズ変更ボタン

[基本編集] [エディタ] [アウトライン] などの作業フェーズを切り替えます。

6 コマンドバー

ボタンをクリックして、機能を実行できます。編集モードや作業フェーズによって表示されるアイコンが切り替わります。

7 インデントマーク

インデントが設定されている位置を示します。

8 横ルーラー

編集領域の左端からのカラム数を表します。単位を字数に変更できます。

9 ツールパレット

文書の作成や編集でよく使う機能や操作が、内容ごとにまとめられています。

10 ジャンプパレット

ページや見出し、検索を選択すると、目的の位置にジャンプします。

11 行間ライン

行と行の間に表示される線です。

12 縦ルーラー

編集領域の上端からの行数を表します。

13 スクロールバー

ドラッグすると、画面の表示領域が移動します。

14 シートタブスクロールボタン

シートタブの表示を左右に移動します。

15 シートタブ

ファイルに複数のシートがある場合、クリックして切り替えられます。

16 編集画面タイプ切替

[ドラフト編集] [イメージ編集] [印刷イメージ] といった編集画面タイプを切り替えます。

17 カーソル位置表示

カーソルのあるページ、行、文字位置が表示されます。

18 倍率表示

編集画面の表示倍率です。クリックすると、倍率を変更できます。

19 ズームコントロール

スライダーをドラッグしたり、■ ＋ をクリックしたりすると、表示倍率を変更できます。

20 ファンクションキー表示切替

ファンクションキーに割り当てられた機能の表示／非表示を切り替えます。

21 ステータスバー

操作に関するメッセージや、利用可能なキーなどが表示されます。

2 一太郎2019の起動と終了

インストールが完了すると、いつでも一太郎2019を使うことができるようになります。まずはじめに、一太郎2019の起動と終了の方法を確認しておきましょう。

2-1 一太郎2019を起動する

一太郎2019のインストールが完了すると、スタートメニューやデスクトップのアイコンから起動できます。

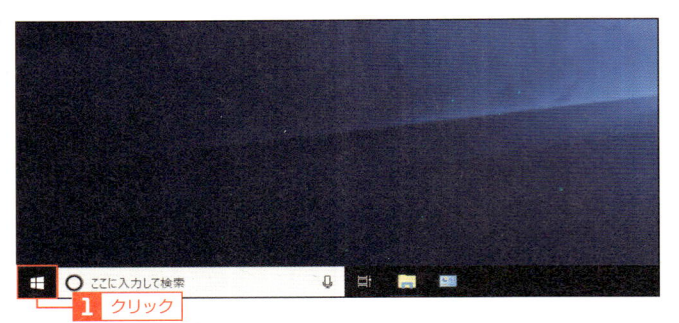

一太郎2019を起動する

1 [スタート] ボタンをクリックします。

MEMO Windows 10 の場合の起動方法です。

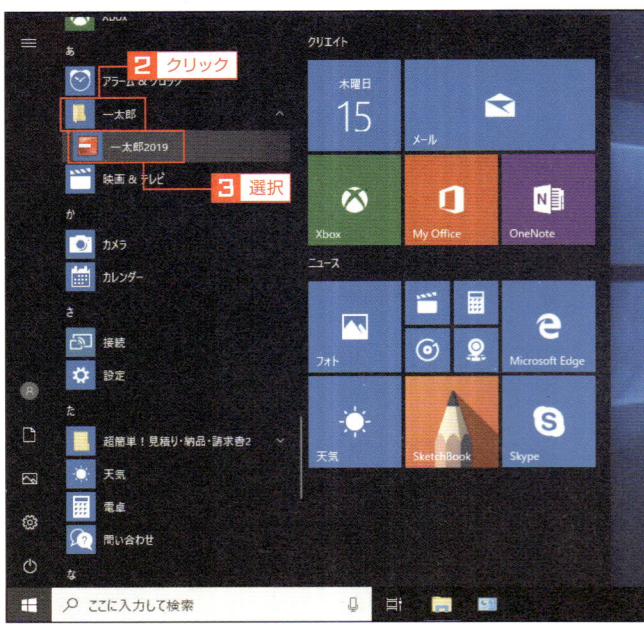

2 [一太郎] をクリックして展開します。

3 [一太郎2019] を選択します。

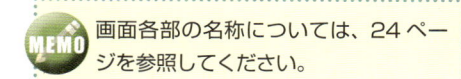

4 一太郎2019が起動するので、入力や編集の作業を開始します。

> **MEMO** 画面各部の名称については、24ページを参照してください。

そのほかの起動方法

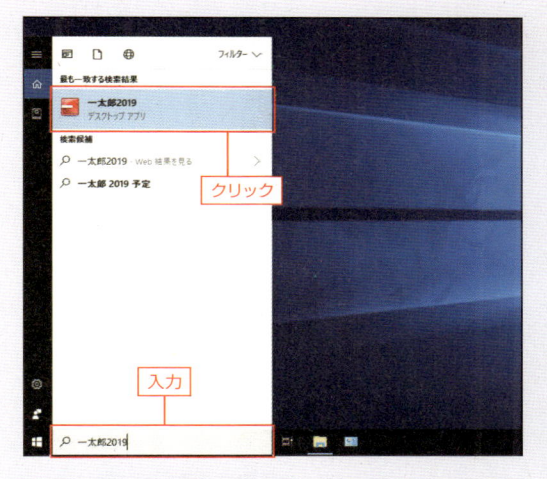

●アプリを検索して起動する

スタートメニューにある検索窓に「一太郎2019」と入力すると、[一太郎2019]が表示されるので、これをクリックします。

●[一太郎2019]アイコンから起動する

インストールの完了後、デスクトップに表示される[一太郎2019]アイコンをダブルクリックして起動する方法もあります。

●スタートメニューから起動する

Windows 7以前では、[スタート]ボタンをクリックし、[すべてのプログラム－一太郎－一太郎2019]を選択します。

2-2 一太郎2019を終了する

一太郎を終了します。終了の前には、必ず作成した文書を保存しておきましょう（29ページ参照）。
保存していない場合は、確認のメッセージが表示されます。

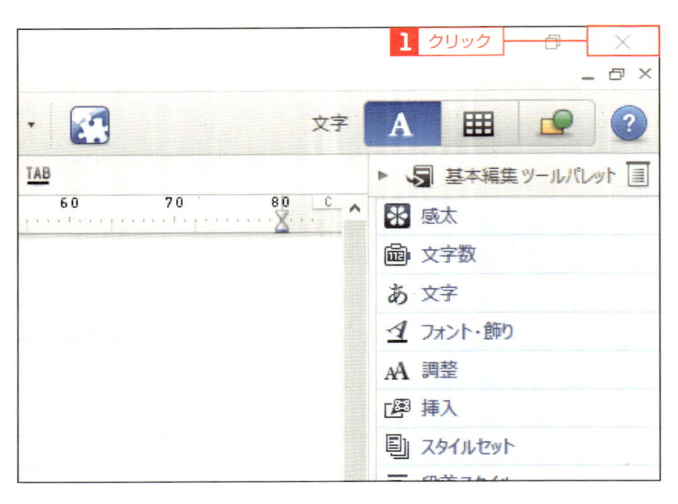

一太郎2019を終了する

1 ウィンドウ右上の ▨ ［閉じる］をクリックします。

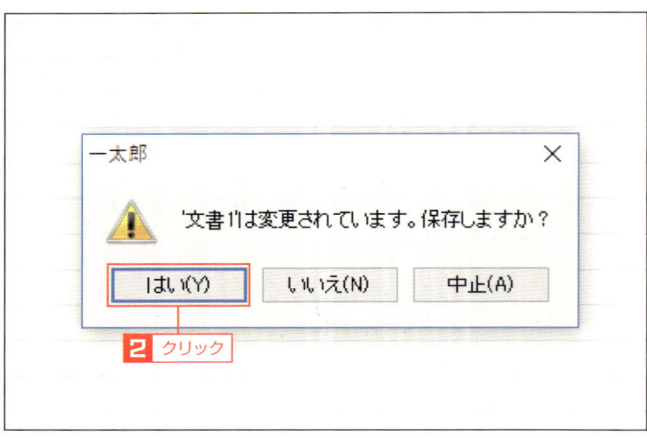

2 文書を保存していない場合は、メッセージが表示されます。[はい]をクリックして、ファイルを保存します。

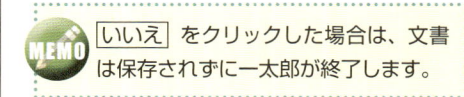

MEMO [いいえ] をクリックした場合は、文書は保存されずに一太郎が終了します。

MEMO メニューから［ファイル－一太郎の終了］を選択するか、ウィンドウ左上のアプリケーションアイコンをクリックして［閉じる］を選択しても一太郎を終了できます。

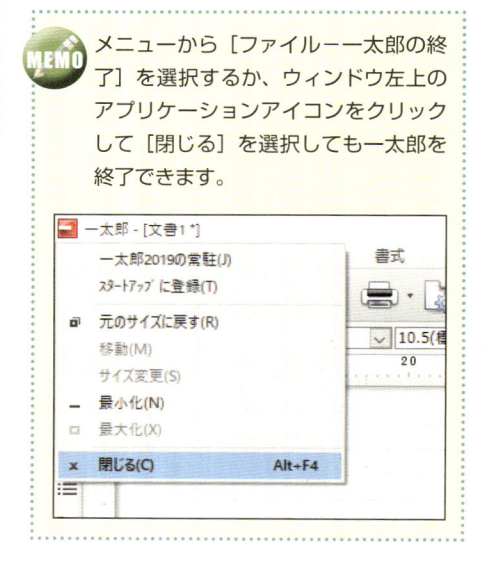

作成した文書をファイルとして保存する

一太郎2019で作成した文書は、ファイルとして保存しておきます。保存しておけば、いったん一太郎2019を終了しても、あとから続きの作業をしたり、修正したりできます。また、ファイルを人に渡して見てもらうこともできます。

3-1 ファイルを保存する

文書を作成したら、名前を付けて保存しておきます。文書の内容がわかるようなファイル名を付けておきましょう。いったん保存したら、それ以降は上書保存すれば更新されます。

名前を付けてファイルを保存する

1 ツールバーの [名前を付けて保存] をクリックします。

> **MEMO**　保存時に、バックアップの設定に関する画面が表示される場合があります（30ページ参照）。

 **上書保存の実行**

一度名前を付けて保存したら、以降は内容を変更するたびに上書保存を実行します。ツールバーの [上書保存] をクリックするほか、[Ctrl] + [S] のショートカットキーでも「上書保存」できます。[ファイル－上書保存] を選択する方法もあります。こまめに上書保存することで、停電など、万が一の事態でも、作成中のファイルを失うといったトラブルを避けることができます。
変更前のファイルも残しておきたい場合は、[名前を付けて保存] を実行して、別のファイル名を付けて保存します。

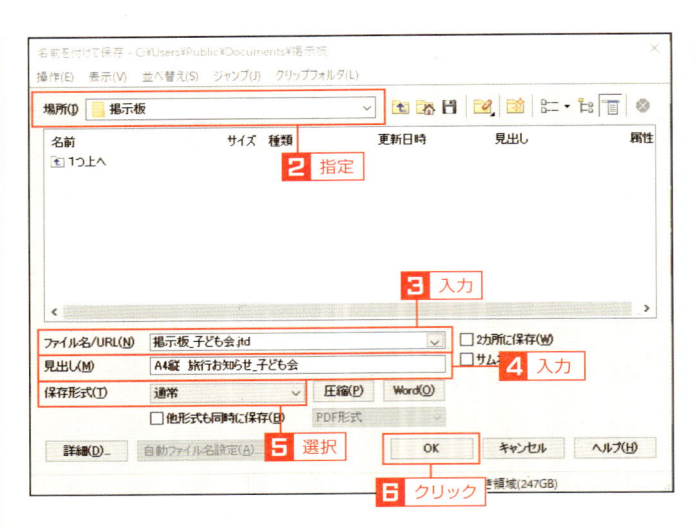

2 [名前を付けて保存] ダイアログボックスが開くので、[場所] で保存先のフォルダーを指定します。

3 [ファイル名 /URL] に、ファイル名を入力します。

4 [見出し] には、ファイル名を補足する情報を入力します。省略してもかまいません。

5 [保存形式] で [通常] を選択すれば、一太郎の標準形式で保存できます。

6 [OK] をクリックすると、保存は完了です。

MEMO [他形式も同時に保存] のチェックをオンにすると、PDF 形式など、一太郎以外の形式でも同時に保存することができます。

Columun

複数世代のバックアップを管理

一太郎 2019 では、文書を閉じるたび、または保存するたびに複数世代のバックアップを保管できます。過去の状態を複数残しておけるので、いつでも簡単に戻りたい時点に戻ることができます。

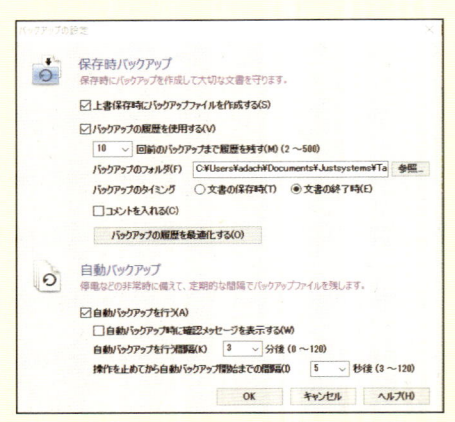

[ファイル－バックアップ－設定] で、何回前までのバックアップを保存しておくかや、バックアップのタイミング、保存先などを設定できます。

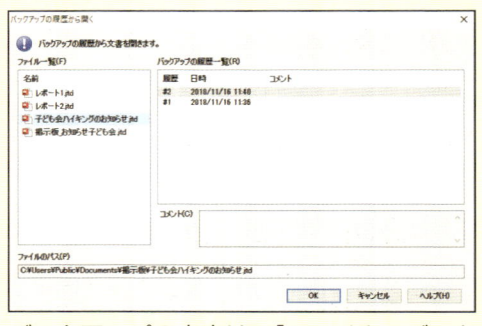

バックアップの内容は、[ファイル－バックアップ－バックアップの履歴から開く] で簡単に開くことができます。

3-2 保存したファイルを開く

保存したファイルは、開いて表示したり、続きの作業を行ったりすることができます。変更を加えた場合は、上書保存しましょう。

保存したファイルを開く

1 ツールバーの 📂［開く］をクリックします。

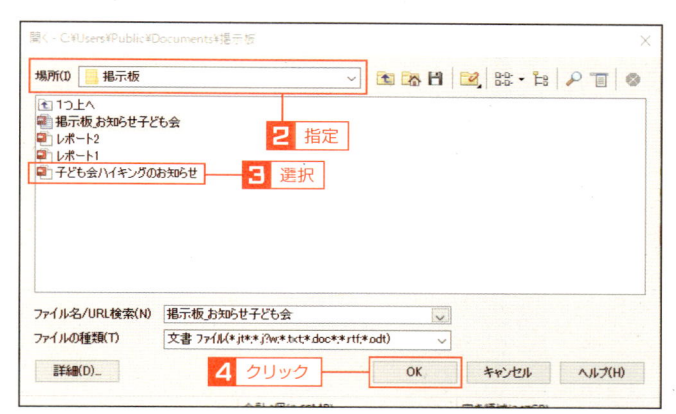

2 ［場所］にファイルを保存したフォルダを指定します。

3 ファイルを選択します。

4 OK をクリックします。

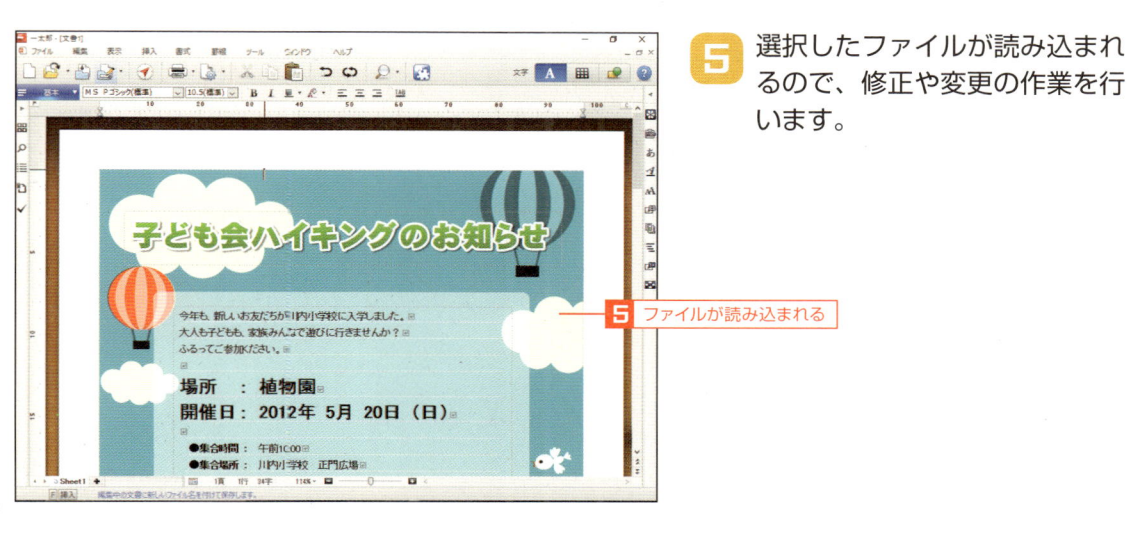

5 選択したファイルが読み込まれるので、修正や変更の作業を行います。

1—3 作成した文書をファイルとして保存する

 ファイルの履歴から開く

ファイルを保存したり開いたりすると、[ファイル]メニューの右側に[履歴]が表示されるようになります。最近使ったファイルを開きたい場合は、ここから選択すると便利です。

不要な履歴が表示される場合は、削除しておけば、必要なものだけが表示されるようになり、わかりやすくなります。

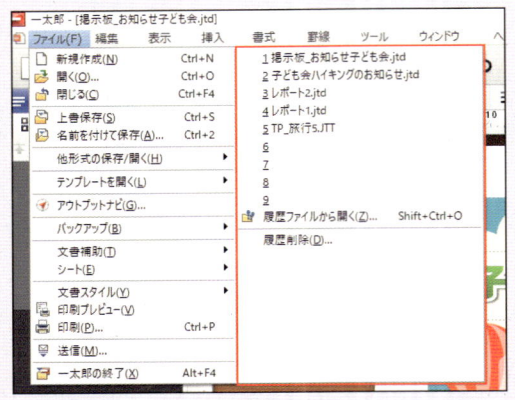

[ファイル]メニューの右側に履歴が表示されます。

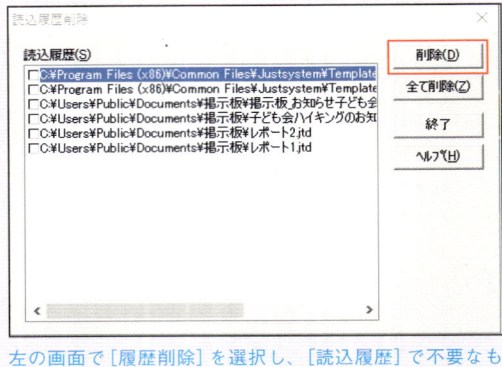

左の画面で[履歴削除]を選択し、[読込履歴]で不要なものにチェックを付けて 削除 をクリックすると不要な履歴を削除できます。

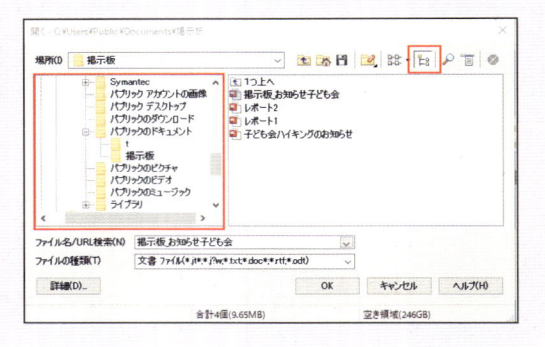

 「フォルダツリー」を表示する

[開く]ダイアログボックスで [フォルダツリー表示]をクリックすると、画面の左側にフォルダの構成が表示されます。ここからフォルダを選択すると、[場所]の移動がスムーズになります。[名前を付けて保存]のダイアログボックスでもフォルダツリーを表示できます。

4 文字に色や飾りを付ける

入力した文字は、サイズや書体を変更したり、太字、斜体にしたり、色を付けたりといった、さまざまな書式を設定できます。設定した書式は、まとめて解除することもできるので、気軽にトライできます。

4-1 文字サイズを変更する

文字の大きさは自由に変更できます。タイトルや見出しは大きくして目立つようにしたり、注釈や補足説明などは小さくしたりして、メリハリを付けましょう。

文字の大きさを変更する

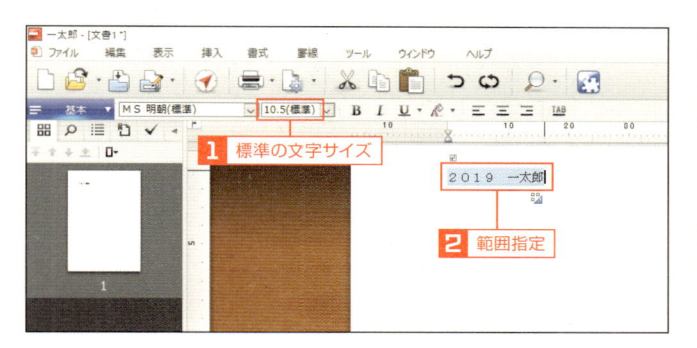

1 文字を入力すると、標準の文字サイズ［10.5］ポイントが設定されます。

2 文字をドラッグして、サイズを変更したい範囲を指定します。

3 コマンドバーの［文字サイズポイント切替］の ▼ をクリックし、文字サイズを選択します。

MEMO マウスポインターを設定したいサイズの上に合わせると、画面上で変更後のイメージを確認できます。

4 選択中の文字列の文字サイズが変更されました。

5 編集画面上の何もないところをクリックして範囲指定を解除します。

4-2 書体を変更する

文字の書体には、明朝体やゴシック体など、さまざまな種類があります。書体を変えるだけで、文書の雰囲気も大きく変わります。また、見出しと本文など、内容に応じて書体を変えると効果的な場合もあります。新書体の「AR明朝体L」や「ARゴシック体M」なども選択できます。

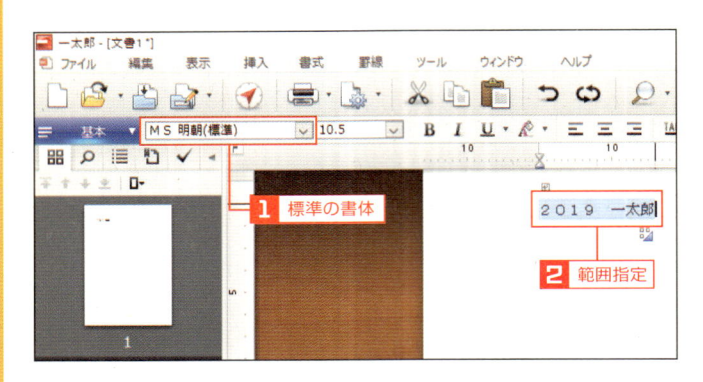

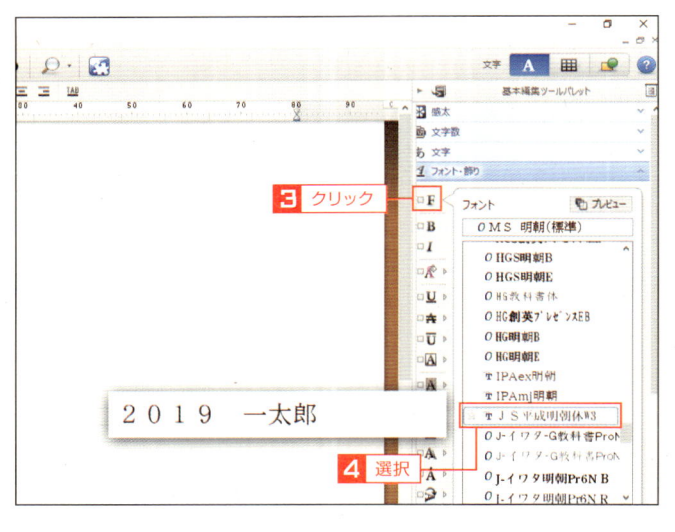

書体を変更する

1 文字を入力すると、標準の書体[MS明朝]が設定されます。

2 文字をドラッグして、書体を変更したい範囲を指定します。

3 [フォント・飾り]パレットの □F[フォント]をクリックします。

4 フォントを選択します。これで書体が変更されます。編集画面の何もないところをクリックして選択範囲を解除しておきます。

MEMO 書体は「和文－ゴシック体」や「和文－明朝体」など系統ごとにグループ化されています。指定したい書体のグループの ❤ をクリックして一覧を展開し、書体を選択してください。

 **HINT コマンドバーからの切り替え**

コマンドバーの[和文・欧文フォント切替]から、フォントを選択する方法もあります。

※表示されるフォントはお使いの環境によって異なります。

 **お気に入りのフォントを利用する**

よく使うフォント、気に入っているフォントをお気に入りとして登録できます。お気に入りだけを絞り込んで表示できるので、「フォントがなかなか探し出せない」「毎回同じフォントを選んでいくのが面倒」といった悩みを解消できます。

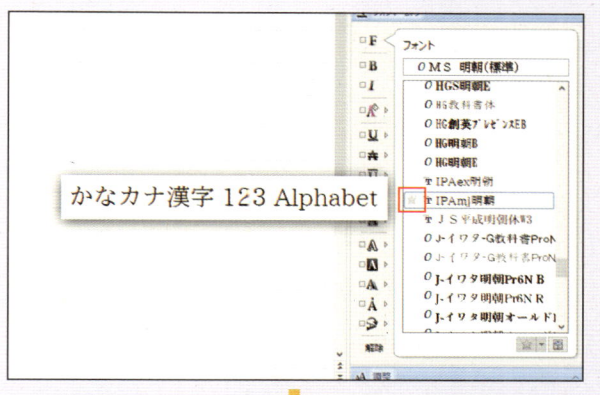

お気に入りに追加したいフォントにマウスポインターを合わせ、左側に表示される☆をクリックします。

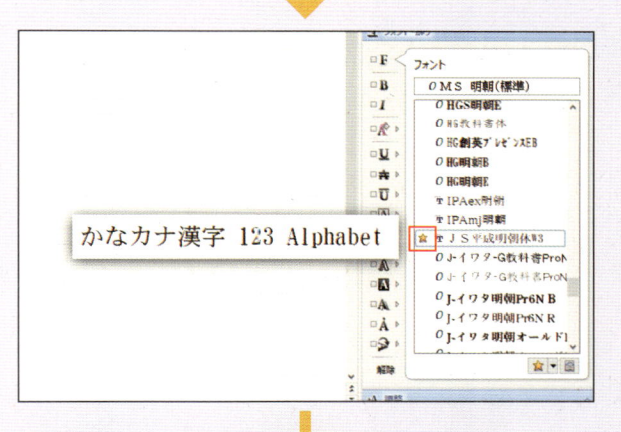

☆が黄色くなり、フォントがお気に入りに登録されます。

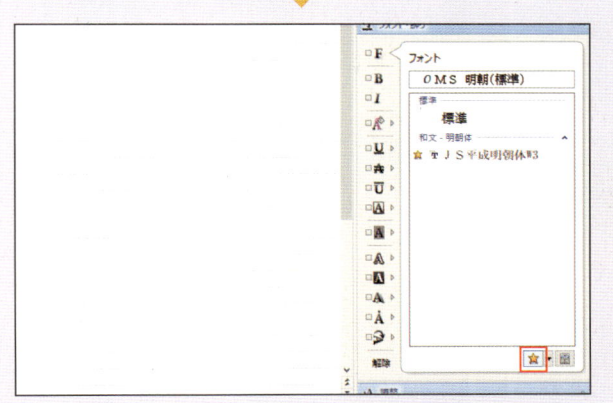

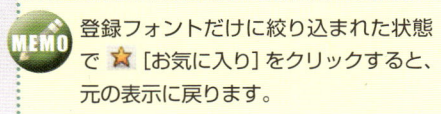 ［お気に入り］をクリックすると、お気に入りに登録したフォントだけに絞り込んで表示できます。

MEMO 登録フォントだけに絞り込まれた状態で ⭐ ［お気に入り］をクリックすると、元の表示に戻ります。

● **よく使う飾りをストックして再利用するには→ 229 ページ**

4-3 太字、斜体を設定する

タイトルや見出しの文字、あるいは文書中で強調したい文字は太字にすると目立たせることができます。また、文字を斜めに傾ける斜体も設定できます。いずれも、［フォント・飾り］パレットのアイコンをクリックするだけです。

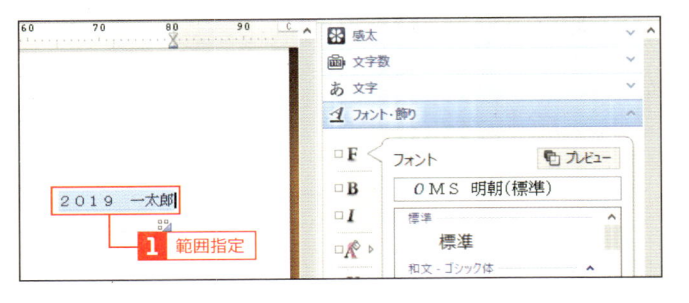

文字に太字を設定する

1 太字を設定したい文字をドラッグして範囲を指定します。

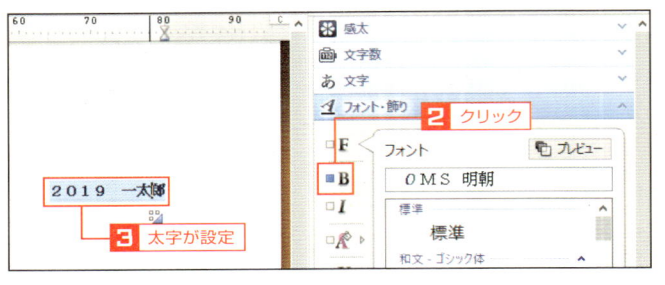

2 ［フォント・飾り］パレットの □**B**［太字］をクリックします。

3 文字が太字になります。

文字に斜体を設定する

1 範囲指定したままで、□*I*［斜体］をクリックします。

2 文字が斜体になります。編集画面の何もないところをクリックして範囲指定を解除します。

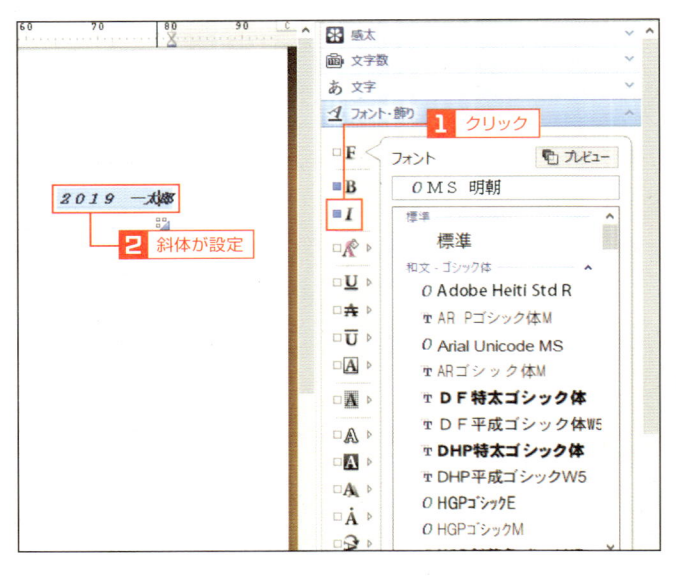

フォント・飾りが設定されると、ボタンの左側の □ が ■ に変わります。

4-4 文字色を設定する

文字には色を付けることもできます。注意を引きたい文字は赤字にしたり、タイトルをカラフルに飾ったりしてみましょう。太字や斜体など、ほかの書式と組み合わせることもできます。

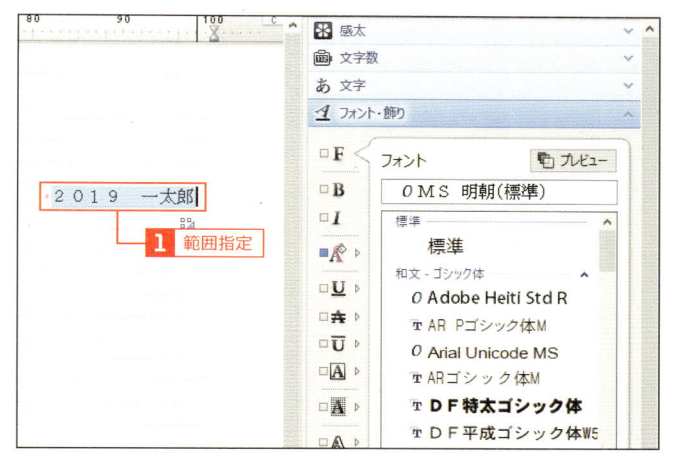

文字の色を変更する

1 文字をドラッグして、文字色を変更する範囲を指定します。

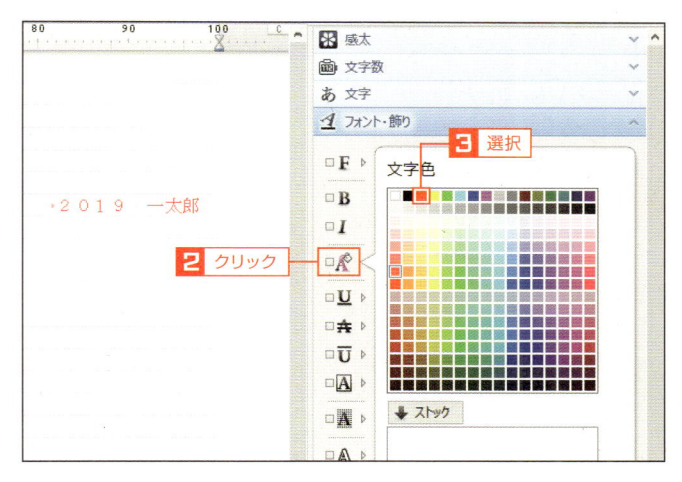

2 [フォント・飾り] パレットの □ [文字色] をクリックします。

3 パレットから色を選択します。編集画面の何もないところをクリックして範囲指定を解除しておきます。

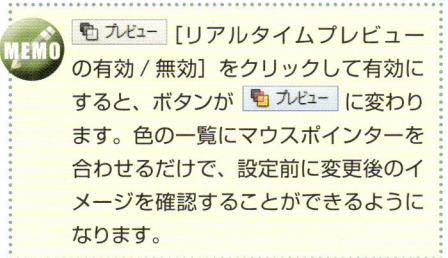

MEMO　プレビュー [リアルタイムプレビューの有効 / 無効] をクリックして有効にすると、ボタンが プレビュー に変わります。色の一覧にマウスポインターを合わせるだけで、設定前に変更後のイメージを確認することができるようになります。

4-5 アンダーラインや取消ラインを引く

強調したい文字の下にアンダーラインを引いたり、文字の上にアッパーラインを引いたりできます。また、文字の中央に引く取消ラインも利用することができます。

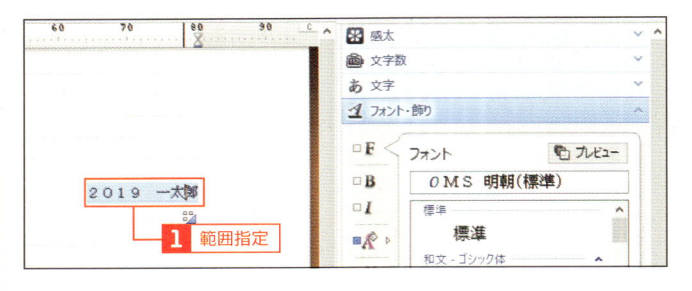

アンダーラインを引く

1 文字をドラッグして、アンダーラインを引く範囲を指定します。

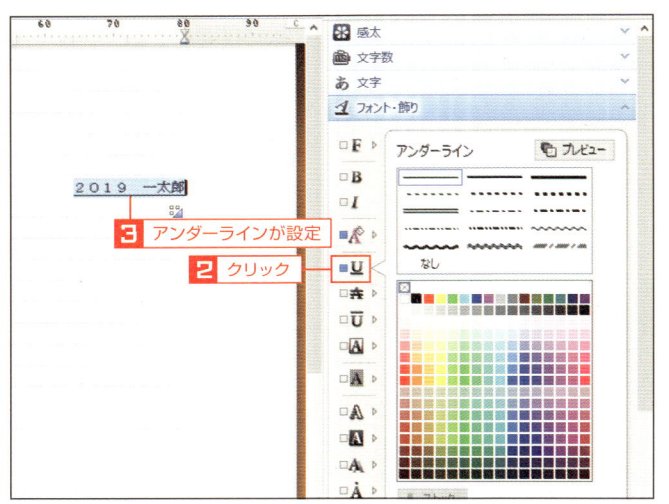

2 [フォント・飾り] パレットの □U [アンダーライン] をクリックします。

3 アンダーラインが設定されます。

> **MEMO** [フォント・飾り] パレットの □U [アッパーライン] で、アッパーラインが設定できます。

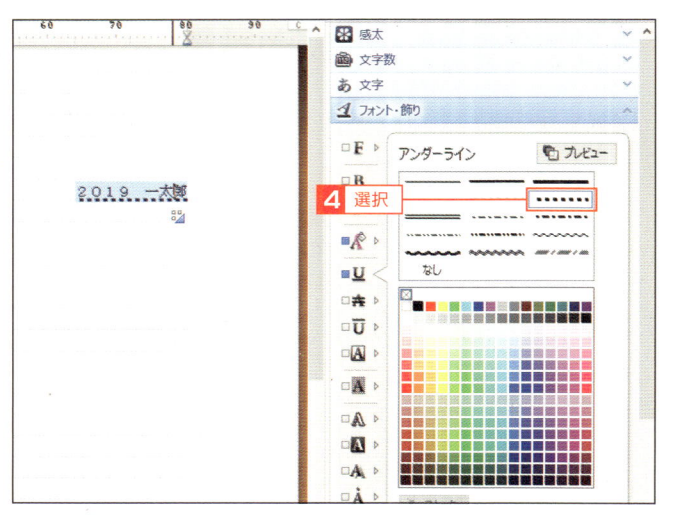

4 線の種類を選択します。

> **MEMO** 文字色同様、[プレビュー] [リアルタイムプレビューの有効/無効] を有効にすることで、設定前にイメージを確認できます。

5 パレットから色を選択します。設定が完了したら、編集画面の何もないところをクリックして範囲指定を解除しておきます。

5 選択

取消ラインを引く

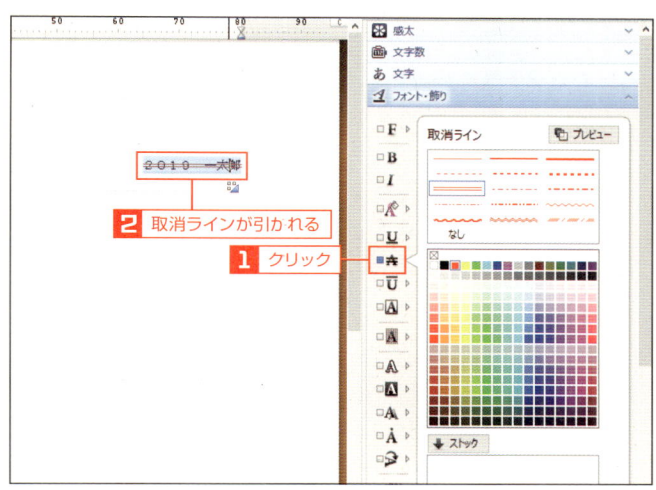

1 文字列を範囲指定し、[フォント・飾り] パレットの □ **＃** [取消ライン] をクリックします。

2 取消ラインが引かれる

1 クリック

2 文字に重ねてラインが引かれます。

●よく使う飾りをストックして利用するには→ 229 ページ

HINT 設定した文字飾りをまとめて解除する

複数の文字飾りを設定している場合、範囲指定して [解除] をクリックすると、まとめて解除できます。また、文字列を範囲指定し、[文字色] や [太字] などのボタンをクリックして ■ を □ にすると、設定済みの文字飾りを個別に解除することができます。

文字囲や塗りつぶしなども同様の操作で設定できる

そのほかにも文字囲や塗りつぶし、中抜き、反転など、さまざまな文字飾りを利用できます。
これらを利用することで、文書を見やすく整えたり、見栄え良くデザインしたりできます。

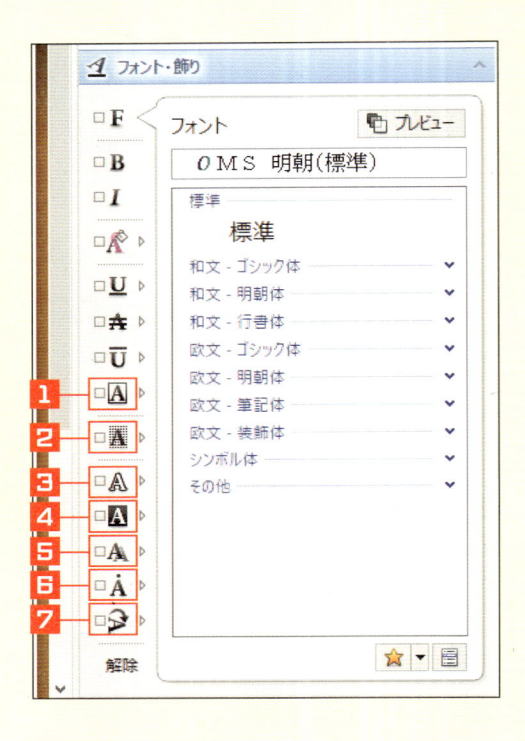

1 文字囲

２０１９　一太郎

囲み線の種類と色が設定できます。

2 塗りつぶし

２０１９　一太郎

塗りつぶしのパターンと色が設定できます。

3 中抜き

２０１９　一太郎

文字の色が設定できます。

4 反転

２０１９　一太郎

背景色が設定できます。

5 影文字

２０１９　一太郎

影の色が設定できます。

6 傍点

・・・・　・・・・
２０１９　一太郎

傍点の種類が設定できます。

7 回転

２０１９　一太郎

回転の角度が設定できます。

5 書式を微調整する

見出しの文字をもう少し大きくしたい、字間や行間をちょっと広くしたいなど、書式を微調整したいことがあります。[調整]パレットを利用すれば、簡単に調整することができます。

5-1 文字サイズを調整する

文字サイズは、ポイント数で指定することもできますが（33ページ参照）、少しずつ大小を微調整したいときには、[調整]パレットの[サイズ]のアイコンを使うと便利です。

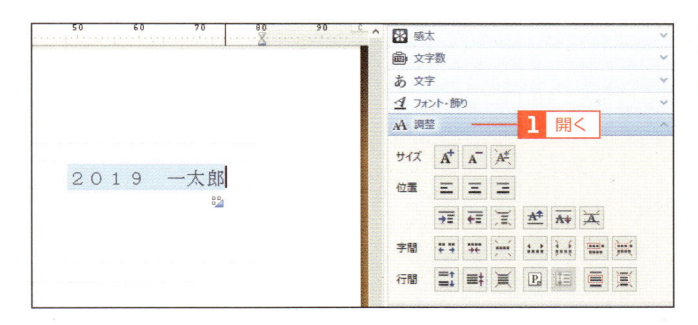

文字サイズを大きくする

1 文字列を範囲指定して[調整]パレットを開きます。

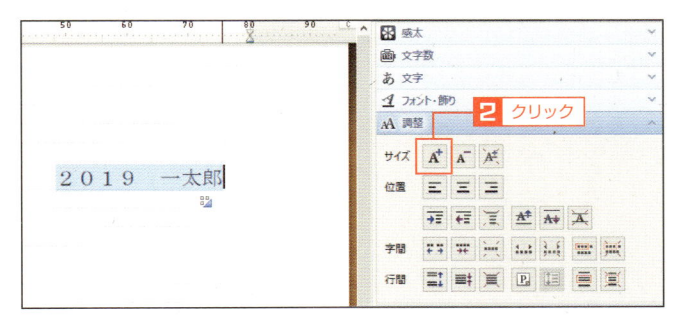

2 [調整]パレットの A⁺ [文字サイズ大きく]をクリックすると、文字サイズが1ポイント大きくなります。アイコンをクリックするたびに、1ポイントずつ文字サイズが大きくなります。

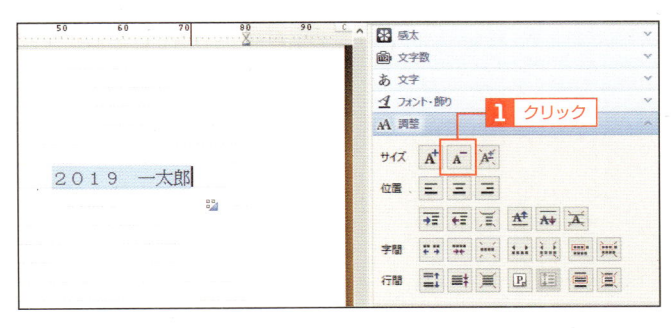

文字サイズを小さくする

1 A⁻ [文字サイズ小さく]をクリックすると、1ポイントずつ文字サイズが小さくなります。

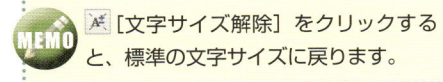

MEMO A [文字サイズ解除]をクリックすると、標準の文字サイズに戻ります。

5-2 文字を揃える位置を調整する

文字は通常左寄せで入力されます。タイトルは行の中央に入れたい、日付や署名などは行の右端に入れたいなどのときは、文字揃えを設定します。

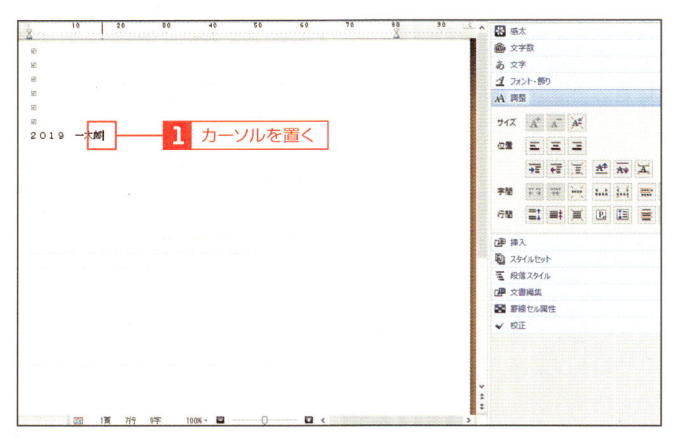

1 カーソルを置く

文字揃えを設定する

1 文字揃えを設定したい行にカーソルを置きます。

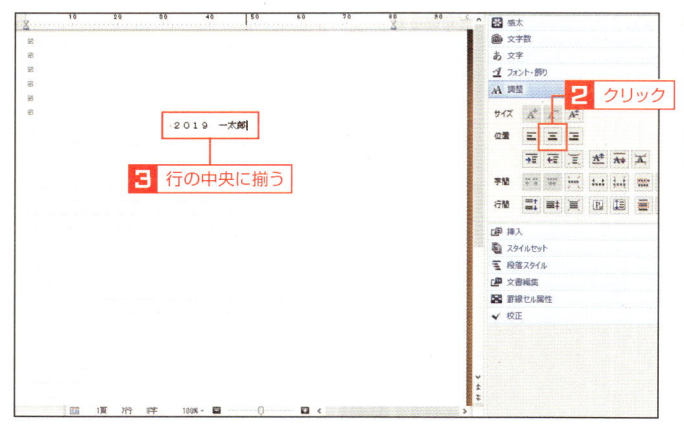

2 クリック

3 行の中央に揃う

2 [調整] パレットを開き、[センタリング] をクリックします。

3 文字が行の中央に揃います。

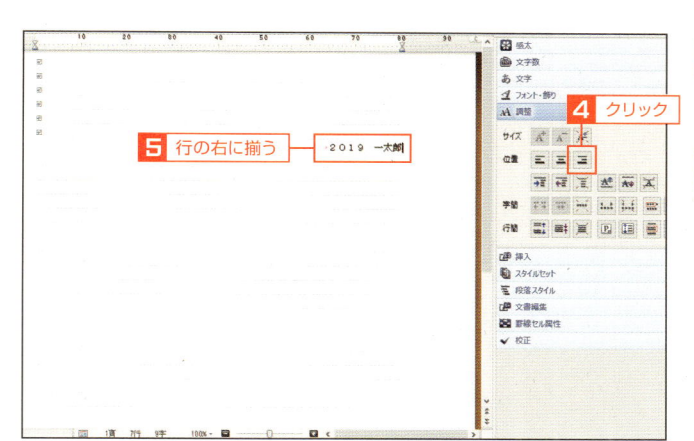

5 行の右に揃う ─── ·2019 一太朗

4 クリック

4 [調整] パレットの ☰ [右寄せ]
をクリックします。

5 文字が行の右に揃います。

6 クリック

7 行の左に揃う

6 [調整] パレットの ☰ [左寄せ]
をクリックします。

7 最初の左寄せの状態に戻ります。

HINT コマンドバーを利用して文字寄せを設定する

左寄せ、センタリング、右寄せは、コマンドバーか
らも実行できます。文字揃えを設定したい行にカー
ソルを置き、コマンドバーのボタンをクリックする
と設定できます。

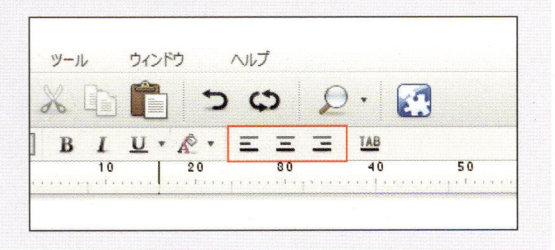

Columun

行頭位置の移動や上下の移動

位置の調整では、行頭位置を少しずつ字下げする「インデント」や、文字を揃える「ベースライン」を上下に動かす設定もあります。

インデント

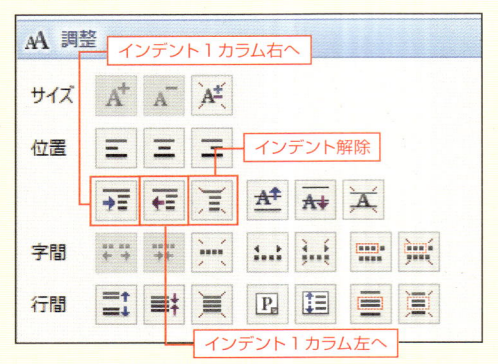

[インデント 1 カラム右へ] をクリックすると、行頭が半角 1 文字分右に移動します。クリックするごとに半角 1 文字分ずつ右へ移動できます。 [インデント 1 カラム左へ] で少しずつ左に、 [インデント解除] で解除できます。

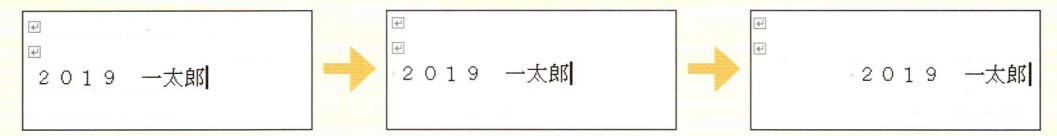

ベースライン

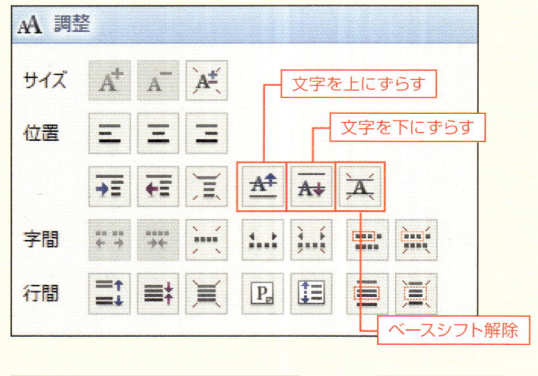

[文字を上にずらす] をクリックすると、文字を揃えるベースラインから少し上に移動します。クリックするごとに少しずつ上に移動できます。 [文字を下にずらす] で少しずつ下に、 [ベースシフト解除] で解除できます。

5-3 字間や行間を調整する

文字の読みやすさは、字間や行間も大切です。これらを調整することで、行からあふれる数文字を行内に収めたり、ページからあふれる数行をページ内に収めたりできます。編集画面上で確認しながら微調整しましょう。

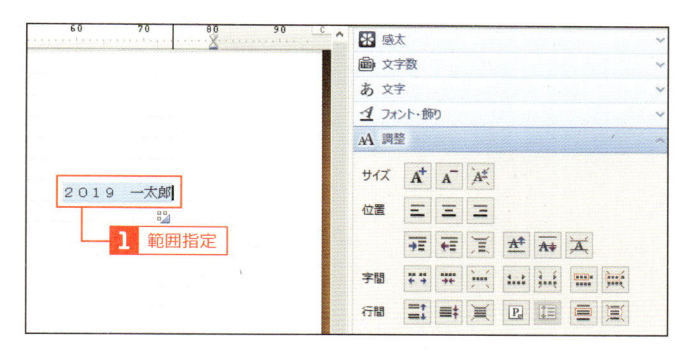

字間を広げる

1 文字をドラッグして、字間を広げたい範囲を指定します。

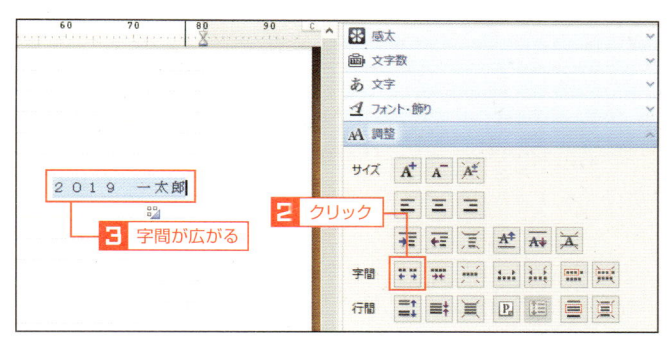

2 [調整] パレットの [字間広く] をクリックします。

3 字間が広がります。クリックするたびに少しずつ広がっていきます。

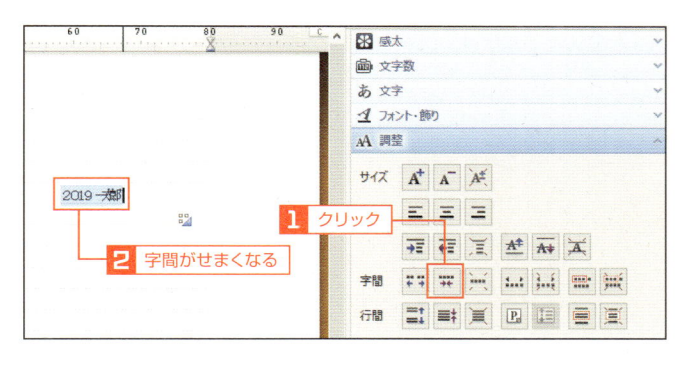

字間をせまくする

1 [調整] パレットの [字間せまく] をクリックします。

2 字間が少しずつせまくなります。繰り返しクリックすることで、さらにせまくすることができます。

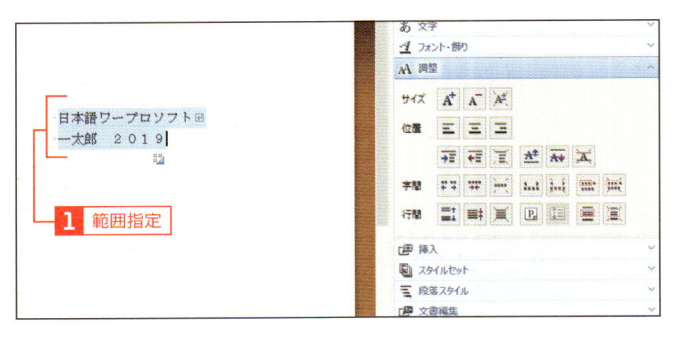

行間を広げる

1 行間を調整したい行の範囲を指定します。

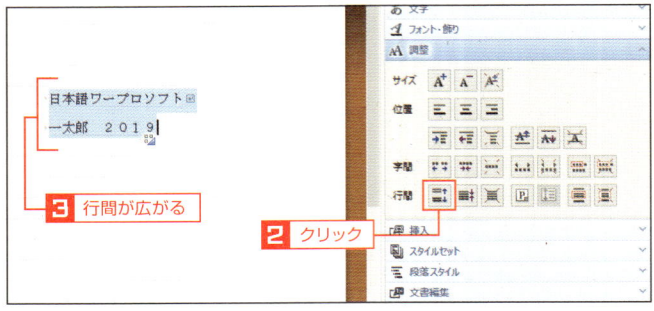

2 ［調整］パレットの ≣↑ ［改行幅広く］をクリックします。

3 行間が少し広がります。クリックするごとに、さらに行間を広げることができます。

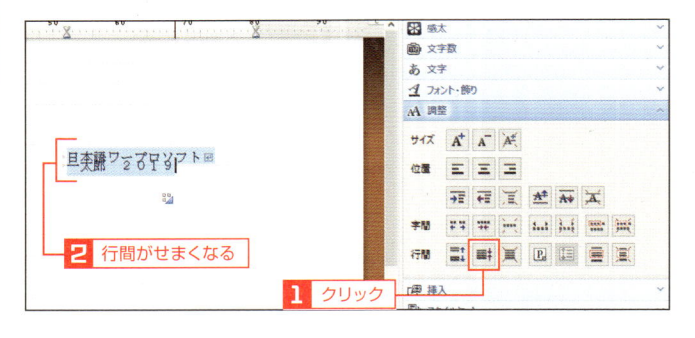

行間をせまくする

1 ［調整］パレットの ≣↓ ［改行幅せまく］をクリックします。

2 行間が少しせまくなります。クリックするごとに、さらにせまくすることができます。

HINT ［均等割付］で字間を調整する

文字を割り付ける範囲を指定して、その範囲に文字を均等に配置する「均等割付」や、指定した範囲の行間を調整して1ページ内に収める方法もあります。いずれも［調整］パレットで操作が可能です。

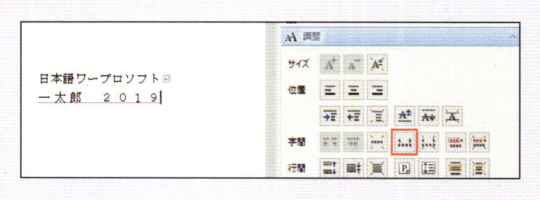

写真やイラストを挿入する

一太郎の文書には、絵や写真を挿入することもできます。スマートフォンなどで撮影した写真のほか、あらかじめ一太郎に収録されている素材を利用することもできます。また、ワンポイントとして利用できる「部品」も用意されています。

6-1 自分で撮った写真を挿入する

文字だけの文書に比べ、絵や写真の入った文書は見栄えが良くなります。**写真入りの旅行記やイラストの入ったチラシも簡単に作成できます。ここでは、手持ちの写真を挿入する方法を確認し**ておきましょう。

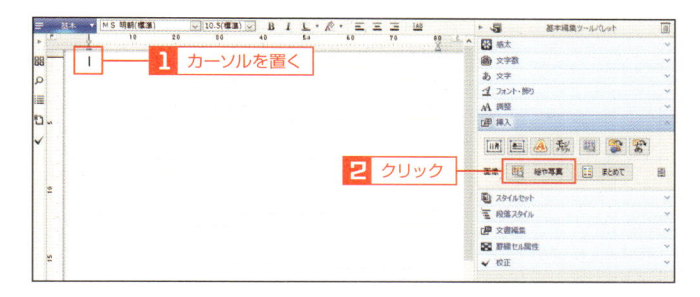

写真を挿入する

1 写真を挿入したい位置にカーソルを置きます。

2 ［挿入］パレットを開き、 絵や写真 ［絵や写真の挿入］をクリックします。

3 ［絵や写真］ダイアログボックスのタブから、 ［フォルダーから］を選択します。

4 写真を保存しているフォルダを指定します。

5 挿入したい写真を選択します。

6 画像枠で挿入 をクリックします。

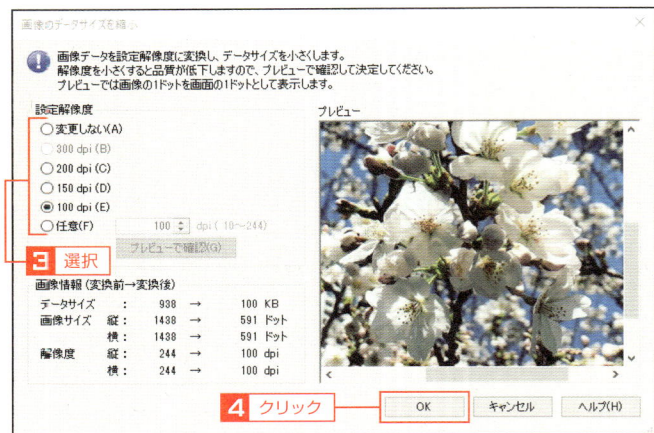

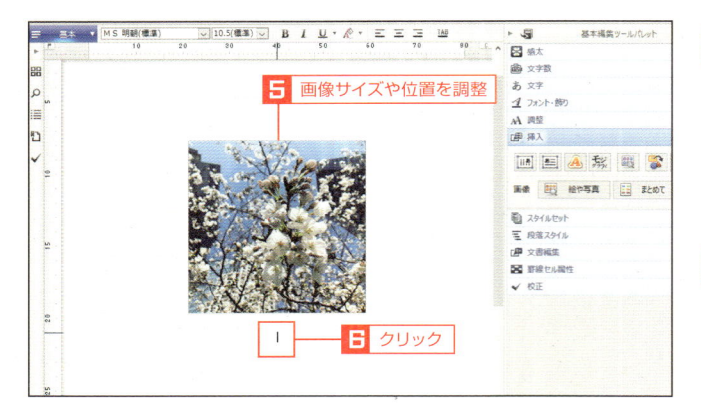

写真のデータサイズを縮小する

1 文書に写真が挿入されます。

2 バルーンの表示を確認したら、 データサイズを縮小... をクリックします。

3 [設定解像度] で解像度を選択します。

4 OK をクリックします。

5 写真のデータサイズが変更されました。周囲の■をドラッグして画像サイズを調整したり、写真をドラッグして位置を調整したりします。

6 編集画面の何もないところをクリックして、選択状態を解除します。

HINT ## 写真をまとめてレイアウトする

[挿入] パレットの [まとめて] [写真をまとめてレイアウト] をクリックすれば、複数の写真をレイアウトパターンに沿って一度にまとめて挿入することができます（225ページ参照）。

6-2 収録されている写真やイラストを挿入する

一太郎には、たくさんのイラストや写真が収録されています。これらを利用すれば、手元にオリジナルの写真やイラストがなくても見栄えの良い文書が作成できます。ここでは、写真を挿入してみましょう。イラストは、一太郎に収録されている写真と同じ手順で挿入できます。

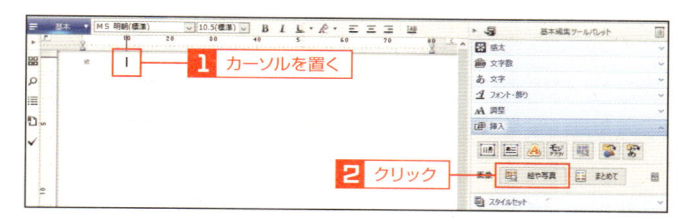

写真を挿入する

1 写真を挿入したい位置にカーソルを置きます。

2 ［挿入］パレットを開き、［絵や写真の挿入］をクリックします。

3 ［絵や写真］ダイアログボックスのタブから、使用したい素材の種類を選択します。ここでは［写真］タブを選択しています。

4 写真の分類を選択します。

5 挿入したい写真を選択します。

6 挿入 をクリックします。

> **MEMO** 写真ではなく、イラストを挿入したい場合は、手順 **3** で［イラスト］タブを選択します。

HINT 挿入した写真に番号や説明文を付ける

挿入した写真をクリックして選択すると、右側に［枠操作］ツールパレットが表示されます。ここから画像枠の操作や枠飾りの設定などが行えます。［画像枠の操作］パレットでは、写真に「番号」や「説明文」を付けることもできます。この機能で付けた番号や説明文は、写真を移動すると一緒に移動します。

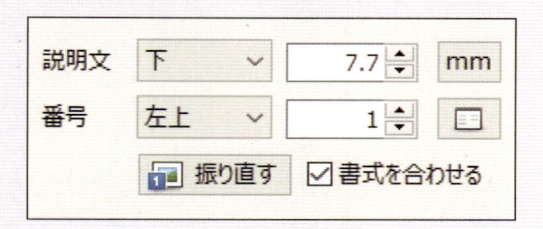

6-3 部品を挿入する

一太郎には、ワンポイントとなるイラストが「部品」として用意されています。部品を挿入することで、文書を楽しく飾ることができます。部品はキーワードを利用して検索することもできます。

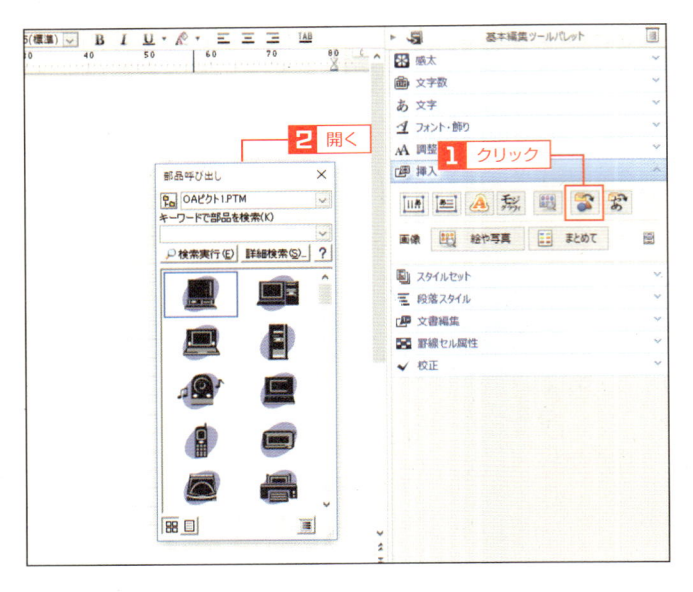

部品を挿入する

1 [挿入]パレットを開き、[部品呼び出し]をクリックします。

2 [部品呼び出し]ダイアログボックスが開きます。

3 [キーワードで部品を検索]にキーワードを入力します。

4 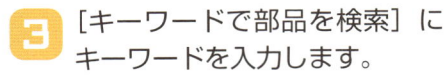 をクリックします。

5 検索結果が一覧に表示されます。

6 挿入したい部品をクリックします。

7 部品が挿入されます。部品をドラッグすることで移動、四隅の■をドラッグすることでサイズの調整ができます。

MEMO サイズを調整する際、[Shift]キーを押しながらドラッグすると、縦横の比率を保ったまま拡大縮小できます。

MEMO 編集画面の何もないところをクリックすると、選択状態が解除されます。

7 文書全体のスタイルを設定する

作成する用紙のサイズ、縦向きにするか横向きにするか、余白をどのくらいにするかといった、文書の基本となる書式は「文書スタイル」でまとめて設定します。文書スタイルは、最初に設定しておくと、完成イメージを確認しながら文書を作成できます。あとから設定を変更することもできます。

7-1 文書全体のスタイルを設定する

文書スタイルを設定します。用紙のサイズや向き、余白の設定により、1行の文字数や1ページの行数に設定可能な数値が変化します。

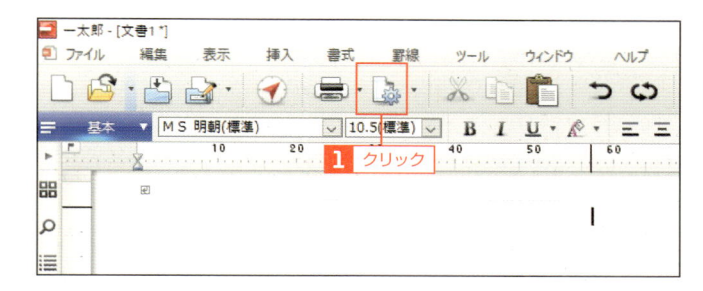

文書スタイルを設定する

1 ツールバーの [用紙や字数行数の設定（文書スタイル）] をクリックします。

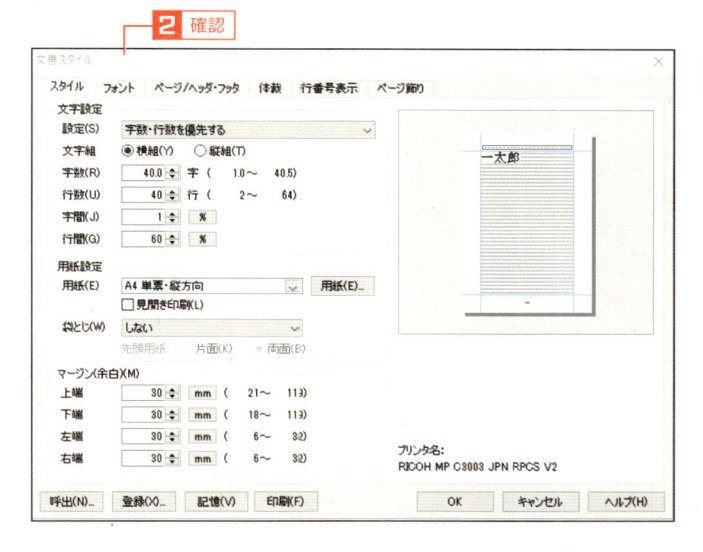

2 初期設定されている文書スタイルの内容を確認できます。

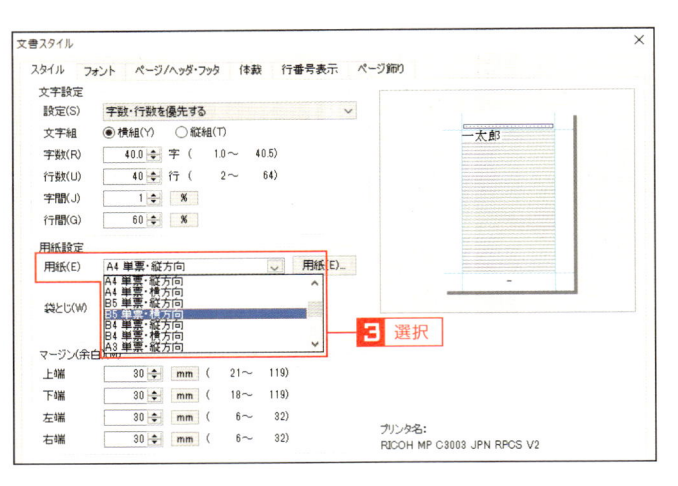

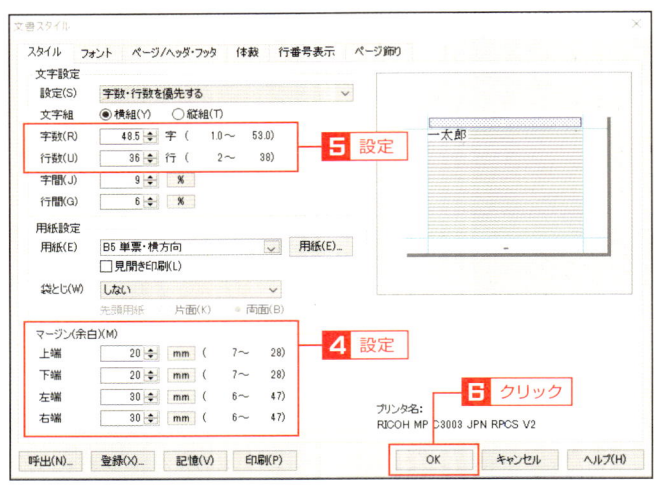

3 [用紙] で用紙のサイズや方向を選択します。

4 [マージン（余白）] で上下左右の余白サイズを設定します。

5 [字数] や [行数] で1行の文字数や1ページの行数を設定します。

6 OK をクリックします。

[字数][行数] に設定できる数値はマージンの値により変化します。

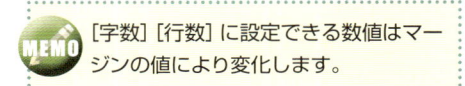

HINT 文書スタイルでフォントを設定する

標準のフォントは［文書スタイル］ダイアログボックスの［フォント］シートで設定します。初期設定では「MS 明朝」が選択されています。漢字のフォントは［和文フォント］で、半角のアルファベットは［欧文フォント］で選択できます。そのほか、［かなフォント］では、ひらがな・カタカナに設定するフォントを、［和文フォント］とは別に選ぶことができます。和文フォントとかなフォントは連動していないので、和文フォントを変更した際には、かなフォントも確認するようにしましょう。

また、［数字フォント］も和文と欧文を選ぶことができます。

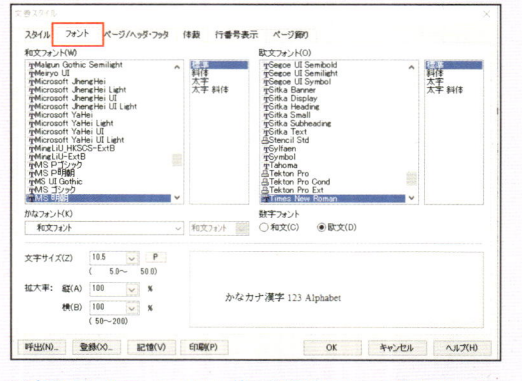

※表示されるフォントはお使いの環境によって異なります。

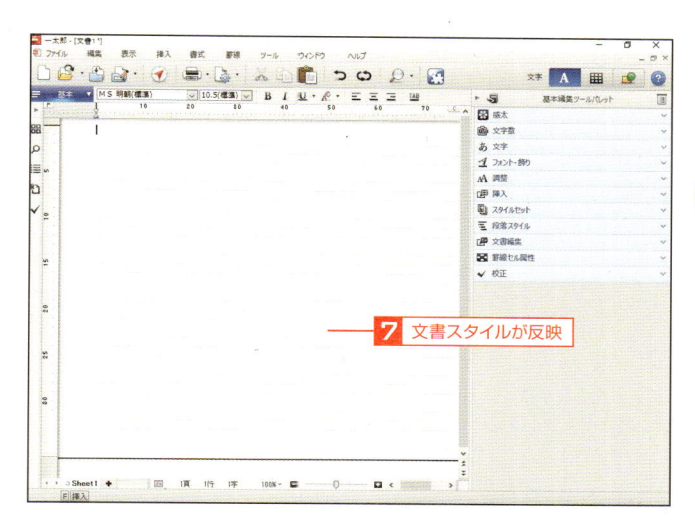

7 用紙に文書スタイルの内容が反映されます。

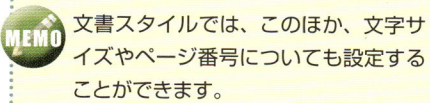

MEMO 文書スタイルでは、このほか、文字サイズやページ番号についても設定することができます。

7 文書スタイルが反映

 **HINT** よく利用する文書スタイルを登録する

よく利用する文書スタイルがある場合は、[文書スタイル]ダイアログボックスの 登録 をクリックし、名前を付けて登録しておきましょう。呼出 をクリックすればいつでも呼び出せるので、毎回文書スタイルを設定する手間を省けます。

また、初期設定されている内容を変更したい場合は、記憶 をクリックします。現在設定されている文書スタイルが記憶され、以降、新しく作る文書から、そのスタイルが初期設定となります。

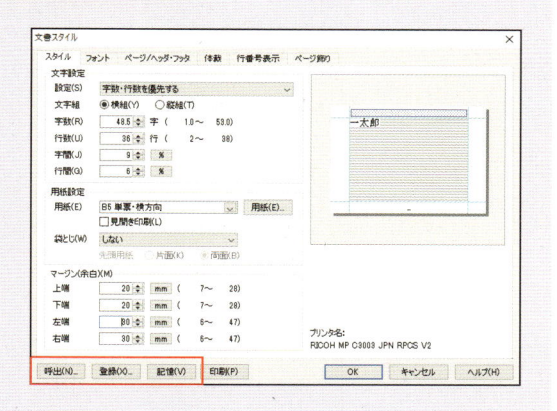

HINT 「きまるスタイル」で文書内容に合った文書スタイルを選ぶ

「きまるスタイル」を利用すると、作成する文書の内容や用紙サイズにあった最適なレイアウトを一発で設定することができます。

[きまるスタイル]を利用するには、ツールバーの [用紙や字数行数の設定（文書スタイル）]の右にある ▼ をクリックし、[きまるスタイル]を選択します。

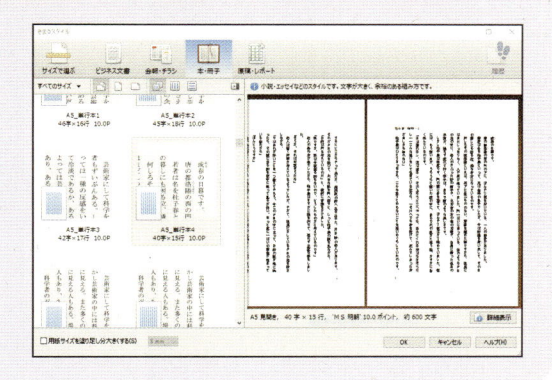

8 コピーや取り消しなど編集操作の基本

文字列をコピーしたり貼り付けたり、操作を取り消したりするときの操作を覚えておきましょう。繰り返して何度も入力する手間が省けたり、失敗した操作をすぐにやり直したりでき、効率的な文書作成に役立ちます。

8-1 コピー、切り取り、貼り付けを実行する

同じ文字列を別の場所でも利用したいときは、コピーして貼り付けましょう。また、入力済みの文字列を別の場所に移動したい場合は、切り取って貼り付けます。

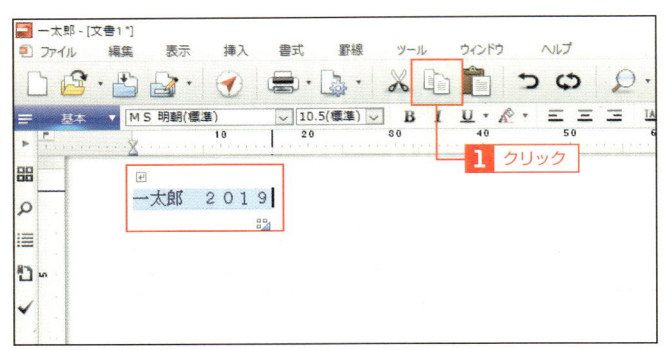

コピーして貼り付ける

1 コピーしたい文字列を範囲指定し、ツールバーの [コピー（範囲先指定）] をクリックします。

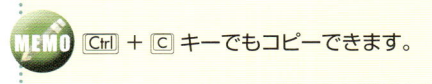

MEMO Ctrl + C キーでもコピーできます。

2 文字列を貼り付けたい位置にカーソルを移動し、ツールバーの [貼り付け] をクリックします。

3 カーソル位置に文字列が貼り付けられます。

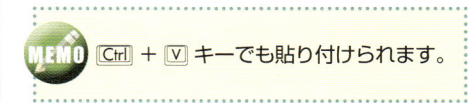

MEMO Ctrl + V キーでも貼り付けられます。

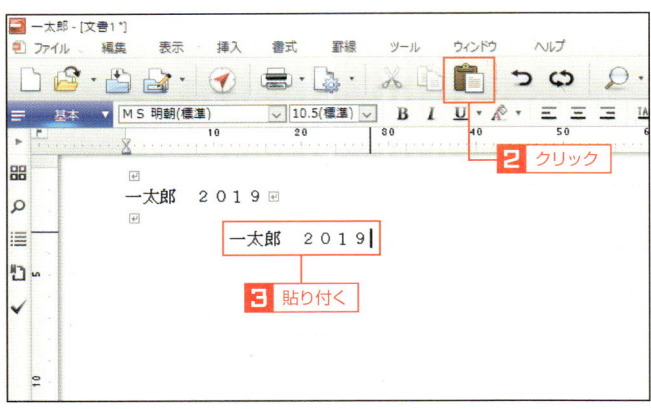

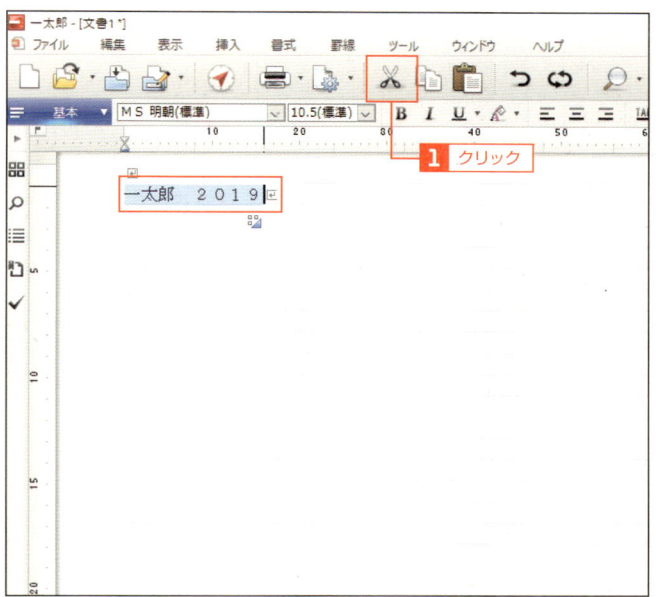

切り取って貼り付ける

1 文字列を範囲指定し、ツールバーの ✂ [切り取り（範囲先指定）] をクリックします。

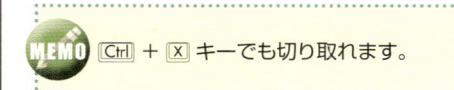

MEMO Ctrl + X キーでも切り取れます。

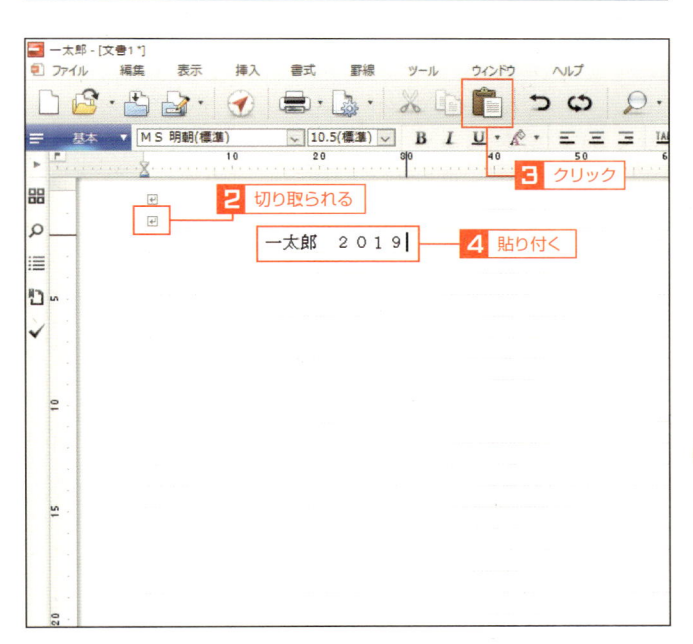

2 範囲指定していた文字列が切り取られます。

3 文字列を貼り付けたい位置にカーソルを移動し、ツールバーの 📋 [貼り付け] をクリックします。

4 文字列が貼り付けられます。

MEMO コピー、または切り取ったデータは、パソコンの「クリップボード」に保存されます。続けて貼り付けを行うことで、同じ文字列を何度も繰り返して貼り付けることができます。なお、クリップボードには、最新のデータ1つだけしか保存できません。別の文字列をコピーしたり切り取ったりした場合には、新しい文字列が保存され、前の文字列は削除されます。

8-2 操作の繰り返しと取り消しを行う

何度も同じ操作を繰り返す場合には、そのたびにコマンドを実行せずに、「繰り返し」を利用しましょう。また、間違った操作をしてしまった場合には、操作を取り消すことができます。取り消しは、実行するたびに操作をさかのぼって順に取り消すことができます。

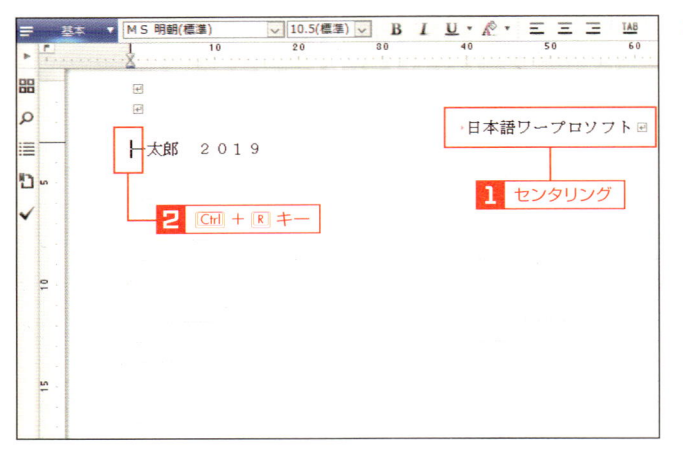

操作を繰り返す

1 文字列をセンタリングしました。

2 別のセンタリングをしたい行にカーソルを置いて、Ctrl + R キーを押します。

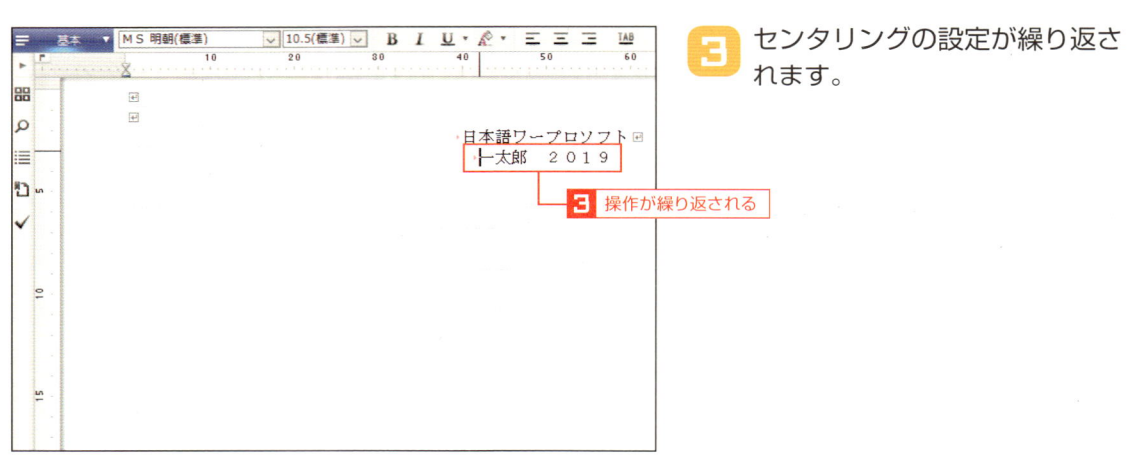

3 センタリングの設定が繰り返されます。

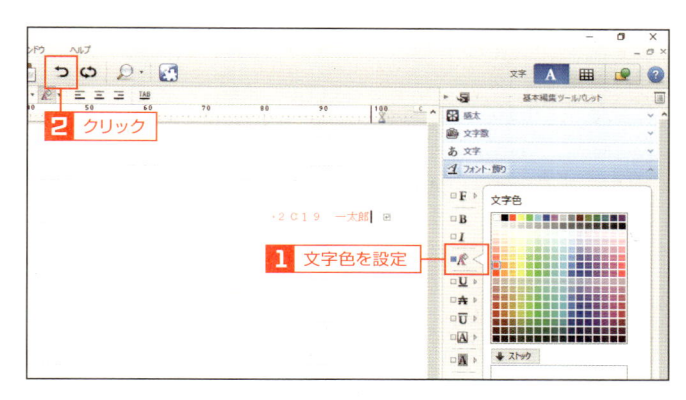
1 文字色を設定
2 クリック

操作を取り消す

1 文字色を設定しました。

2 この操作を取り消したいときには、ツールバーの ⤺ [取り消し] をクリックします。

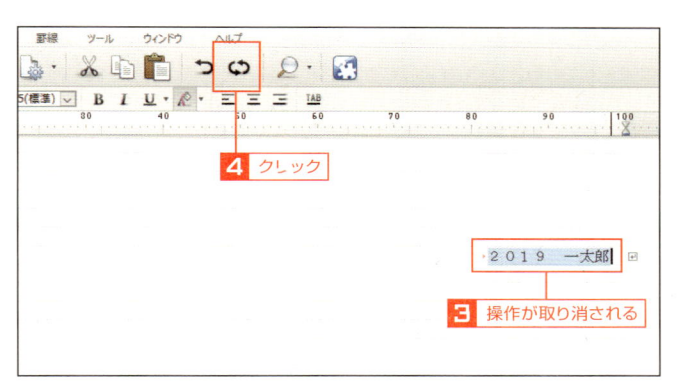
4 クリック
3 操作が取り消される

3 文字色の設定が取り消されました。

4 取り消したものの、やはり元に戻したいという場合はツールバーの ⤻ [取り消しを戻す] をクリックします。

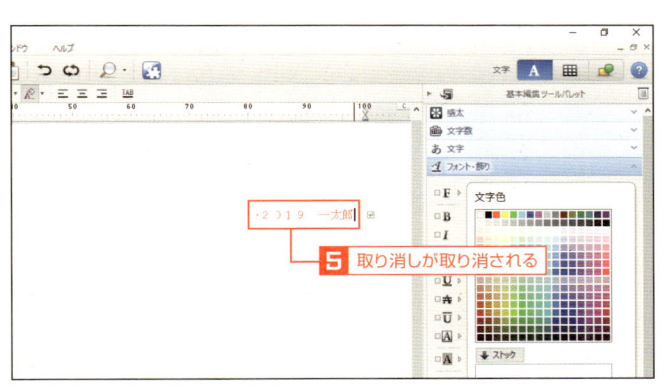
5 取り消しが取り消される

5 取り消し操作が取り消されて、文字色が赤に戻りました。

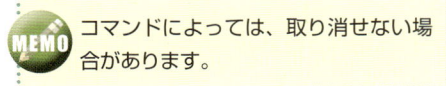
コマンドによっては、取り消せない場合があります。

●取り消し回数を設定するには
→ 244 ページ

9 文書を印刷する

作成した文書を印刷しましょう。印刷の際には、部数を指定できるほか、拡大印刷や縮小印刷、1枚の用紙に複数ページを印刷するレイアウト印刷など、特殊な印刷も実行できます。

9-1 通常の印刷を行う

部数などを指定して印刷を実行します。印刷する前には、「印刷プレビュー」であらかじめどのように印刷されるかのイメージを確認すると、印刷のミスを防ぐことができます。

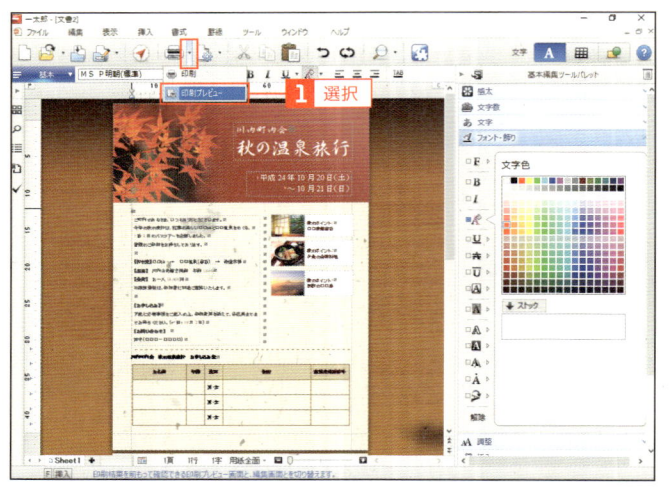

文書を印刷する

1 文書が完成したら、ツールバーの 🖶 [印刷] の右側の ▼ をクリックし、[印刷プレビュー] を選択します。

> **MEMO** 印刷プレビューを確認する必要がない場合は、🖶 [印刷] をクリックします。

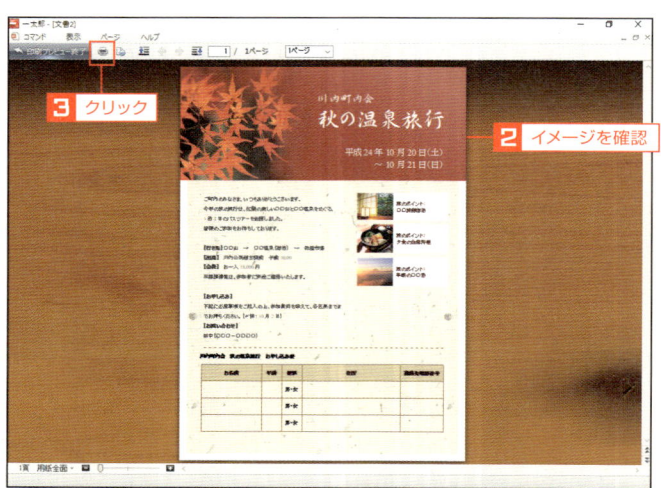

2 プレビューが表示されるので、印刷イメージを確認します。

3 🖶 [印刷] をクリックします。

> **MEMO** 編集画面に戻るには、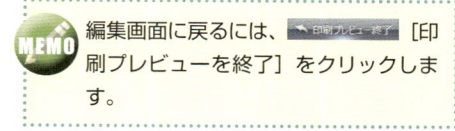 [印刷プレビューを終了] をクリックします。

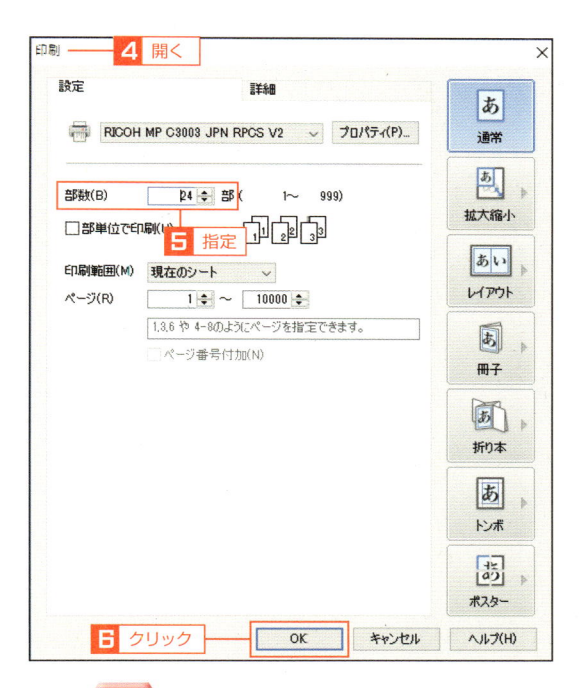

4 [印刷] ダイアログボックスが開きます。

5 [部数] で印刷する部数を指定します。

6 OK をクリックすると、印刷がスタートします。

HINT 範囲を指定して印刷する

複数ページの文書の、連続したページだけを印刷したい場合は、[ページ] で印刷したいページの範囲を指定します。任意のページを印刷したい場合は、[ページ] の入力スペースに、カンマで区切ったページや、ハイフンでつないだページを入力します。

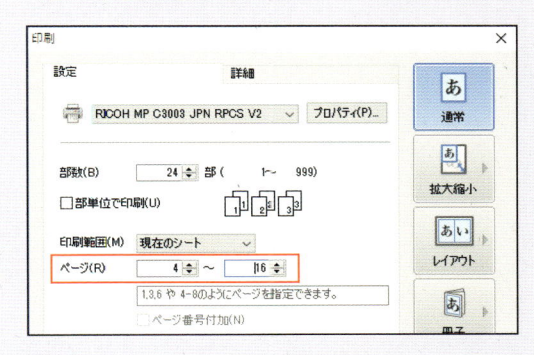

●連続したページだけを印刷する
開始ページと終了ページを指定します。

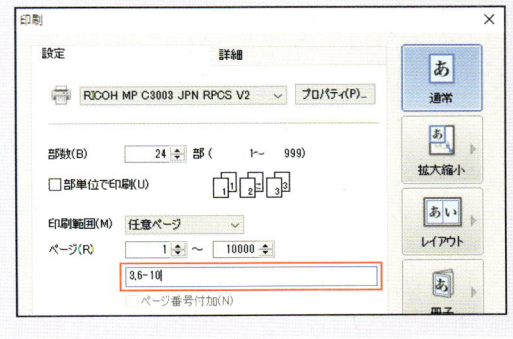

●任意のページを印刷する
飛び飛びのページはカンマで区切り、連続したページはハイフンでつなぎます。

Columun

特殊印刷を行う

大きな用紙に拡大して印刷したり、1枚の用紙に複数ページを配置して印刷したりすることもできます。さらに、複数枚の紙を貼り合わせて、大きなポスターを作ることができる「ポスター印刷」機能もあります。こうした特殊な印刷は、各種印刷方法をクリックして展開することで設定します。

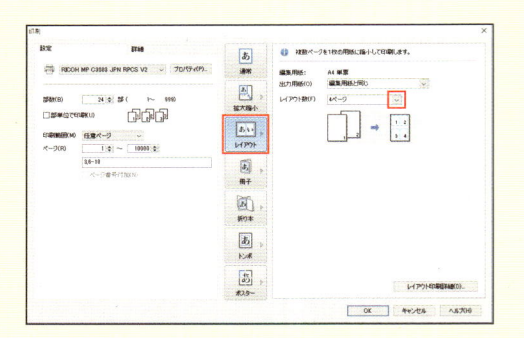

1枚の用紙に複数ページを割り付けて印刷する（レイアウト印刷）

［レイアウト］を選択し、レイアウト数の をクリックして、1枚に配置したいページ数を設定します。

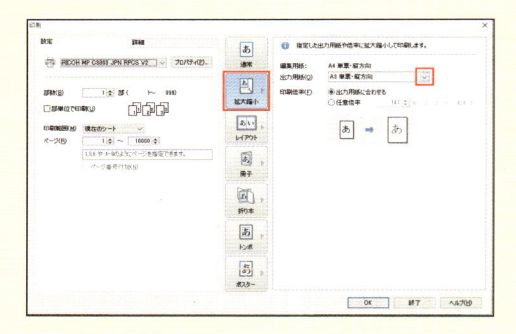

拡大縮小印刷する

［拡大縮小］を選択し、［出力用紙］で印刷したい用紙のサイズと方向を指定します。［任意倍率］を選択して倍率を指定することもできます。

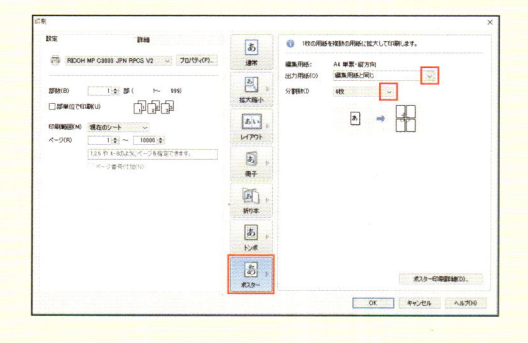

拡大して複数の用紙に分割して印刷する（ポスター印刷）

［ポスター］を選択し、［出力用紙］と［分割数］を指定します。

第2章 基本操作編

ATOKの基本操作

一太郎 2019 には、日本語入力システムとして「ATOK for 一太郎 2019 Limited」が標準搭載されています。本章では、ATOK による日本語入力の基本操作と、効率的に入力する便利な機能を説明します。

ATOKの基本操作

ATOK for 一太郎2019 Limited（以下、ATOK）を使って日本語を入力するには、ATOKのオン/オフや読みの入力・変換など、基本的な使い方を覚えておく必要があります。ここでは、日本語を入力するために必要な基本操作を紹介しましょう。

1-1 ATOKのオン/オフを切り替える

ATOK で日本語を入力するには、ATOK がオン（有効）になっている必要があります。ここでは、Windows 10 で ATOK のオン / オフを切り替える操作を説明します。なお、一太郎を起動すると、ATOK は自動的にオンになります。

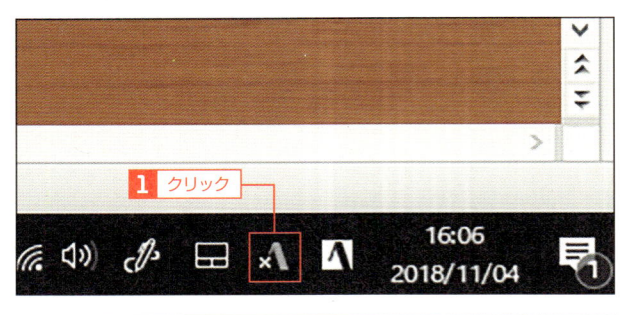

1 クリック

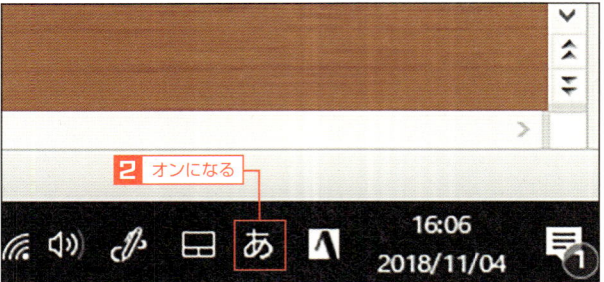

2 オンになる

ATOKのオン/オフを切り替える

1 タスクバーの をクリックします。または 半角/全角 キーを押します。

2 ATOK がオンになり、表示が **あ** に切り替わります。もう一度クリックするか、半角/全角 キーを押すとオフになります。

> **MEMO** ATOK 標準のキー操作でお使いの場合は、日本語入力がオフのときに 変換 キーを押すだけで、日本語入力がオンになります。キーボードのホームポジションから手を離さなくて良いのでスムーズな操作が可能です。

HINT 日本語入力システムをATOKに切り替える

日本語入力システムが ATOK 以外になっている場合は、一太郎のメニューから［ツール−入力設定−日本語入力を ATOK にする］を選択してください。タスクバーに表示されている日本語入力のアイコンをクリックしてメニューを開き、［ATOK for 一太郎 2019］を選択する方法もあります。また、Windows + □ キーを押すと、インストールされている日本語入力システムを順番に切り替えられます。

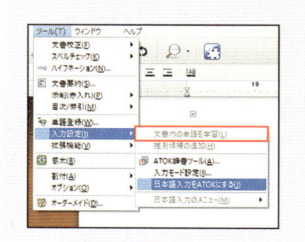

1-2 ローマ字入力/カナ入力を切り替える

ATOK では、読みの入力方法として「ローマ字入力」と「カナ入力」があります。初期設定は「ローマ字入力」なので、カナ入力で読みを入力する場合は、最初に設定を変更してください。ローマ字入力の方は、設定を変更する必要はありません。

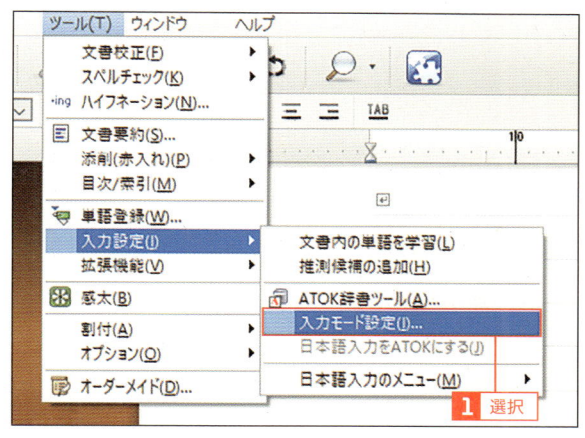

ローマ字入力/カナ入力を切り替える

1 一太郎のメニューで［ツール－入力設定－入力モード設定］を選択します。

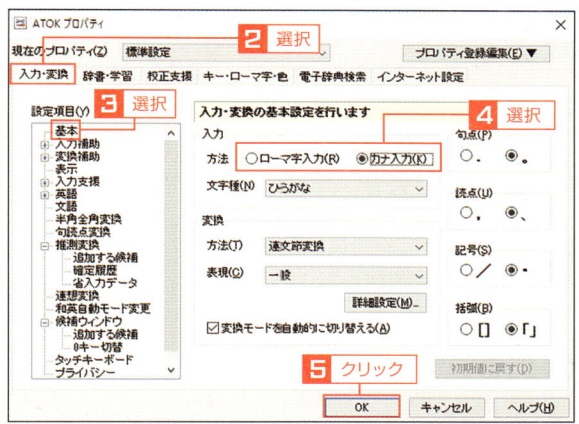

2 ［ATOK プロパティ］ダイアログボックスが表示されたら、［入力・変換］タブを選択します。

3 ［設定項目］で［基本］を選択します。

4 ［入力］の［方法］で［ローマ字入力］または［カナ入力］を選択します。

5 OK をクリックします。

ローマ字入力/カナ入力を一時的に切り替える

ATOK がオンのとき、通知領域の あ を右クリックしてメニューを開き、［漢字入力モード］を選択すれば、ローマ字入力/カナ入力を切り替えられます。ただし、この設定は一時的なものなので、アプリケーションを切り替えたり、新しいアプリケーションを起動したりした場合は、もとの入力方法になります。

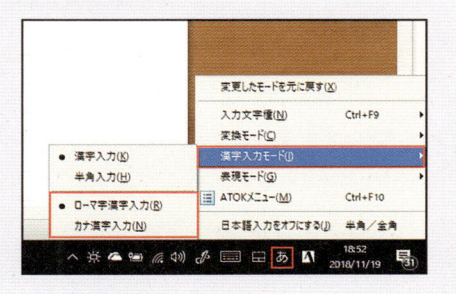

1-3 読みを入力して変換する

漢字仮名交じり文を入力するには、ローマ字入力またはカナ入力で読みを入力したあと、☐☐☐ キーを押して変換します。正しく変換されたら、[Enter] キーを押して確定します。ここでは、この一連の操作を説明します。

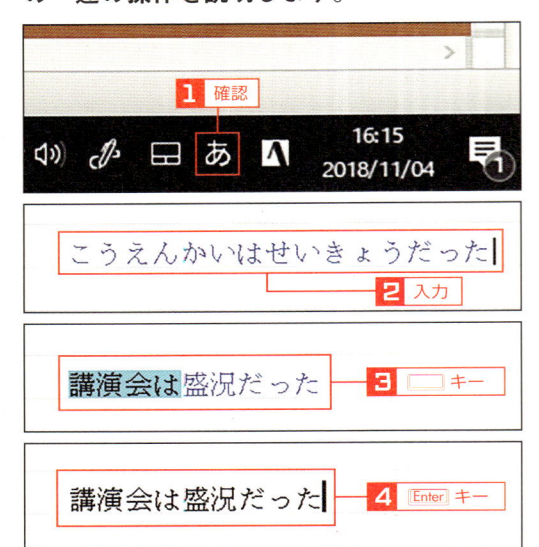

読みを入力して漢字仮名交じり文に変換する

1 ATOK がオンになっていることを確認します、オンになっていない場合はオンに切り替えてください（62 ページ参照）。

2 読みを入力します。ローマ字入力、カナ入力のどちらでもかまいません。

3 ☐☐☐ キーを押して漢字仮名交じり文に変換します。

> **MEMO** 変換結果は ATOK の学習状態によって異なる場合があります。

4 目的のとおりに変換されたら [Enter] キーを押して確定します。

> **MEMO** 目的のとおりに変換されなかった場合は、次ページを参照してください。

HINT 読みの入力→変換→確定

読みを入力したあと ☐☐☐ キーで変換し、目的の変換結果であれば [Enter] キーを押して、それ以上変換されないように固定します。この操作を「確定」と呼びます。このように、「読みの入力」→「変換」→「確定」を繰り返すのが、ATOK による日本語入力の基本操作です。

HINT ひらがなはそのまま [Enter] キーで確定

ひらがなを入力する場合は、読みを入力したあと、[Enter] キーを押せばすぐに確定されます。

HINT 入力ミスは [Esc] キーで取り消し

読みの入力中または変換中に入力ミスに気づいた場合は、[Esc] キーを押せば、すべての入力を取り消して、最初から入力し直すことができます。

HINT 入力中に推測候補が表示される

ATOK の初期設定では、読みの入力中に ATOK が推測した「推測候補」が表示され、[Shift]+[Enter] キーを押すと確定できます。なお、本

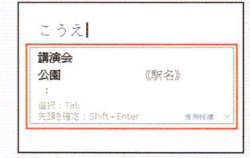

章では日本語入力の基本操作を説明するため、必要な場合以外は推測候補を表示しない設定で説明しています。

HINT 入力中にバーが表示される

ATOK の初期設定では、入力中に画面のようなバーが表示されることがあります。このバーを使うと、素早く ATOK

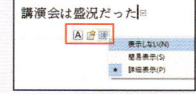

の設定を変更したり、メニューを表示したりできます。バーが不要の場合は、右クリックして［表示しない］を選択してください。なお、本章ではバーを非表示にして説明しています。

1 - 4 目的の変換候補を選択して入力する

日本語には、読みが同じで意味の異なる言葉がたくさんあります。このため、ATOKでも一度の操作では正しく変換できないことがあります。その場合は、正しい候補を自分で選択することができます。ここでは、「寄生する」と入力する例を説明します。

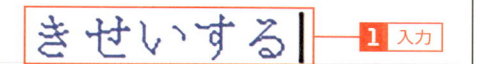

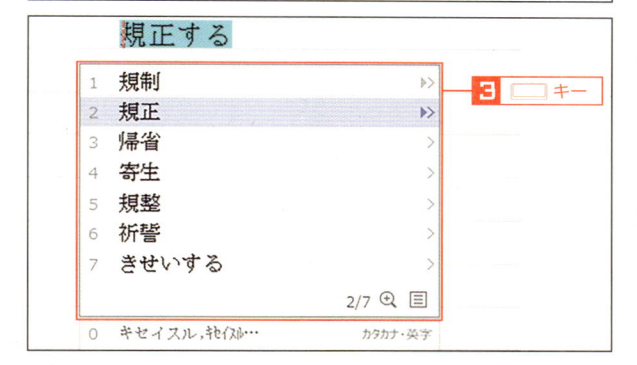

正しく候補を選択する

1 「きせいする」と読みを入力します。

2 ◻︎ キーを押すと「規制する」に変換されます。

3 もう一度 ◻︎ キーを押すと、候補ウィンドウが開いて次の候補が選択されます。

> **MEMO** 表示される候補の順番はATOKの学習状態によって変化します。

 **HINT** 少し長めに入力すると正しく変換できる

ATOKは、入力された読みの意味を判断して変換します。このため、単語単位ではなく、そのほかの文節も含めて少し長めの読みを入力すれば、正しく変換できる確率が高くなります。

こうつうをきせいする ➡ 交通を規制する

せいぶつにきせいする ➡ 生物に寄生する

 **HINT** 同音語の使い分けや言葉の意味を確認する

候補ウィンドウの右側にウィンドウが表示されることがあります。このウィンドウは、変換した言葉に同音語があったり、その言葉の情報が電子辞典に掲載されているときに表示されます。同音語の意味・使い方を確認したり、言葉の意味をその場で調べることができます。なお、タブが複数ある場合は End キーで切り替えることができ、Shift + End キーでウィンドウを閉じることができます。

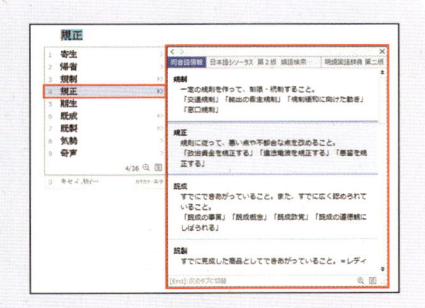

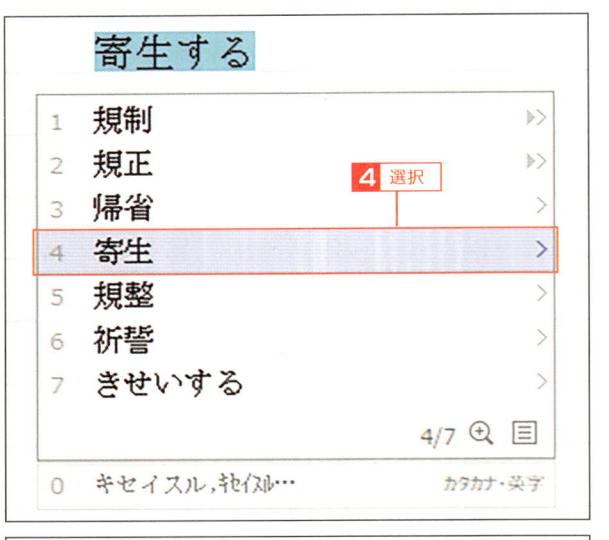

4 ⬜ キーを押すと1つ下の候補、↑ を押すと1つ上の候補を選択できます。このキー操作で目的の候補を選択します。

5 Enter キーを押して、選択した候補を確定します。

HINT 文字を拡大表示する

候補の文字が小さくて見づらい場合は、候補ウィンドウ右下にある 🔍 [拡大表示] ボタンをクリックするとメニューが表示され、拡大率を選択すると拡大表示できます。元のサイズに戻すには、🔍 [拡大表示] ボタンをクリックして [100%] を選択します。

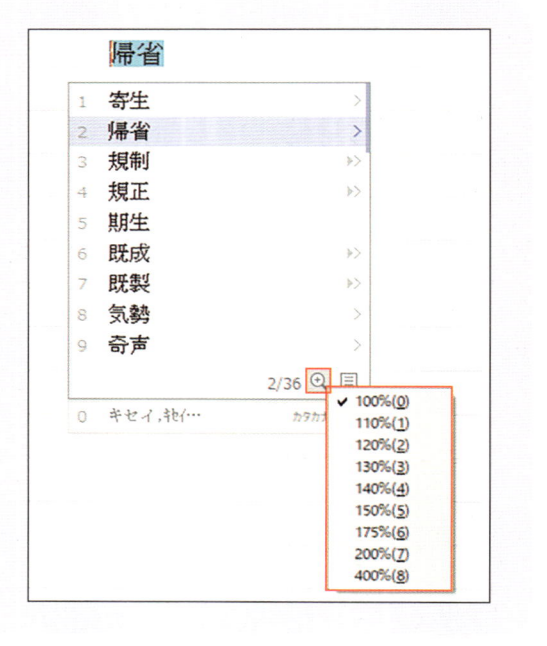

1-5 文節を区切り直して正しく変換する

ATOK は入力された読みを文節に分解し、各文節の関係を判断して適切に変換します。このため、文節の分け方を誤ると正しく変換できません。たとえば、「昔の友人とは津で再会した」と入力しようとして、「昔の友人と初で再会した」に変換されるような場合です。このような場合は、文節の区切り方を修正すれば、正しく変換し直すことができます。

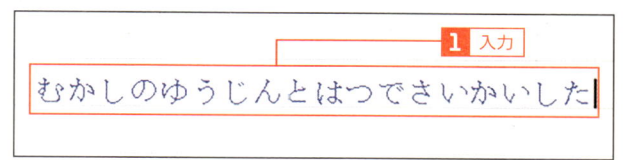

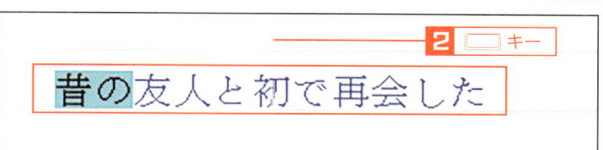

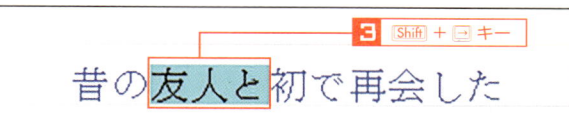

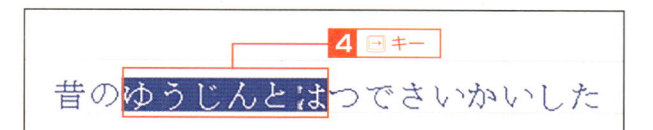

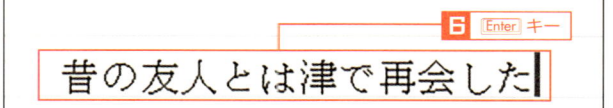

文節を区切り直して変換し直す

1 「むかしのゆうじんとはつでさいかいした」と読みを入力します。

2 □□ キーを押すと「昔の友人と初で再会した」に変換されます。これは「むかしの / ゆうじんと / はつで / さいかいした」と文節が区切られたからです。

3 Shift+→ キーを 1 回押して、注目文節を「友人と」に移動します。

4 → キーを 1 回押して、「むかしの / ゆうじんとは / つで / さいかいした」に修正します。

5 □□ キーを押すと、「昔の友人とは津で再会した」に変換されます。

6 Enter キーで確定します。

HINT　注目文節の移動と文節の修正

本文の例では、「注目文節の移動」と「文節の修正」の 2 つの操作を行っています。注目文節とは、現在、変換の対象になっている文節のことで、薄い水色の背景色が表示されます。注目文節の移動と区切りの

修正は、以下のキーで移動できます。
- 注目文節の移動　　Shift+← / → キー
- 文節の区切りを修正　← / → キー

1-6 カタカナを入力する

「パソコン」「バス」「チケット」などの一般的なカタカナ語は、読みを入力して ⬚ キーを押す通常の操作で変換できます。ただし、人名・地名や会社名などのカタカナの固有名詞は、正しく変換できない場合があります。また、フリガナのようにカタカナだけを入力することもあります。このようなときは、F7 キーでカタカナに変換します。

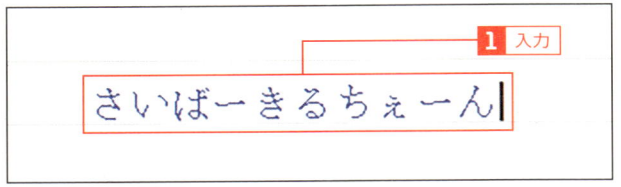

カタカナを入力する

1 「さいばーきるちぇーん」と読みを入力します。

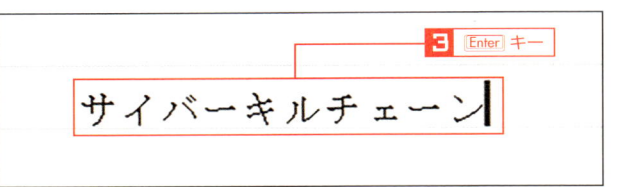

2 F7 キーを押してカタカナに変換します。

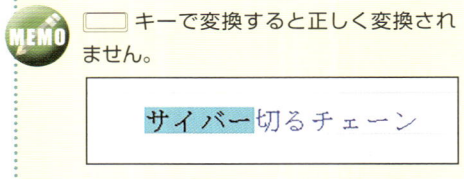

3 Enter キーを押して確定します。

MEMO ⬚ キーで変換すると正しく変換されません。

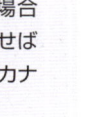

MEMO 確定したカタカナは学習されて、次回からは ⬚ キーで変換できるようになります。

HINT 正しく変換されなかった言葉を読みに戻す

⬚ キーを押したときに正しく変換されなかった場合は、Enter キーで確定する前に Back Space キーを押せば読みに戻せます。そのあとで F7 キーを押せば、カタカナに変換できます。

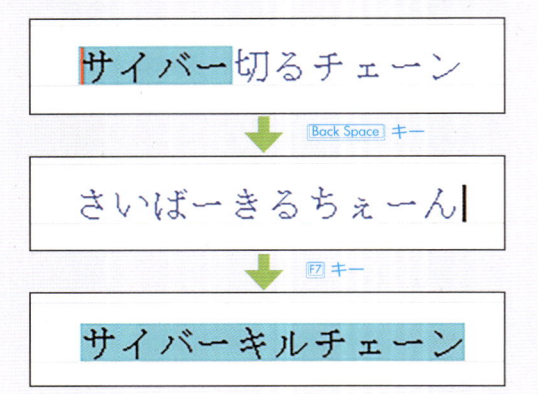

HINT 半角カタカナは F8 キー

半角カタカナを入力する場合は、読みを入力したあと F8 キーを押してください。

1-7 アルファベット（英文字）を入力する

ATOKには、日本語の入力中に英文字（アルファベット）を入力できる「英語入力モード」という機能が用意されています。ここでは、この機能を使って「彼はATOKを使っている」と入力する操作を説明します。

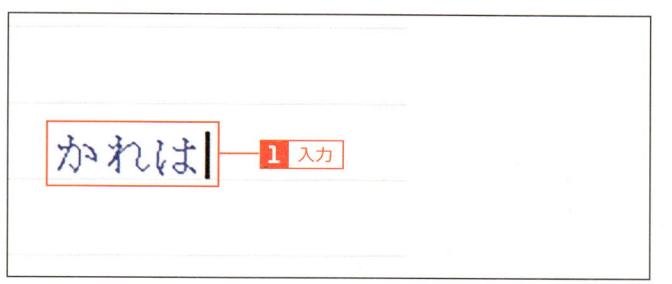

英字を入力する

1 「かれは」と入力します。

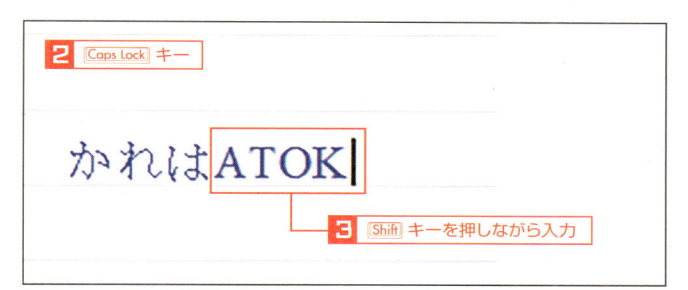

2 [Caps Lock]キーを押して英語入力モードに切り替えます。

3 [Shift]キーを押しながら[A][T][O][K]とキーを押して、半角大文字の「ATOK」を入力します。

> **MEMO** アルファベットの大文字は[Shift]キーを押しながら、小文字は[Shift]キーを押さずに入力します。

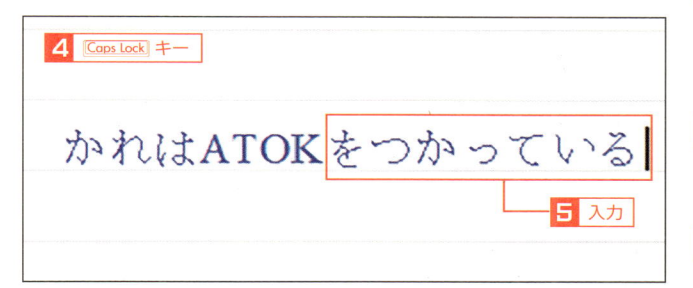

4 [Caps Lock]キーを押して英語入力モードを解除します。

5 「をつかっている」と入力します。

HINT　その他の英字の入力方法

[半角/全角]キーでATOKをオフにしても、半角英字を入力できます。また、ATOKがオンのときに、[変換]キーを押しても、半角英字を入力できます。[変換]キーを押すと通知領域の表示が🔲に変化します。もう一度[変換]キーを押すと🔲に戻ります。

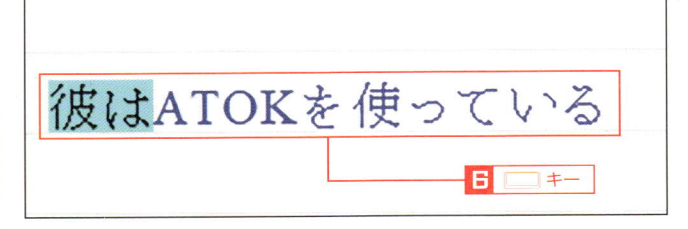

6 ◻ キーを押して「彼は ATOK を使っている」に変換します。

7 Enter キーを押して確定します。

> **MEMO** ATOK の学習状態によっては、英語が全角で入力される場合もあります。

HINT F10 キーで英字に変換する

ローマ字入力の場合、英語入力モードに切り替えなくても、次のように F10 キーで英字に変換することができます。

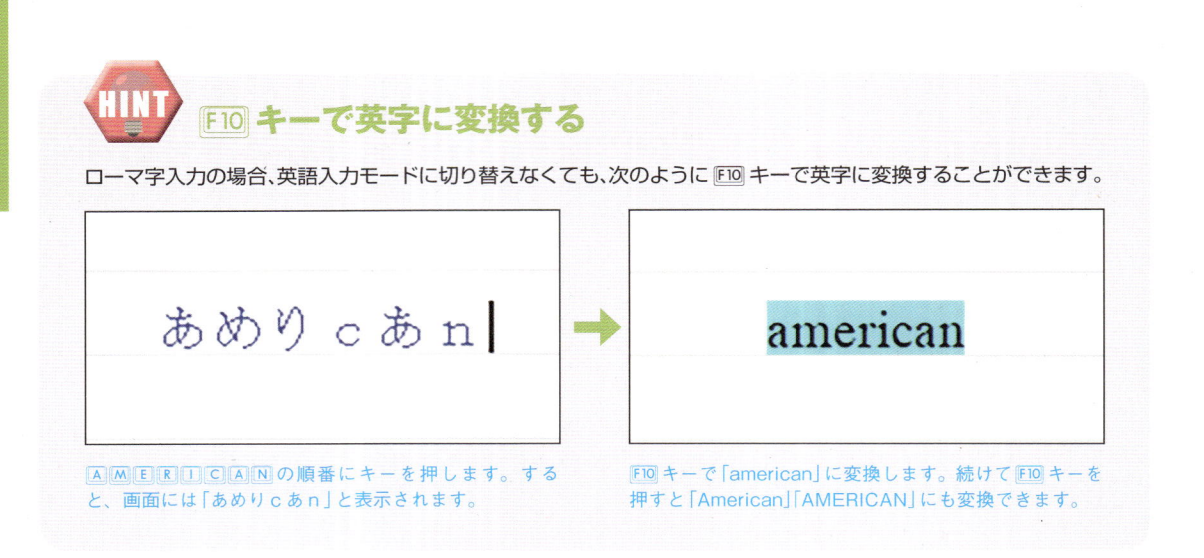

A M E R I C A N の順番にキーを押します。すると、画面には「あめりｃあｎ」と表示されます。

F10 キーで「american」に変換します。続けて F10 キーを押すと「American」「AMERICAN」にも変換できます。

1-8 タッチキーボードで入力する

タッチ対応のパソコンでは、タッチキーボードを使って日本語を入力できます。読みの入力・変換・確定の操作は物理キーボードと共通です。

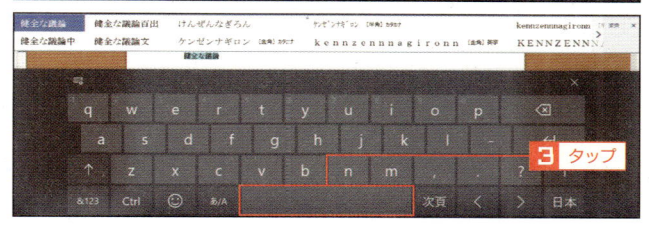

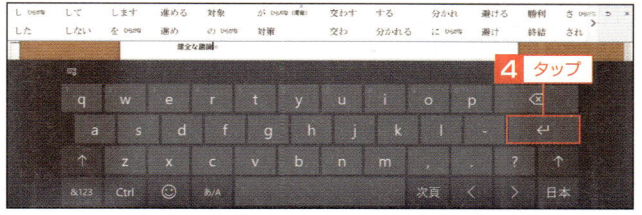

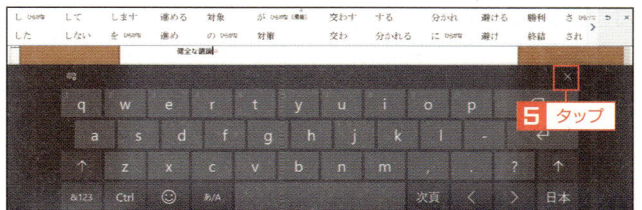

タッチキーボードで入力する

1 通知領域の［タッチキーボード］ボタンをタップしてタッチキーボードを起動します。

MEMO 入力が必要な場合には、タッチキーボードが自動的に起動する場合もあります。

2 各キーをタップして読みを入力します。読みの入力はローマ字入力で行います。

3 キーをタップして変換します。

4 Enter キーをタップして確定します。なお、推測候補をタップすれば、その候補をすぐに確定することもできます。

5 入力が終わったら、右上の ☒ ボタンをタップしてタッチキーボードを閉じます。

 **HINT 推測候補から選択する**

タッチキーボードでは、スマートフォンでの入力と同様に、文字を入力すると次の候補が推測されて、次々と表示されます。入力したい候補がある場合は、目的の推測候補をタップすると素早く入力できます。

 **HINT タッチキーボードのボタンが表示されていないときは？**

［タッチキーボード］ボタンが表示されていない場合は、タスクバーを右クリックし、メニューの［タッチキーボードボタンを表示］を選択すれば表示されます。

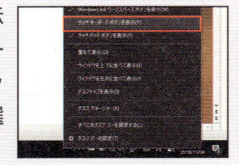

2 正しく効率的な入力・変換を支援する便利な機能

ATOKには、文章を正しく、かつ効率的に入力・変換するために、さまざまな便利な機能が用意されています。また、電子辞典で情報を調べたり、漢字を素早く検索したりする機能もあります。ここでは、こうした便利な機能の一端をご紹介します。

2-1 推測変換を利用して効率的に文章を入力する

ATOK は、入力された数文字の読みから、ユーザーが入力しようとしている言葉を推測して提示してくれます。その推測が正しい場合は、読みをすべて入力しなくても、素早く効率的に文章を入力することができます。

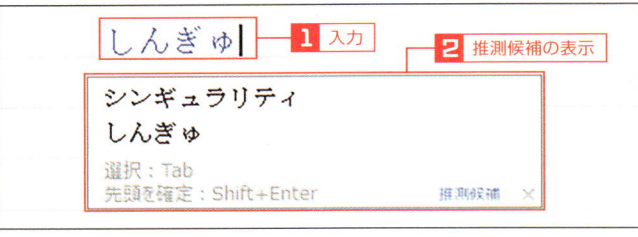

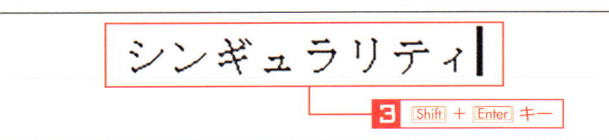

推測候補を入力する

1 読みを入力します。ここでは「しんぎゅ」と入力します。

2 「しんぎゅ」で始まる言葉が推測候補として表示されます。

3 Shift + Enter キーを押して、先頭に表示された「シンギュラリティ」を確定します。

HINT 推測候補を選択する

入力したい候補が推測候補の先頭に表示された場合は、本文の説明のように Shift + Enter キーですぐに確定できます。希望の候補が先頭にない場合は、Tab キーを押すと推測候補のウィンドウに切り替わり、候補を選択できるようになります。

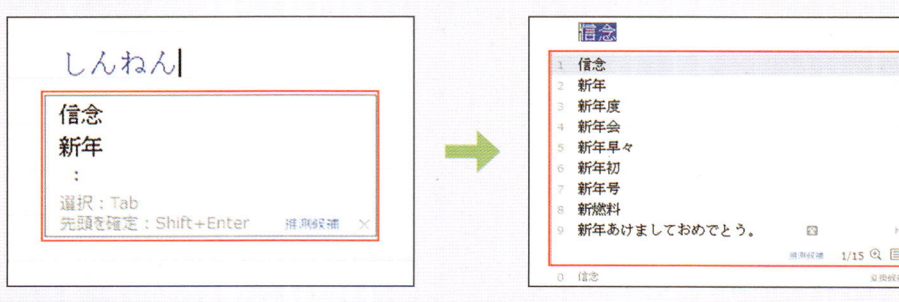

希望の候補が先頭にない場合は、Tab キーを押します。

推測候補を選べるようになります。□ キーで下の候補、□ キーで上の候補を選択できます。

2-2　入力したカタカナ語/日本語を英語に変換して入力する

ATOKには、「ぽてんしゃる（ポテンシャル）」→「potential」のようにカタカナ語を英単語に変換する機能が用意されています。また、「すいぞくかん（水族館）」→「aquarium」のように日本語を英単語に翻訳する機能も用意されています。こうした機能を積極的に利用すれば、英単語を正確かつ効率的に入力できます。

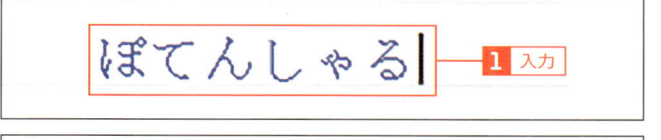

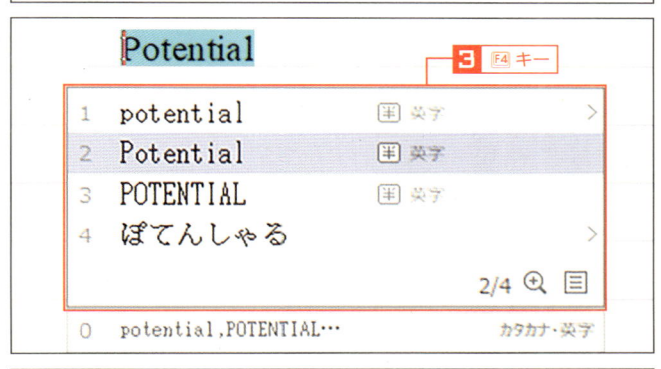

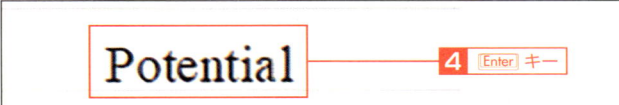

カタカナ語を英語に変換する

1　「ぽてんしゃる」と読みを入力します。

2　F4 キーを押すと「potential」に変換されます。

3　もう一度 F4 キーを押すと候補ウィンドウが表示されて、「Potential」「POTENTIAL」なども選択できます。

> **MEMO**　表示される候補の順番は ATOK の学習状態によって変化します。

4　Enter キーを押して確定します。

HINT　どんな言葉が候補になる？

ATOK は、ユーザーが過去に入力した言葉を記録し、それを推測候補として表示します。また、「スポーツ」や「ビジネストレンド」など、あらかじめ用意されている省入力データの言葉も推測候補として表示されます。

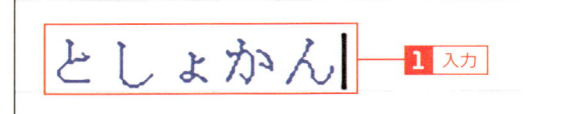

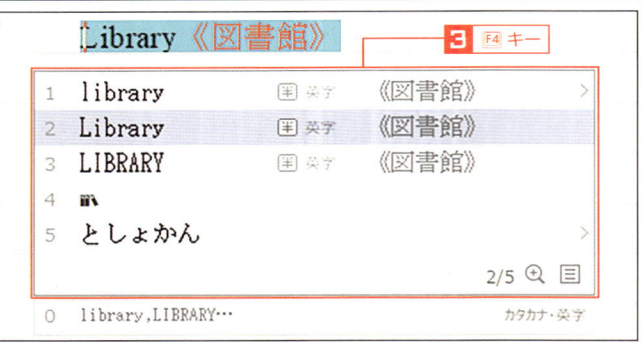

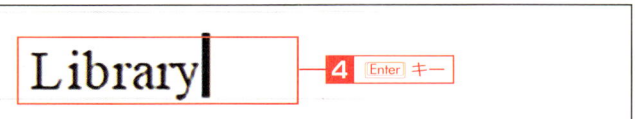

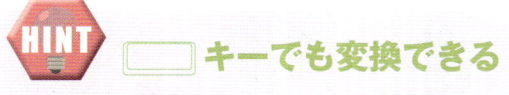

日本語を英語に変換する

1 「としょかん」と読みを入力します。

2 F4 キーを押すと「library」に変換されます。

3 もう一度 F4 キーを押すと候補ウィンドウが表示されて、「Library」「LIBRARY」なども選択できます。

4 Enter キーを押して確定します。

HINT ＿＿＿キーでも変換できる

カタカナ語や日本語から英単語への変換、読みから顔文字や記号に変換する機能は、＿＿＿キーによる通常の操作でも利用できます。候補ウィンドウに表示されるので、通常の操作で選択してください。69 ページで紹介した「ATOK」も、「えいとっく」の読みから＿＿＿キーで「ATOK」に変換・入力できます。

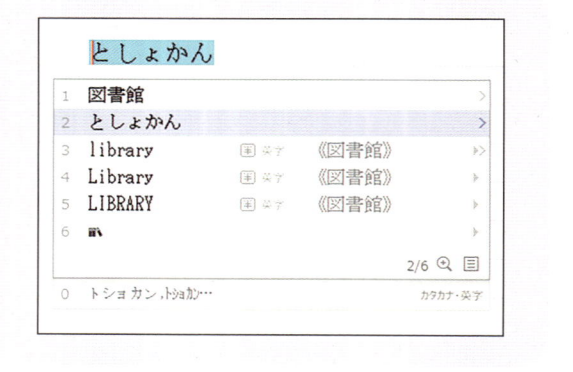

2-3 「○」「♪」「→」などの記号を簡単に入力する

ATOKでは、○▼◇♪……などのさまざまな記号も入力できます。複数の入力方法がありますが、よく利用する記号は読みを入力して変換すると効率的です。ここでは「しかく」という読みから「◇」を入力する操作を説明します。

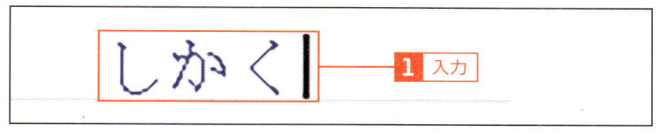

読みを入力して記号に変換する

1 「しかく」と読みを入力します。

2 [　　] キーを押して変換します。

3 「資格」など、目的の候補以外に変換されたら、[　　] キーを押して変換候補を表示します。

4 候補から入力したい記号「◇」を選択します。

> **MEMO** 変換結果や表示される候補の順番は、ATOKの学習状態によって異なります。

5 [Enter] キーを押すと「◇」が入力・確定されます。

読みから入力できる記号

ATOKでは、多くの記号を読みから変換できます。以下は、その一部です。

まる……●○◎
しかく……■◆□◇
さんかく……▼▲△▽
けいせん……─┐┌┘└├┤ 等
おんぷ……♪
ゆうびん……〒
きごう……〒●○◎■◆□◇▼▲△▽ 等
ほし……★☆※

クリックパレットで記号を入力する

一太郎のメニューから［ツール－入力設定－日本語入力のメニュー－クリックパレット］を選択すると、クリックパレットが起動します。通知領域の あ を右クリックして［ATOKメニュー－クリックパレット］を選択しても同様です。クリックパレットの［○△□］や［+－×］などのタブを開いて目的の記号をクリックすれば、カーソル位置に入力できます。

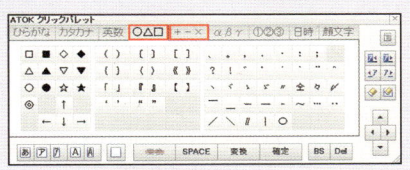

2-4 電子辞典で変換中の言葉の類義語を確認する

ATOK の電子辞典を利用すると、変換中の言葉の類義語や意味を素早く調べることができます。ここでは、一太郎 2019 プレミアム / スーパープレミアムに付属する「日本語シソーラス　第2版　類語検索辞典 for ATOK」で類義語を確認する例を説明します。

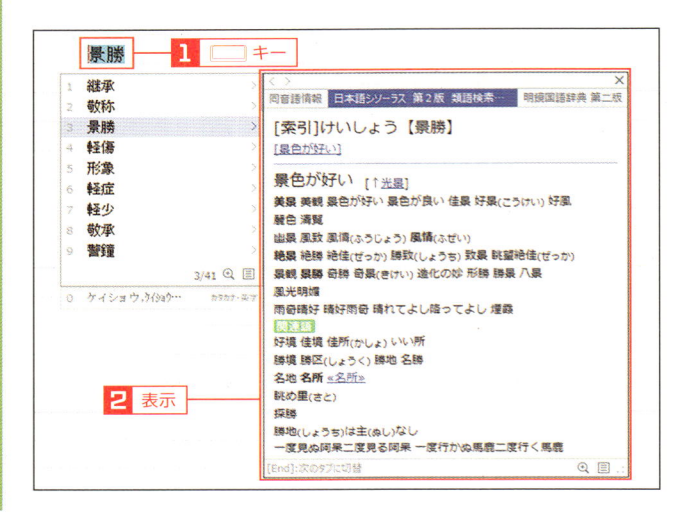

入力中の言葉の類義語を確認する

1 読みを入力して □□ キーで変換し、候補ウィンドウを開きます。

2 調べたい言葉を選択して少し待つと、情報を表示するウィンドウが開き、類義語を確認できます。

 **電子辞典の利用方法**

●候補に表示される記号の意味

候補の右横には、次の3種類の記号が表示されます。

同音語の情報があることを示します。

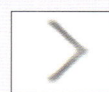
電子辞典の情報があることを示します。

同音語と電子辞典の両方の情報があることを示します。

●電子辞典のタブを切り替える

情報を表示するウィンドウに複数のタブがある場合は、End キーを押してタブを順番に切り替えることができます（MS-IME の場合は Ctrl + End キー）。

●変換した言葉をすぐに調べる

□□ キーを1回押して正しく変換された場合は、続けて End キーを押すことで、すぐに情報表示のウィンドウを開くことができます。

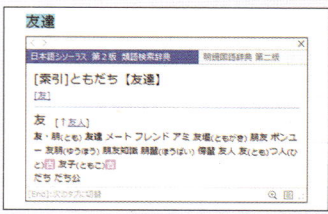
変換後に End キーを押すと、すぐに電子辞典で調べられます。

●利用できる電子辞典

一太郎 2019 プレミアム / スーパープレミアムには、電子辞典として「日本語シソーラス　第2版　類語検索辞典 for ATOK」と「明鏡国語辞典　第二版 for ATOK」が付属しています。

2-5 文書中の固有名詞を登録して変換できるようにする（単語登録）

会社名や商品名など、ATOK の辞書に載っていない固有名詞は、正しく変換できないことがあります。しかし、これらの固有名詞を ATOK の辞書に単語登録すれば、正しく変換できるようになります。ここでは、一太郎文書中にある固有名詞を登録して、次回から変換できるようにする方法を説明します。

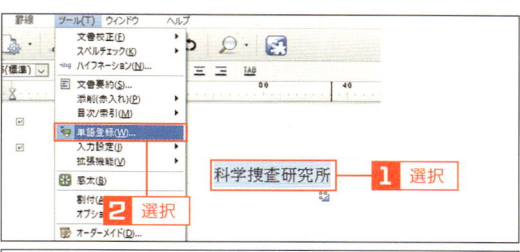

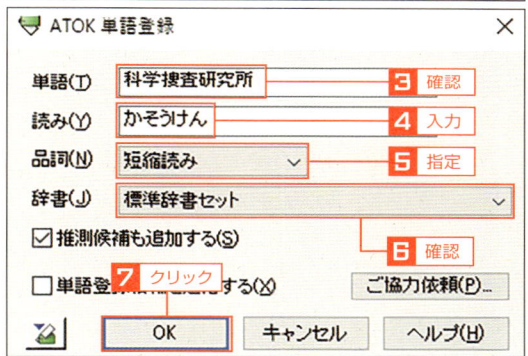

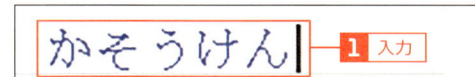

単語を登録する

1 登録する言葉を選択します。

2 一太郎のメニューで［ツール－単語登録］を選択します。

3 ［単語］に選択した言葉が設定されていることを確認します。

4 ［読み］を入力します。ここでは「かそうけん」と入力します。

5 ［品詞］で品詞を指定します。ここでは「短縮読み」を選択します。

6 ［辞書］は「標準辞書セット」のままにします。

7 OK をクリックします。これで単語が登録されてダイアログボックスが閉じます。

登録した単語を入力する

1 登録した単語の読みを入力します。

2 □ キーを押して変換すると、登録した単語に変換できます。Enter キーを押して通常どおり確定します。

HINT 登録した単語を削除する

登録した単語が不要になったら、辞書から削除できます。削除するには、読みを入力して □ キーで変換した状態で Ctrl + Delete キーを押してください。確認メッセージに対して、はい をクリックすれば削除できます。

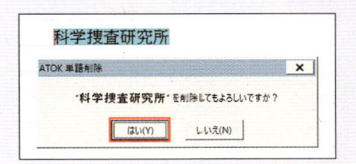

HINT Ctrl + F7 キーで単語登録

一太郎以外のアプリケーションで ATOK を利用している場合でも、Ctrl + F7 キーを押して単語登録のダイアログボックスを開いて、いつでも単語を登録することができます。

2-6 「夏目漱石の"そう"」の形式で漢字を入力する

人名などの固有名詞の漢字を人に伝えるとき、「夏目漱石の"そう"」「高杉晋作の"しん"」のように、歴史上の人物を挙げることがあります。最新の ATOK では、これと同じ方法で漢字を入力することができます。ここでは、「漱次郎」と入力する例を説明します。なお、この機能を利用するには、推測変換が有効になっている必要があります。

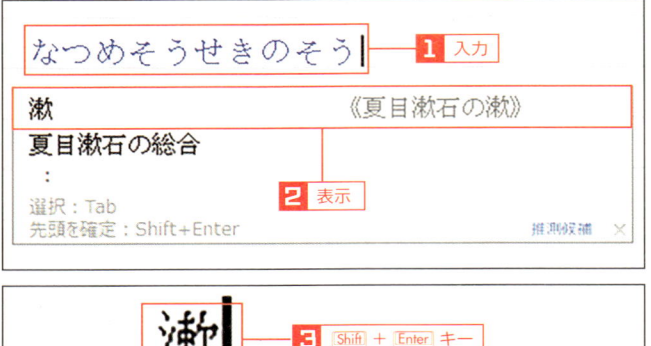

夏目漱石の「漱」を入力する

1 「なつめそうせきのそう」と読みを入力します。

2 推測候補に「漱《夏目漱石の漱》」と表示されます。

3 Shift + Enter キーを押して「漱」を入力します。

4 続けて「次郎」と入力し、Enter キーを押して確定します。

 **「旧字体の"○○"」から漢字を入力する**

「夏目漱石の"そう"」のように、漢字の旧字体を「旧字体の"○○"」の形式で入力することもできます。たとえば、「きゅうじたいのくに」の読みから「國」を入力できます。

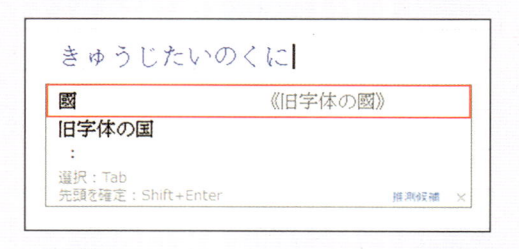

2-7 「まいかた」で「枚方（ひらかた）」を入力する

地名の読み方は、その地域に住んでいる人でないと、正しく読むことが難しい場合があります。たとえば、「枚方市（ひらかたし）」「石廊崎（いろうざき）」などは、知らないとなかなか読めないでしょう。そこで最新のATOKには、誤った読みからでも正しく変換するとともに、正しい読みを指摘する機能が用意されています。ここでは、「枚方市」を入力する例を説明します。

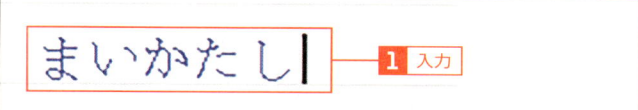
1 入力

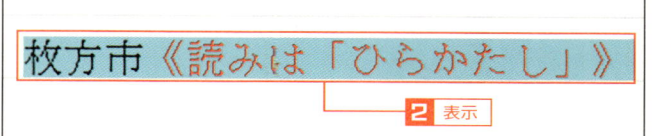
2 表示

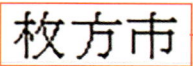
3 Enter キー

「まいかたし」→「枚方市」に変換する

1 「まいかたし」と読みを入力します。

2 ［空白］ キーで変換すると、「枚方市《読みは「ひらかたし」》」と表示されます。

3 Enter キーを押して「枚方市」を確定します。

HINT 推測候補から入力する

推測変換を有効にしている場合は、推測候補に「枚方市《読みは「ひらかたし」》」と表示されます。この場合は、Shift + Enter キーで入力できます。

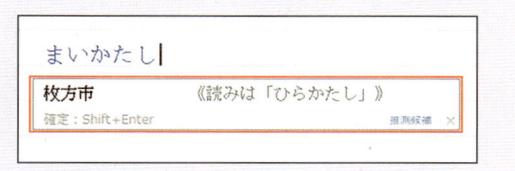

HINT 「髙」「﨑」を入力する

通常の読みを変換して入力するのが難しい漢字としては、「髙」と「﨑」があります。「髙」は「はしごだか」、「﨑」は「たちさき」という読みで変換できます。

HINT 文字パレットに追加された［異体字検索］シート

最新のATOKでは、文字パレットに［異体字検索］シートが追加されました。「国」「國」「圀」などの異体字を調べるのに便利です。なお、文字パレットは、一太郎のメニューで［ツール－入力設定－日本語入力のメニュー－文字パレット］を選択すると起動できます。また、Ctrl + F11 キーでも起動できます。

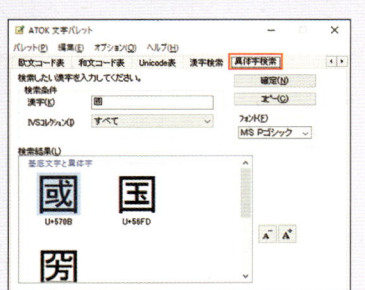

2-8 日付・時刻を入力する

「きょう」や「あす」「らいねん」「いま」など、日付や時刻を表す言葉を入力すると、対応する日付・時刻に変換できます。日付・時刻を、素早く正確に入力することができます。ここでは、「きのう」で昨日の日付を入力する方法を説明します。

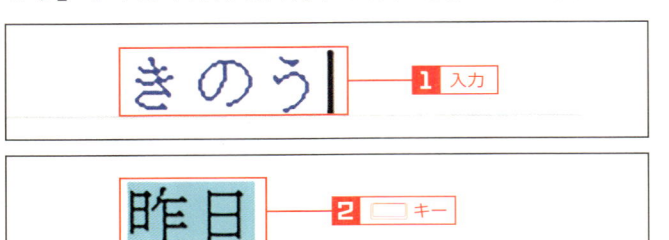

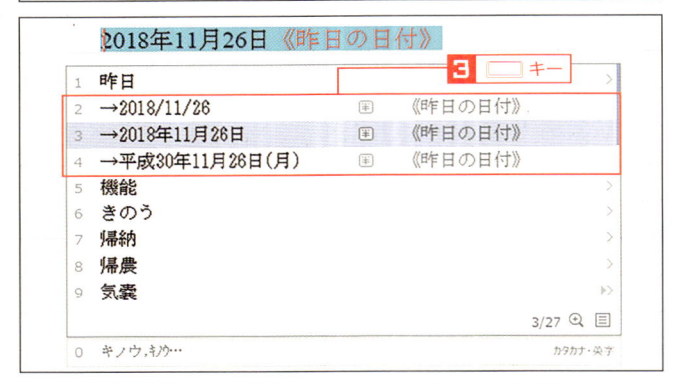

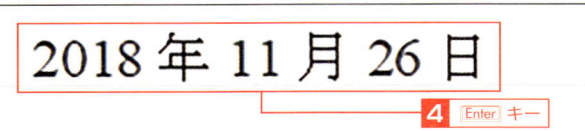

「きのう」で昨日の日付を入力する

1 「きのう」と入力します。

2 ⬚ キーを押すと、「昨日」に変換されます。

3 もう一度 ⬚ キーを押すと、候補ウィンドウに昨日の日付の一覧が表示されます。入力したい形式を選択します。

4 Enter キーを押して確定します。

🔶HINT 日付・時刻に変換できるキーワード

日付・時刻に変換できるキーワードは次のとおりです。

おとつい	おととい	いっさくじつ	きのう	さくじつ
きょう	ひづけ	ほんじつ	あした	あす
みょうにち	あさって	みょうごにち	にちよう	にちようび
げつよう	げつようび	かよう	かようび	すいよう
すいようび	もくよう	もくようび	きんようび	どよう
どようび	おととし	きょねん	ことし	らいねん
さらいねん	せんせんげつ	せんげつ	こんげつ	らいげつ
さらいげつ	じこく	いま	にちじ	

※「どよう」「どようび」などの曜日を入力した場合は、今週・来週の対応する日付に変換できます。

🔶HINT 西暦・和暦変換

ATOK では、「2018 ねん」「へいせい30」などと入力して ⬚ キーを押すと、対応する西暦や和暦が候補として表示されます。

2-9 郵便番号から住所を入力する

ATOK では、郵便番号から対応する住所に変換することができます。郵便番号をすべて覚えていなくても問題ありません。住所録や顧客名簿などを作るときに、とても便利です。なお、この機能を利用するには、郵便番号辞書がインストールされている必要があります。

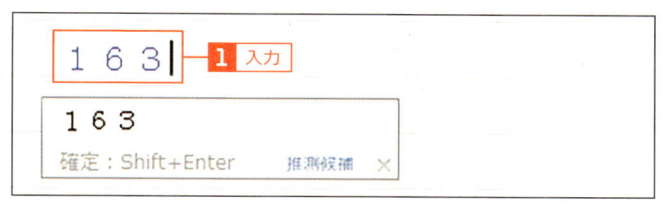

郵便番号から住所を入力する

1 郵便番号を入力します。

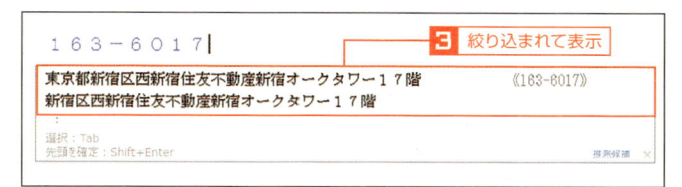

2 郵便番号を3桁＋ハイフンまで入力すると、住所が推測候補として表示されます。

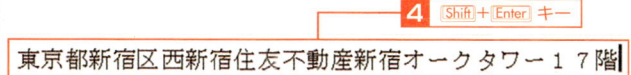

3 入力を続けると該当する候補が絞り込まれます。

4 Shift ＋ Enter キーを押して住所を確定します。

MEMO 郵便番号を入力して F3 キーを押しても、住所に変換することができます。

 **HINT 郵便番号をすべて覚えていない場合は？**

「確か160-0のナントヵだった」のように、郵便番号を途中までしか覚えていない場合は、途中まで入力して Tab キーを押すと、その番号で始まる住所が一覧表示されます。

「160-0」まで入力したら Tab キーを押します。

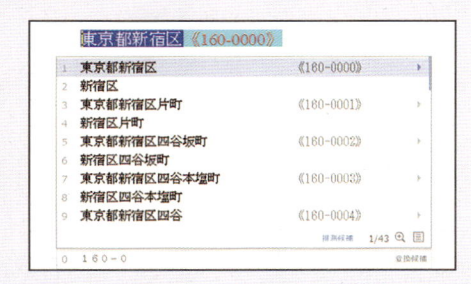

郵便番号が「160-0」で始まる住所が一覧表示されます。

2-10 読みのわからない漢字を手書きで入力する

ATOK では、読みを入力して変換します。そのため、人名や地名など、読みのわからない漢字は入力することができません。このような場合は、手書きで漢字を直接書いて入力する方法があります。ここでは、「勒」という漢字を入力する操作を説明します。

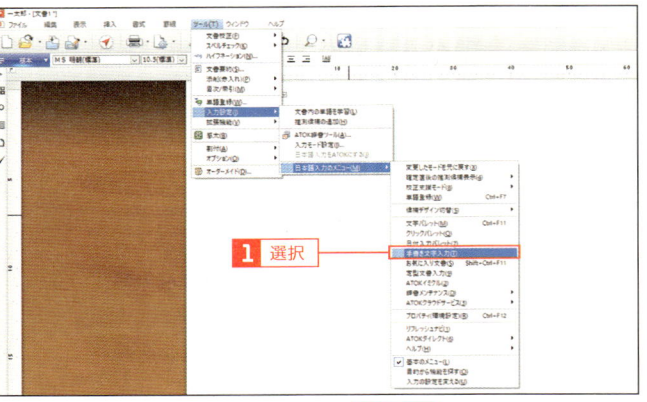

手書きで漢字を入力する

1 一太郎のメニューで［ツール－入力設定－日本語入力のメニュー－手書き文字入力］を選択します。

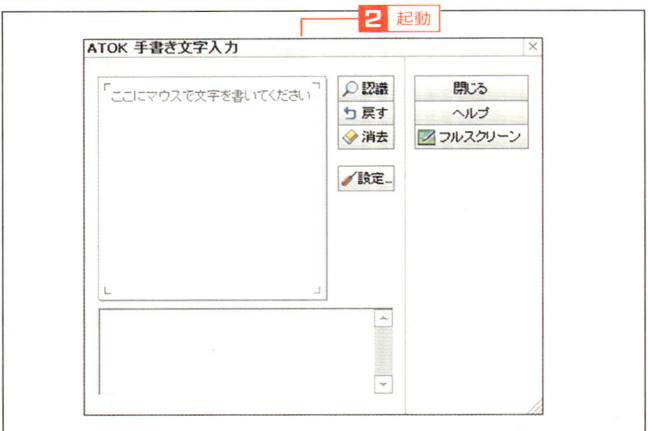

2 手書き文字入力が起動します。

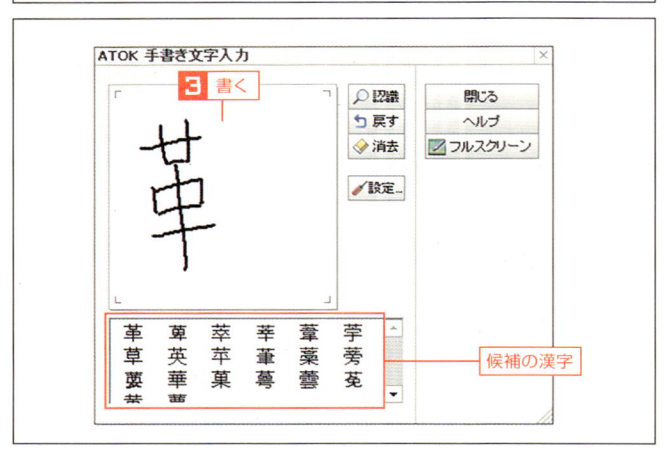

3 マウスのドラッグまたは指やタッチペンを使って漢字を直接書きます。書き進めると、漢字の候補が徐々に絞り込まれていきます。

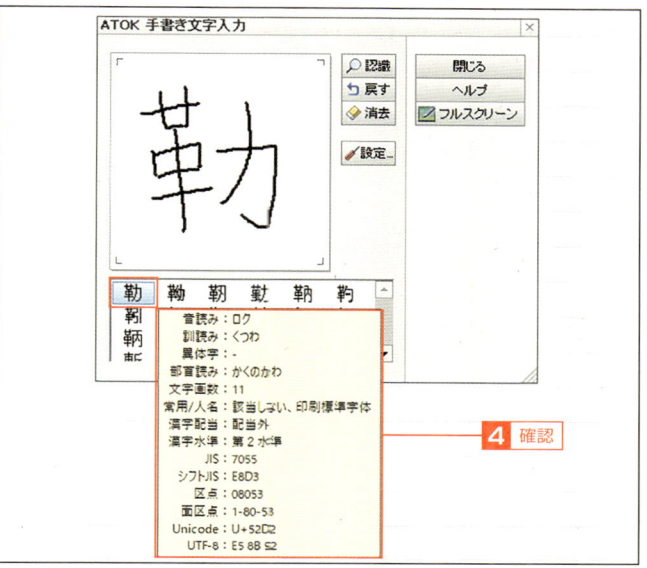

4 漢字にマウスポインターを合わせると、読み（くつわ）や画数（11）などの情報を確認できます。

4 確認

5 入力

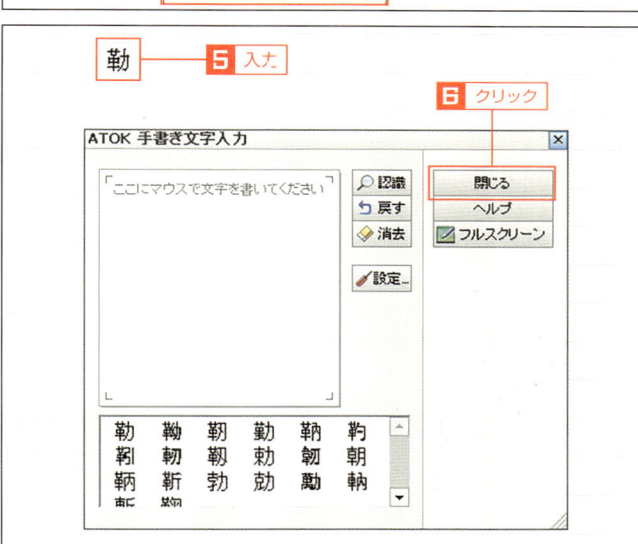

6 クリック

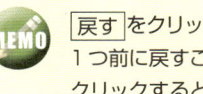

5 漢字をクリックしてカーソル位置に入力します。

6 閉じる をクリックして手書き文字入力を終了します。

MEMO 戻す をクリックすると書いた線を1つ前に戻すことができ、消去 をクリックするとすべてを消去して、新しい漢字を書けます。

HINT フルスクリーンで書く

フルスクリーン をクリックすると、現在起動しているアプリケーションを背景にして、画面全体を使って文字を書くことができます。文字の候補は画面の最下段に表示されます。もう一度 フルスクリーン をクリックするともとに戻ります。

2-11 入力ミスを修復して入力する（ATOKディープコレクト）

「切手（きって）」を入力しようとしたのに、Ｔキーを押しすぎて「きっって」と入力するといったミスはよくあります。ATOKには、このようなユーザーのキー入力ミスを自動的に修復して正しく変換する機能が用意されています。

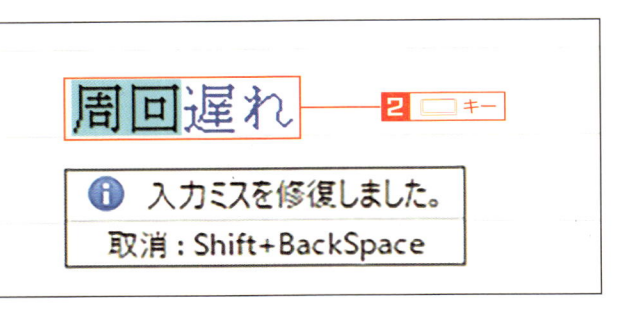

入力ミスを自動的に修復して正しく入力する

1 「しゅうかいおくれ」と入力しようとして S Y U U U K A I O K U R E とキーを押してしまいました。U が 1 つ多いため、画面には「しゅううかいおくれ」と表示されます。

2 □ キーで変換すると、「周回遅れ」と読みが自動的に修復されて変換されます。

3 Enter キーを押して確定します。

 **修復を取り消す**

ATOKによる自動修復を取り消すには、修復された状態で Shift + Back Space キーを押します。修復がもとに戻った上で変換が行われます。

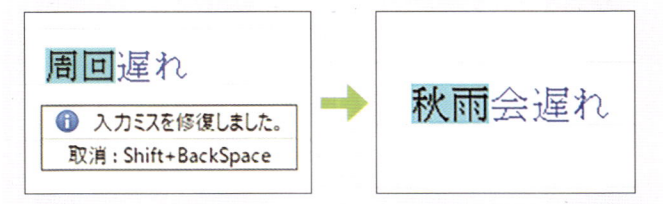

 **ATOKディープコレクトとは？**

最新の ATOK では、キー入力の自動修正に、AI（人工知能）を支える技術として知られるディープラーニング技術が活用されています。たとえば、過去に一度も打鍵ミスを修復したことがなくても、ATOK が自動的に判断して修復してくれます。

2-12 ATOKイミクルで言葉の意味を確認する

一太郎をはじめとするさまざまなアプリケーションで、ATOK の電子辞典を活用したいときに便利なのが「ATOK イミクル」です。調べたい言葉を選択し、Ctrl キーを 2 回続けて押すだけで、電子辞典の意味が表示されます。

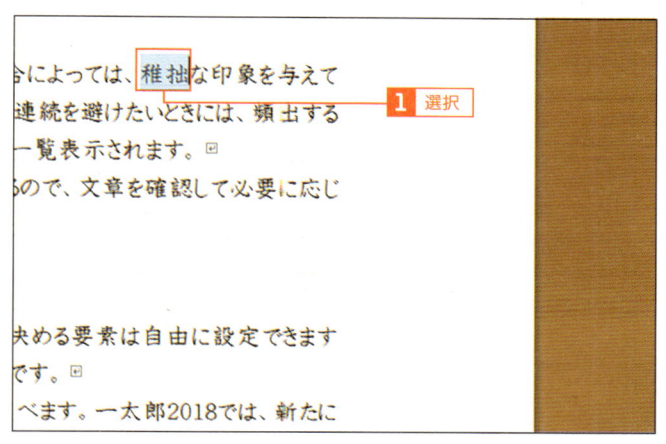

ATOKイミクルで
選択した言葉の意味を調べる

1 アプリケーションで調べたい言葉を選択します。

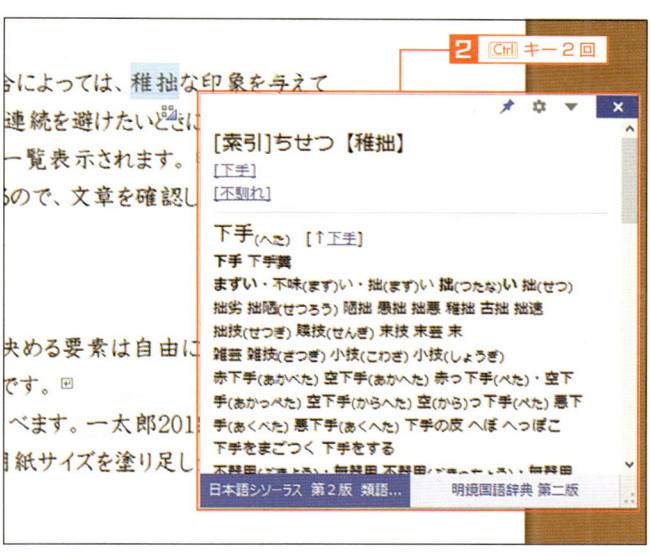

2 Ctrl キーを 2 回続けて押すと、ATOK イミクルが起動して、電子辞典で調べたい結果が表示されます。なお、表示される情報は、インストールされている電子辞典によって異なります。

 ## 先にATOKイミクルを起動する

タスクバーの通知領域で［ATOK イミクル］のアイコンをクリックすると、ATOK イミクルが起動します。あるいは、何も選択しないで Ctrl キーを 2 回押してもかまいません。表示されたウィンドウで言葉を入力して Enter キーを押せば、その言葉を電子辞典で調べることができます。

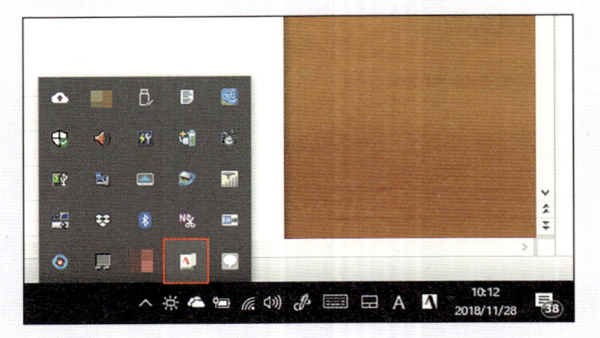

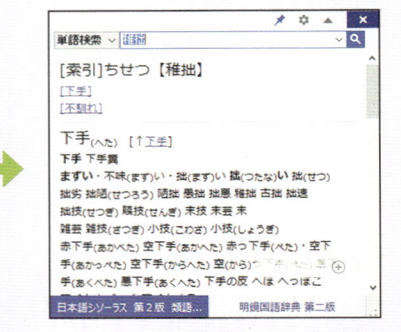

通知領域で［ATOK イミクル］のアイコンをクリックします。

ウィンドウに調べたい言葉を入力して Enter キーを押せば、意味を調べられます。

 ## リフレッシュナビで疲労度をチェック

ATOK には、そのほかにも便利なツールがたくさん用意されています。レフレッシュナビもその 1 つです。一太郎のメニューで［ツール－入力設定－日本語入力のメニュー－リフレッシュナビ］を選択すると起動できます。入力した文字数や入力精度などの情報を確認できます。

作　例　編

オリジナル小説を書いてみよう

一太郎 2019 の"もの書き"機能をフル活用して、オリジナルの小説を書いてみましょう。快適な環境での文書作成、正確な文書校正、見開き表示など、小説執筆を強力にサポートする機能が豊富に搭載されています。完成した小説は、印刷して冊子にしたり、ウェブに投稿したり、電子書籍として公開したりなど、さまざまな方法でアウトプットできます。

作例

表紙を作成

長い夏休みの終わりに
池田利夫

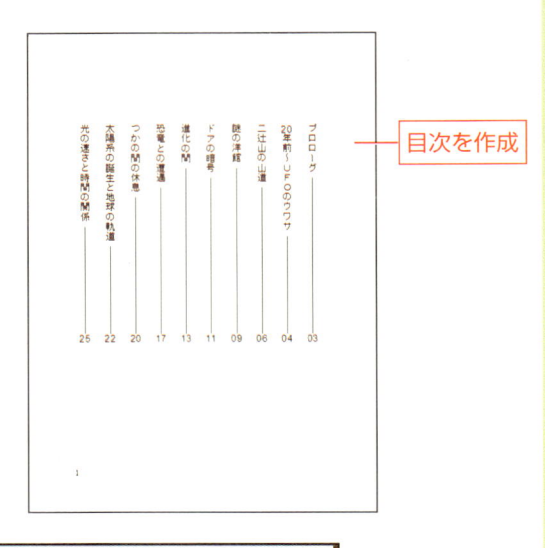

目次を作成

小説本文を作成

操作の流れ

1 きまるスタイルで文書スタイルを設定する
2 小説用ファンクションキーセットや入力アシストの機能を活用して文章を入力する
3 ふりがなをふる
4 文字数を確認する
5 文書を校正する
6 目次、中扉、奥付を作成する
7 表紙を作成する
8 印刷、ウェブ投稿、電子書籍化などの方法を選んでアウトプットする

▼
完成

1 スタイルを設定して文章を入力する

見栄え良く小説の文書スタイルを設定したいときは、「きまるスタイル」を利用しましょう。A6単行本や新書などの用紙サイズ、段組みありや本文がゴシック体のものなどさまざまなスタイルテンプレートを選べます。文章を入力するときには、小説用のファンクションキーセットや入力アシストの機能を利用すると、文章の入力がスムーズになります。

1-1 きまるスタイルで本文の書式を設定する

きまるスタイルでは、あらかじめ用意されている、「ビジネス文書」「会報・チラシ」「本・冊子」「原稿・レポート」などのスタイルを選んで、適用することができます。ここでは、B6 サイズを選んでいます。

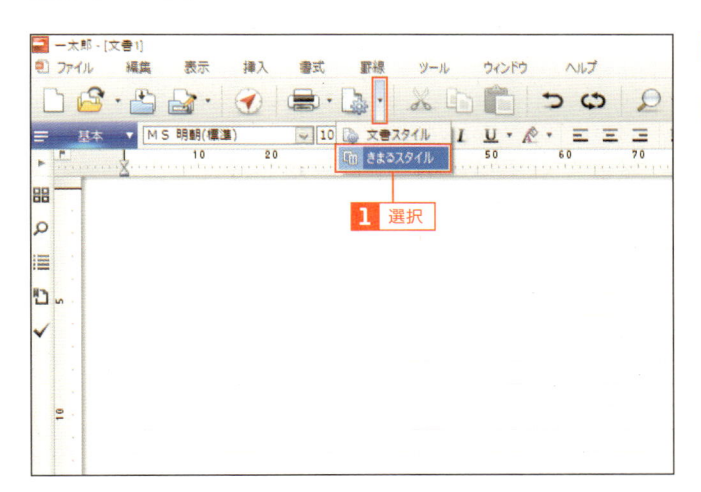

「きまるスタイル」で設定する

1 ツールバーの [用紙や字数行数の設定（文書スタイル）] の右にある ▼ をクリックして、[きまるスタイル] を選択します。

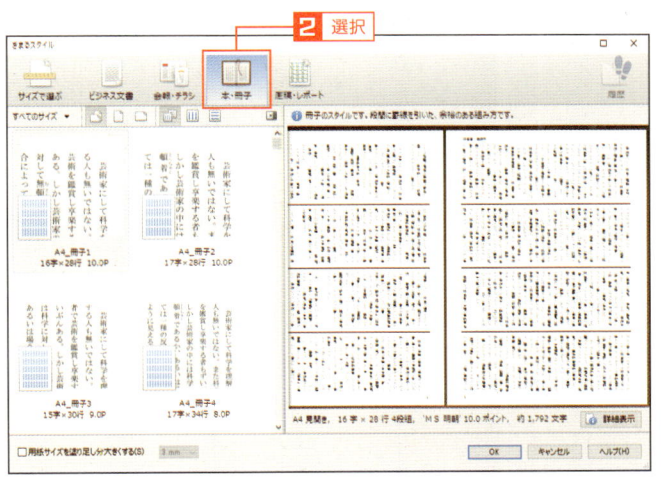

2 [きまるスタイル] ダイアログボックスが開くので、カテゴリーから [本・冊子] を選択します。

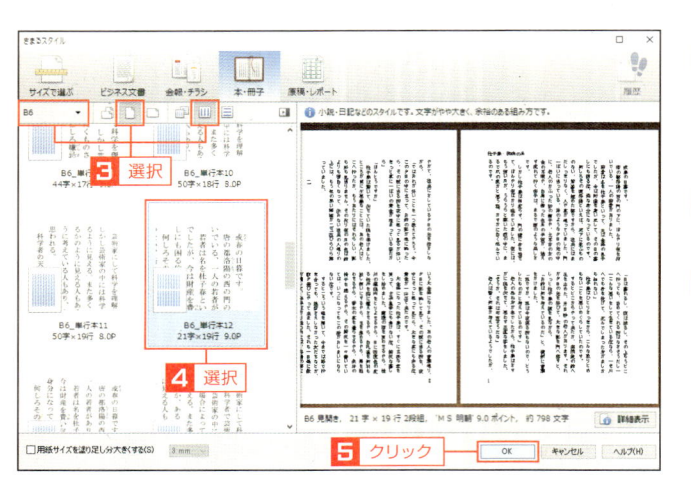

3 用紙で［B6］を、用紙の方向で［縦方向］を、文字組で［縦組］を選択します。

4 ［B6_単行本12］を選択します。

5 ［OK］をクリックします。

6 選択した文書スタイルが設定されました。

> **MEMO** 少しだけスタイルが違う場合も、まずは「きまるスタイル」で似た設定を選んでから「文書スタイル」で微調整すると、一から設定しなくてもよいので便利です。

HINT 小説投稿に便利な「公募ノベル」スタイル

出版社などが主催する文学賞では、投稿の際に使用する用紙サイズ、行数、1行あたりの文字数が決められている場合があります。「きまるスタイル」の中には、文学賞の公募でよく使用される文書のスタイルが用意されているので、投稿の際に活用できます。

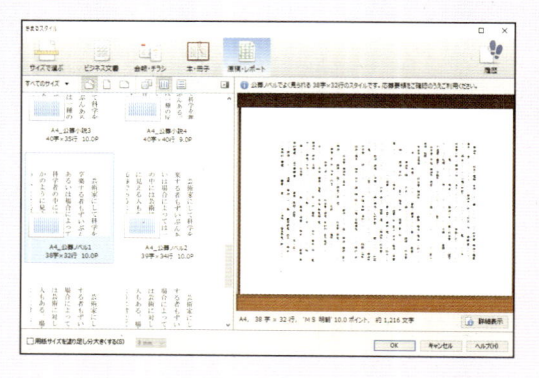

1-2 小説用ファンクションキーセットと入力アシストを利用する

小説用ファンクションキーセットを利用すれば、よく使う三点リーダやダッシュなどの約物、方言などの表現、コピー履歴からの貼り付けなどをキーで素早く操作できます。まずは、小説用ファンクションキーが利用できるように、設定しましょう。

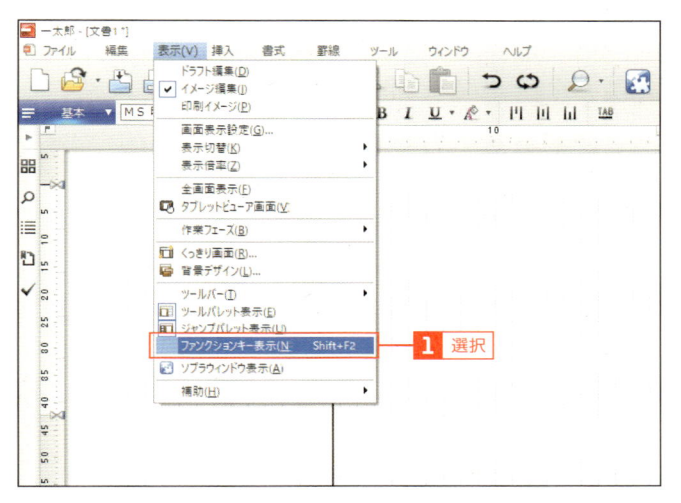

ファンクションキーを表示する

1 [表示－ファンクションキー表示] を選択します。

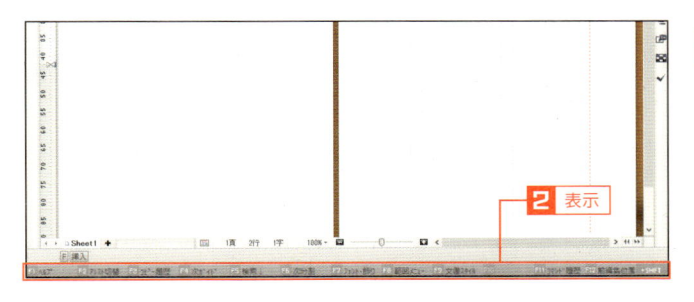

2 画面下にファンクションキー（標準）が表示されます。

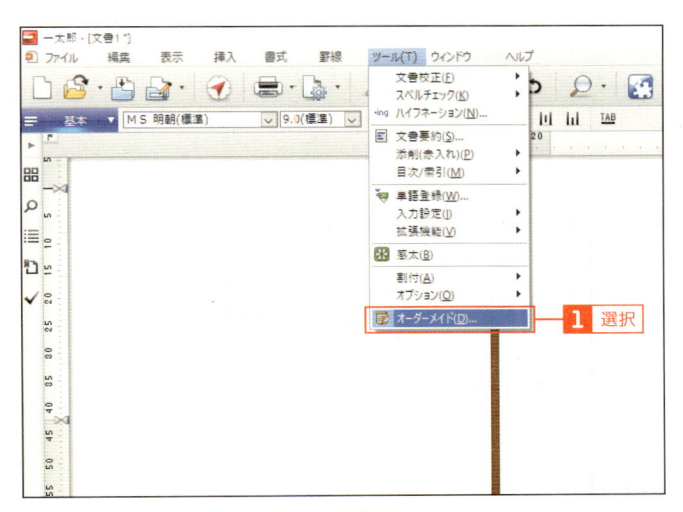

ファンクションキーセットを切り替える

1 [ツール－オーダーメイド] を選択します。

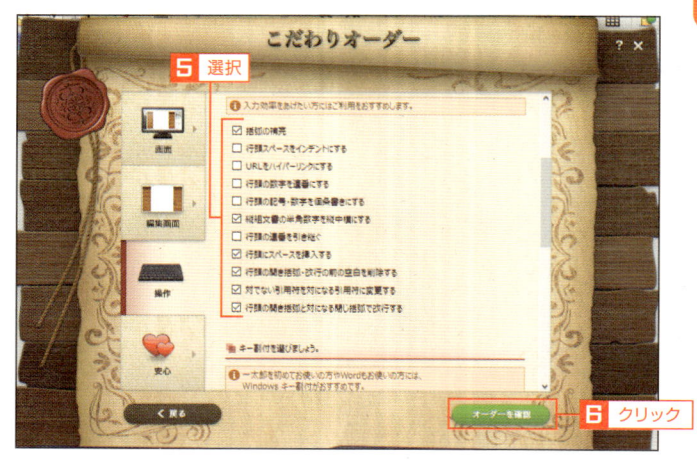

2 ［こだわり］をクリックします。

3 ［操作］シートをクリックします。

4 下にスクロールして［小説用ファンクションキーセットに切り替えますか？］で［小説用］を選択します。

5 ［入力アシストを利用しますか？］で、利用したい機能を選択します。ここでは、以下の項目を選んでいます。
　・括弧の補完
　・縦組文書の半角数字を縦中横にする
　・行頭にスペースを挿入する
　・行頭の開き括弧・改行の前の空白を削除する
　・対でない引用符を対になる引用符に変更する
　・行頭の開き括弧と対になる閉じ括弧で改行する

6 オーダーを確認をクリックします。

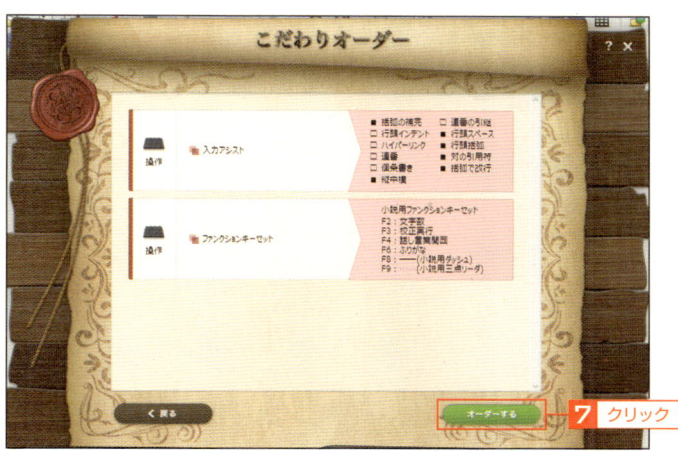

7 オーダーする をクリックします。

7 クリック

8 OK をクリックする

8 クリック

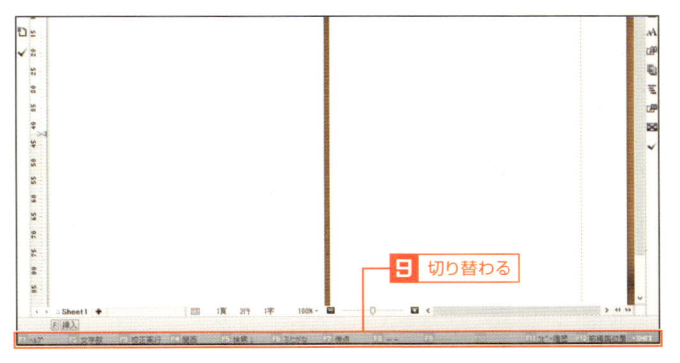

9 小説用ファンクションキーセットに切り替わりました。

9 切り替わる

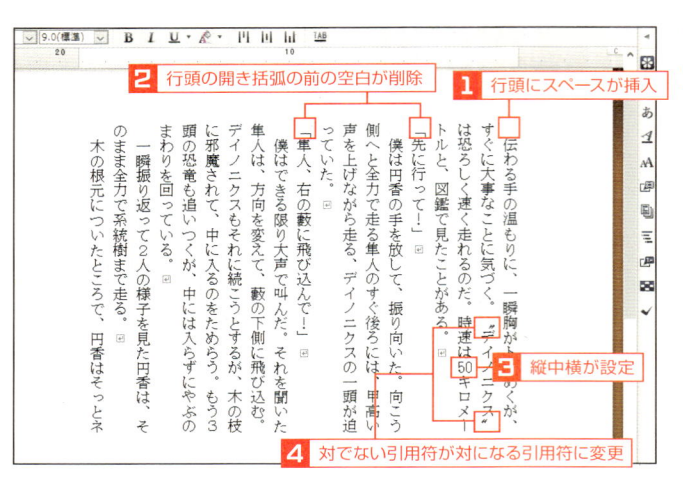

2 行頭の開き括弧の前の空白が削除　　**1** 行頭にスペースが挿入

3 縦中横が設定

4 対でない引用符が対になる引用符に変更

アシスト機能を活用して文章を入力する

1 行頭に、自動でスペースが挿入されます。

2 行頭が開き括弧の場合には、スペースが自動で削除されます。

3 半角の2桁数字のあとに次の文字を入力すると、2桁の数字が自動的に縦中横になります。

4 対でない引用符が対になる引用符に変更されます。引用符には縦組用のダブルミニュートが入っています。

ファンクションキーを活用して傍点を入力する

1 F7 キーを押すと傍点が付きます。F7 キーを押すごとに、続く文字列に次々に傍点が付きます。

1 F7 キー

HINT 傍点を削除するには

削除したい範囲を選択し、[フォント・飾り]パレットの ▫A [傍点]で「なし」を選択します。

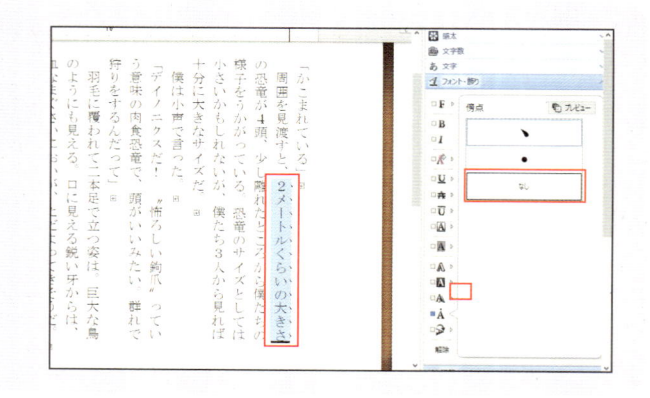

文字入力に適した作業フェーズ

一太郎では、基本編集フェーズ以外にも、作業内容に応じた「作業フェーズ」が選択できます。
文字入力に集中したいならエディタフェーズ、文章の構成や見出しを考えてから書き始めたい
ときには、アウトラインフェーズに切り替えると快適です。

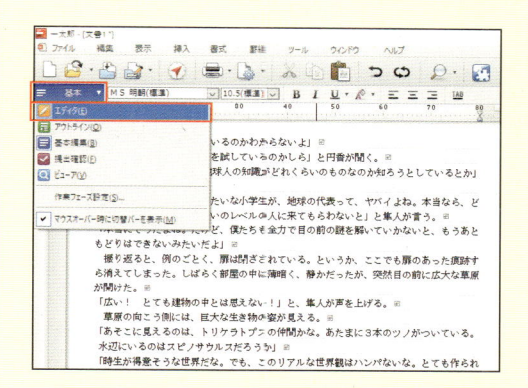

[作業フェーズの変更] をクリックして、作業フェーズを選択します。

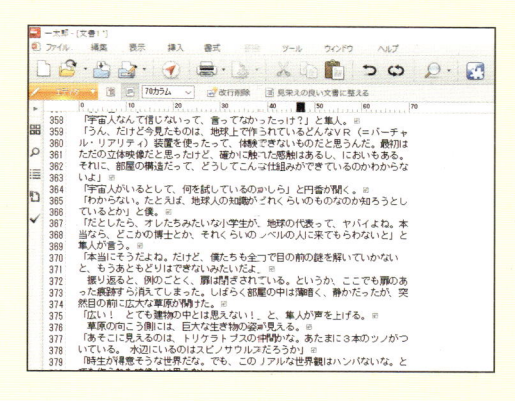

エディタフェーズは、文字入力に集中したいときに最適なフェーズです。

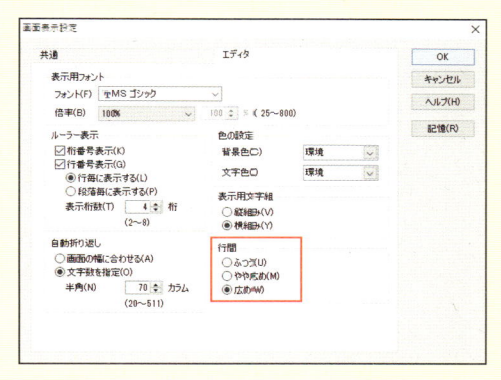

[表示−画面表示設定] を選んで、[エディタ] シートを開くと、行間の広さを設定できます。[ふつう][やや広め][広め]から選択できます。

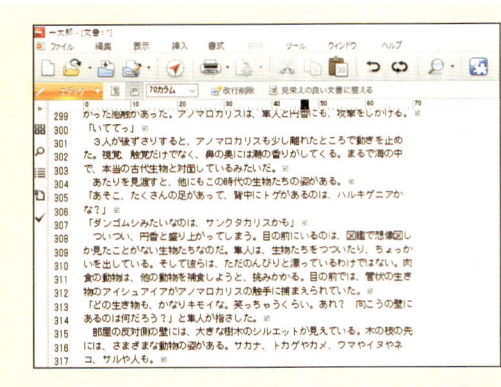

[広め] を選択した画面です。

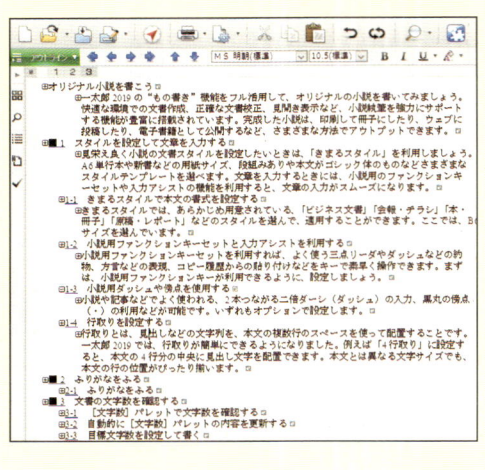

文章の構成や見出しを考えてから書き始めたいときは、アウトラインフェーズに切り替えましょう。

 **横書き文書を縦組に変換する**

横書きで作成した文書をあとから縦組文書にすることができます。[ファイル－文書スタイル－縦組文書に変換] を選択します。このとき、引用符は「ダブルクォーテーションをダブルミニュートに変換する」こともできます。

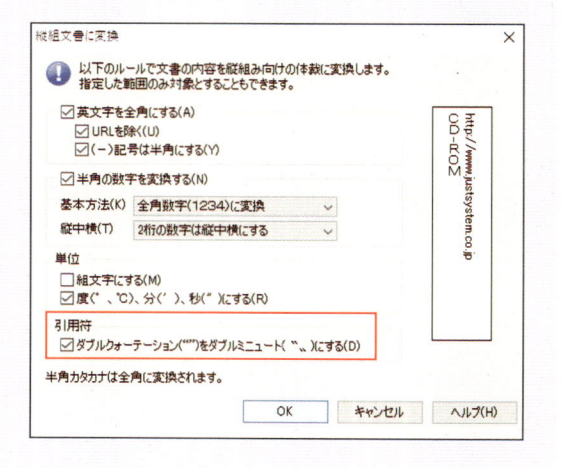

1-3 行取りを設定する

行取りとは、見出しなどの文字列を、本文の複数行のスペースを使って配置することです。一太郎 2019 では、行取りが簡単にできるようになりました。たとえば「4 行取り」に設定すると、本文の 4 行分の中央に見出し文字を配置できます。本文とは異なる文字サイズでも、本文の行の位置がぴったり揃います。

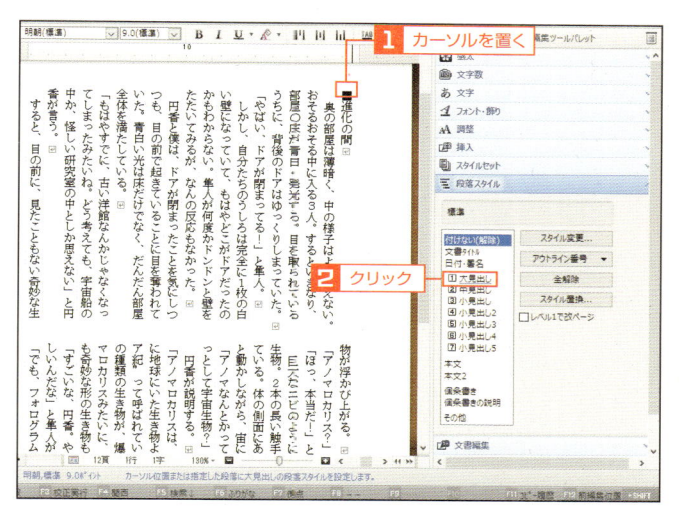

段落スタイルを設定する

1 見出しの行にカーソルを置きます。

2 [段落スタイル] パレットの [大見出し] をクリックします。

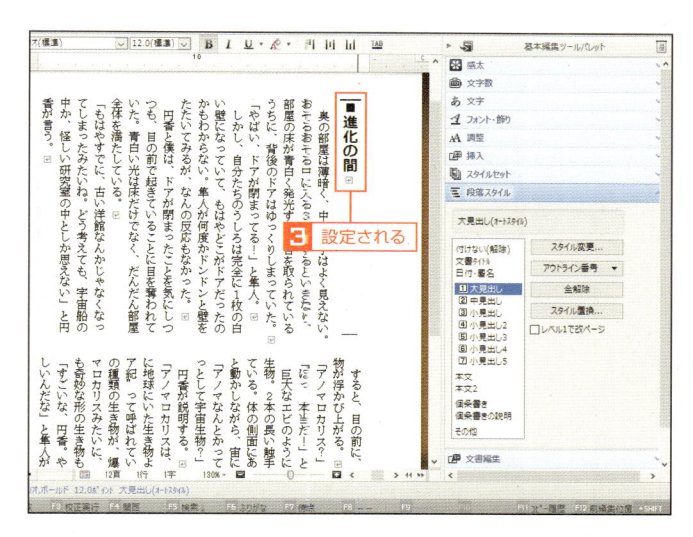

3 カーソルのある段落に [大見出し] の段落スタイルが設定されます。

> **MEMO**
> 見出し行にはすべて [大見出し] の段落スタイルを設定しておきましょう。設定されたスタイルはあとで変更するので、どのようなスタイルでも気にする必要はありません。

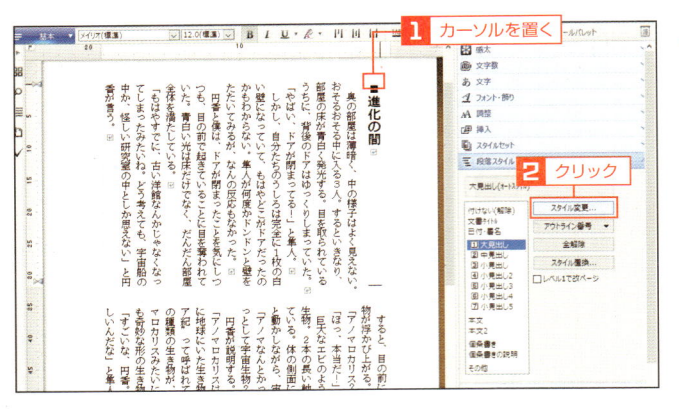

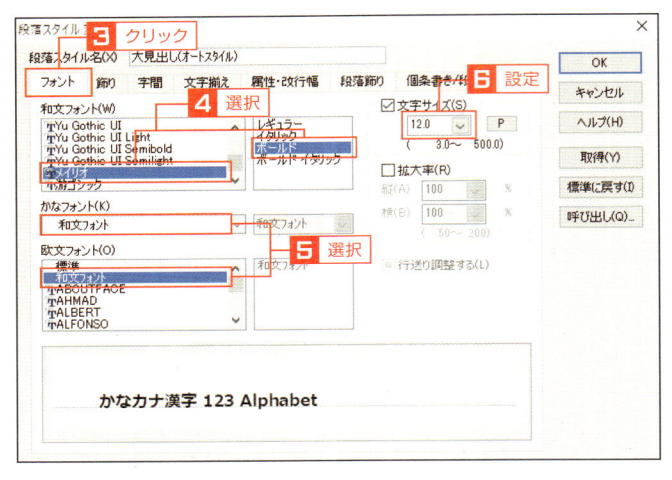

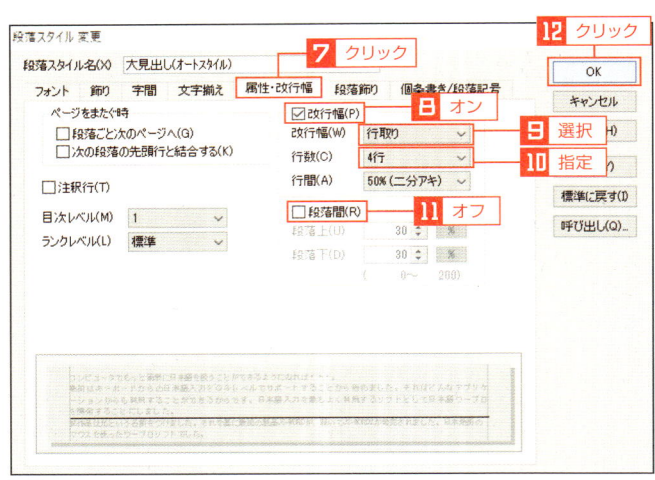

MEMO 飾りやインデントなどが設定されていたら、すべて解除しておきましょう。

段落スタイルで行取りを設定する

1 大見出しを設定したいずれかの行にカーソルを置きます。

2 [スタイル変更] をクリックします。

3 [フォント] タブをクリックします。

4 [和文フォント] で [メイリオ] の [ボールド] を選択します。

5 [かなフォント] と [欧文フォント] で [和文フォント] を選択します。

6 [文字サイズ] を [12] Ｐに設定します。

7 [属性・改行幅] タブをクリックします。

8 [改行幅] のチェックをオンにします。

9 [改行幅] で [行取り] を選択します。

10 [行数] を [4行] にします。

11 [段落間] のチェックをオフにします。

12 [OK] をクリックします。

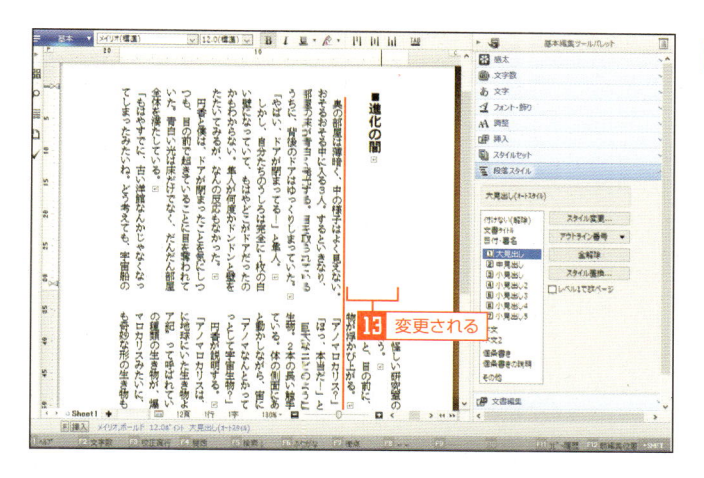

**13** 見出しが４行取りになり、下段ともぴったり行が揃っています。この方法なら、段落スタイルを設定したすべての行が一度に変更できます。あとで２行取りに変更したい、文字サイズを変更したい、といったときに便利です。

作例編　オリジナル小説を書いてみよう

HINT　## 個別に行取りを設定する

上記で説明した方法は、同じ設定にする見出しが多い場合に便利です。個別に設定したい場合は、もっと簡単な操作で実現できます。

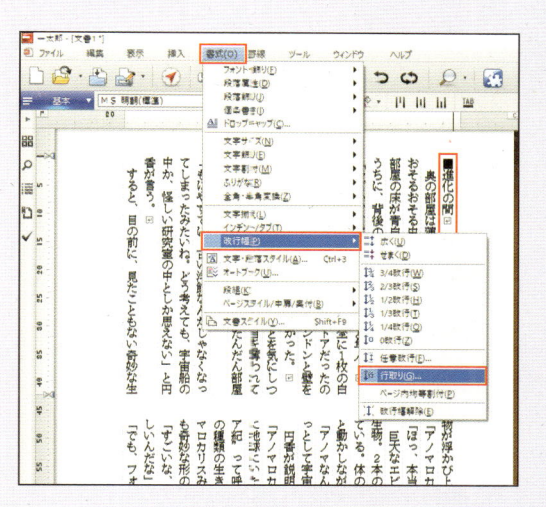

行取りを設定したい行を範囲指定し、[書式－改行幅－行取り] を選択します。

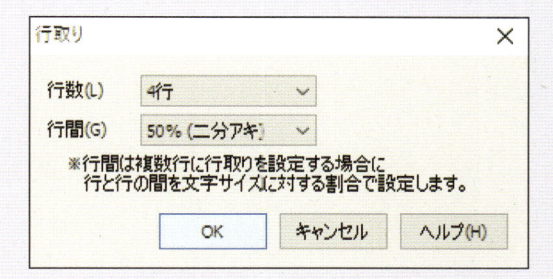

[行取り] ダイアログボックスで [行数] を指定すれば、行取りの設定は完了です。

2 ふりがなをふる

単語にふりがなをふることができます。読みの難しい単語などに設定しましょう。設定したふりがなは、小説投稿サイトの決まりに対応した形式で保存することができます。また、新学習指導要領の学年別漢字配当に応じて、指定した学年ではまだ習っていない単語に一気にふりがなをふることもできます。

2-1 ふりがなをふる

読みの難しい単語、特別な読み方をする単語などにふりがなをふることで、文章を読みやすくできます。単語を個別に選んで設定するほか、文書全体にまとめて設定することも可能です。

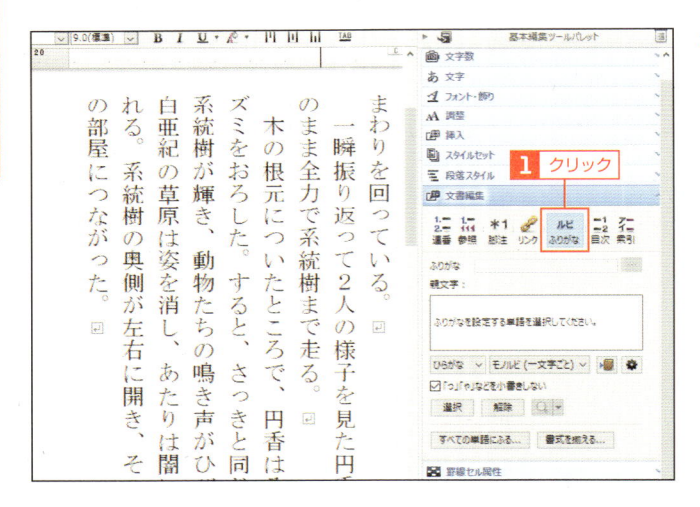

指定した単語にふりがなをふる

1 ［文書編集］パレットの［ふりがな］をクリックします。

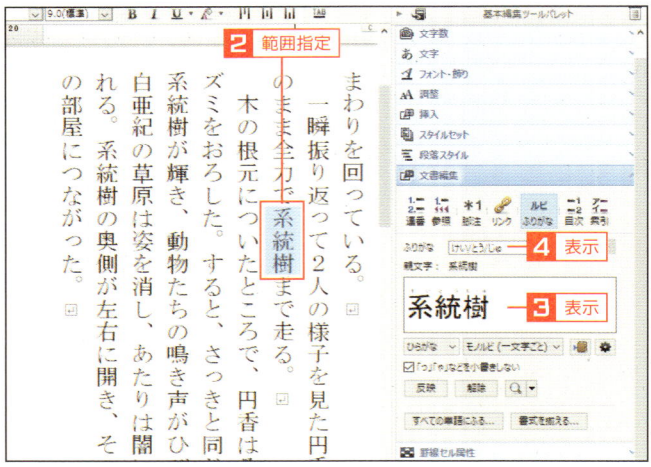

2 ふりがなをふりたい単語を範囲指定します。

3 ［親文字］に、選択した単語が表示されます。

4 ［ふりがな］に、ふりがなが表示されます。

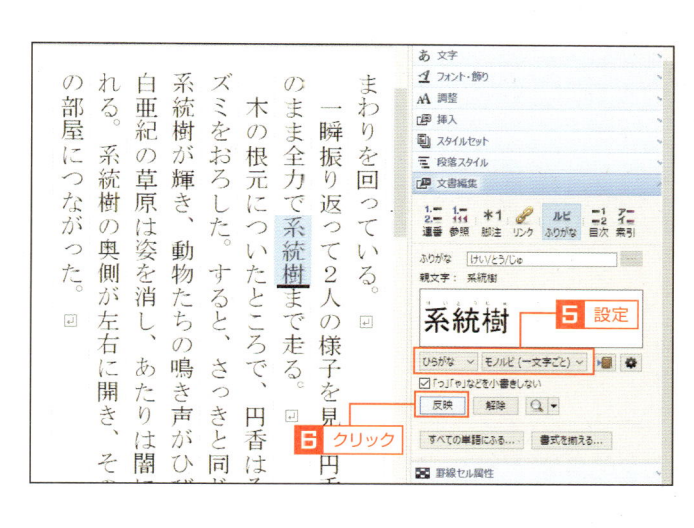

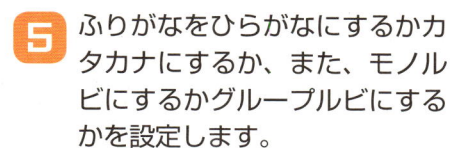

5 ふりがなをひらがなにするかカタカナにするか、また、モノルビにするかグループルビにするかを設定します。

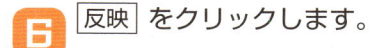

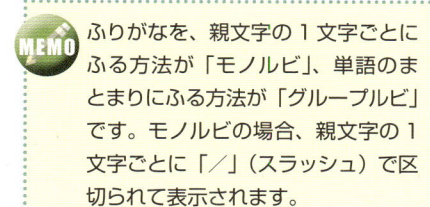

6 反映 をクリックします。

> **MEMO** ふりがなを、親文字の1文字ごとにふる方法が「モノルビ」、単語のまとまりにふる方法が「グループルビ」です。モノルビの場合、親文字の1文字ごとに「／」（スラッシュ）で区切られて表示されます。

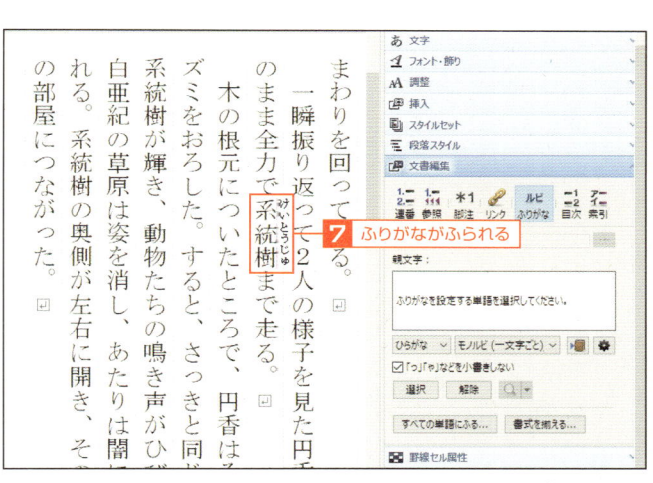

7 ふりがながふられました。

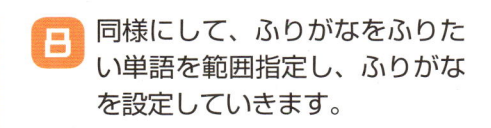

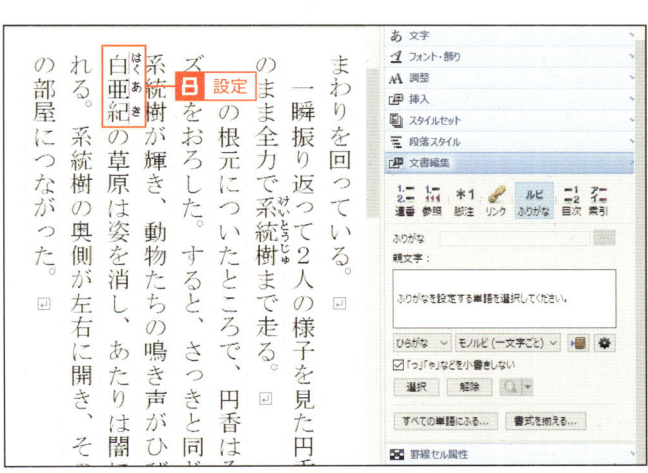

8 同様にして、ふりがなをふりたい単語を範囲指定し、ふりがなを設定していきます。

> **MEMO** 小説用ファンクションキーセットを利用している場合、パレットを開かなくても F6 キーを押せば、ふりがなの設定画面を開けます。

その学年までに習っていない単語にのみふりがなをふる

学年を指定してまだ習っていない単語にのみふりがなをふることができます。平成 29 年 3 月に学習指導要領で示された「学年別漢字配当表」「音訓の小・中・高等学校段階別割り振り表」に対応しました。

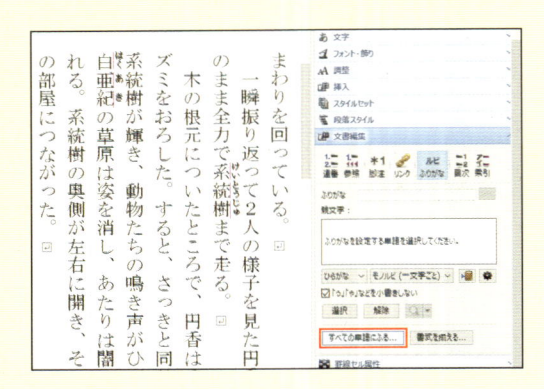

すべての単語にふる をクリックします。

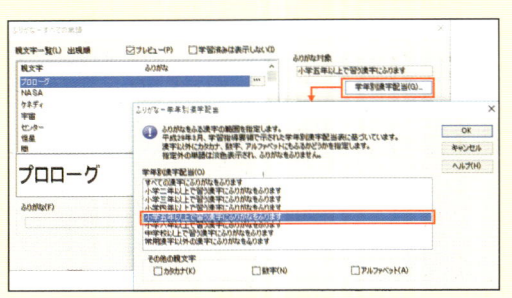

学年別漢字配当 をクリックし、学年を選択します。ここでは [小学五年以上で習う漢字にふりがなをふります] を選択しています。

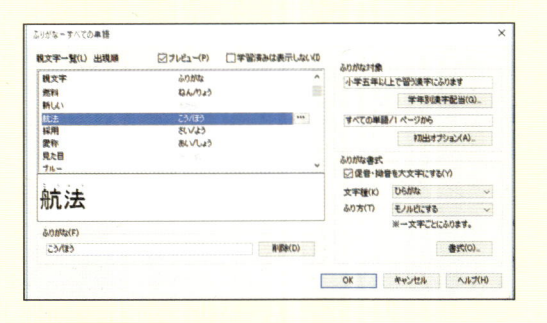

たとえば「航」という漢字は、以前は小学 4 年生で習っていましたが、最新の学習指導要領では小学 5 年生になっており、これに対応しています。なお、ふりがなが淡色表示されている親文字にはふりがなはふられません。

小説投稿サイトに応じた書式で保存する

アウトプットナビで［小説投稿］を選ぶと、小説投稿サイトに応じたテキストの形式を選択してテキスト保存することができます。

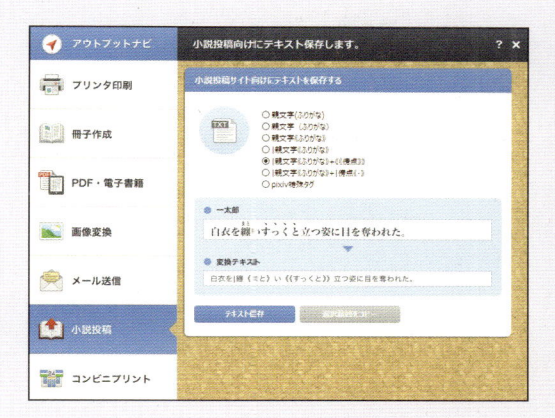

ツールバーの [アウトプットナビ] をクリックし、［小説投稿］をクリックして、書式を指定します。
なお、［ツール－オプション－オプション］メニューの［ファイル操作－保存処理］で［テキスト保存時にふりがなも保存する］を［する］にし、［保存するふりがなの形式］で出力したい形式を選択しても、設定に応じた書式でテキスト保存できます。

ウェブの文書を一太郎に貼り付ける

小説投稿サイトに公開した作品を一太郎に読み込んで印刷したり、再編集したりしたい場合は、ふりがなや傍点を再現することができます。テキスト内に記述されたふりがなや傍点の書式を解析することで、再現を可能にしています。

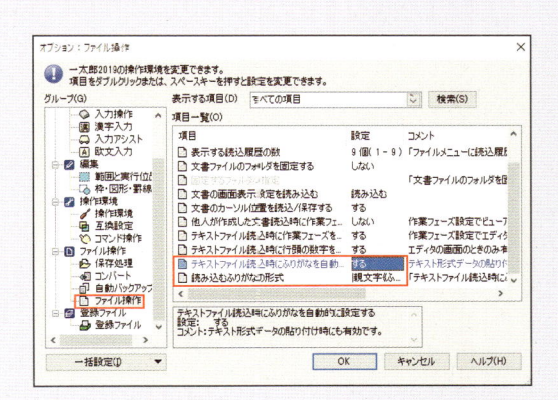

［ツール－オプション－オプション］を選択。［グループ］で［ファイル操作－ファイル操作］を選択し、［テキストファイル読込時にふりがなを自動的に設定する］を［する］にします。さらに、［読み込むふりがなの形式］で読み込みたい形式を選択し、［OK］をクリックします。

> そのまま《《全力で》》｜系統樹《けいとうじゅ》まで走る。

> そのまま全力で系統樹まで走る。

テキスト内に記述されたふりがなや傍点の書式が、一太郎文書上で再現されます。

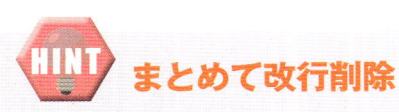 **まとめて改行削除**

小説投稿サイトなどのウェブ小説やブログとして投稿した記事などは、読みやすさのために空行を多用することがあります。こうした文章を一太郎上でまとめたいときに、不要な改行をまとめて削除できます。

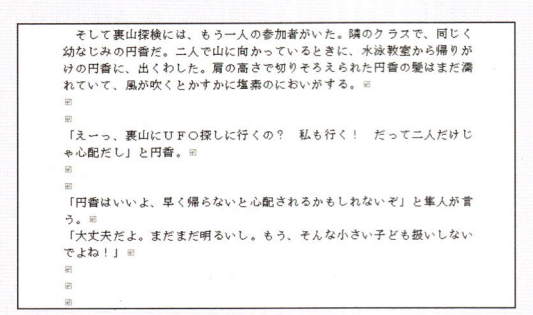

空行が多用された文章です。一太郎上では読みづらく感じます。

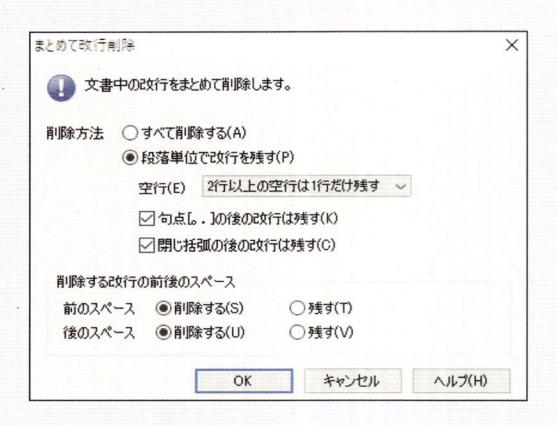

[編集－補助－まとめて改行削除]を選択します。[2行以上の空行は1行だけ残す]などのオプション設定も可能です。会話文の改行を保持しながら、シーン切り替えの空行のみ保持するといった設定が可能です。

設定したとおりに空行が削除され、読みやすくなりました。

3 文書の文字数を確認する

長い小説を書いていると、作成途中で今どのくらい執筆したのか知りたいことがあります。また、公募小説に応募する場合には、文字数や原稿用紙枚数が規定されていることもあります。現在までの文字数を確認したり、目標文字数を設定して達成度を確認しながら書き進めたりすることができます。

3-1 ［文字数］パレットで文字数を確認する

［文字数］パレットには、文章の文字数と、その文章が原稿用紙に換算すると何枚になるかが表示されます。小説用ファンクションキーセットに切り替えていれば、F2 キーでも文字数を確認できます。更新ボタンを押すことで追加した文字をカウントし直します。

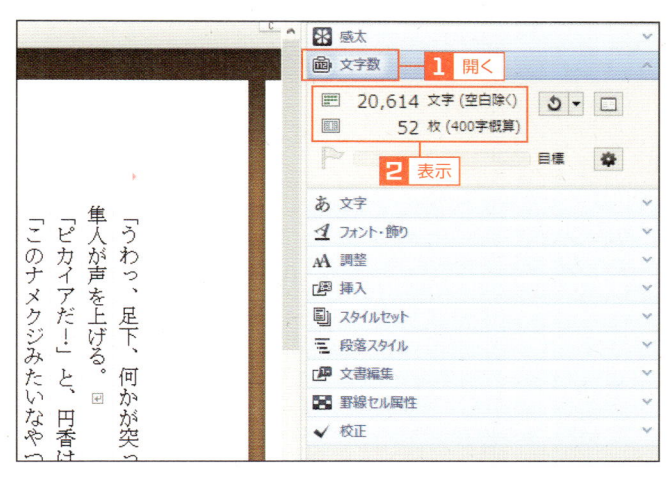

文字数を確認する

1 ［文字数］パレットを開きます。

2 文章全体の文字数、400 字詰めの原稿用紙に換算した場合の枚数が表示されます。

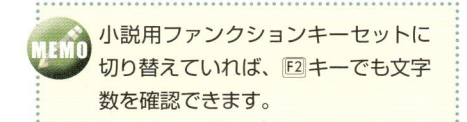

MEMO 小説用ファンクションキーセットに切り替えていれば、F2 キーでも文字数を確認できます。

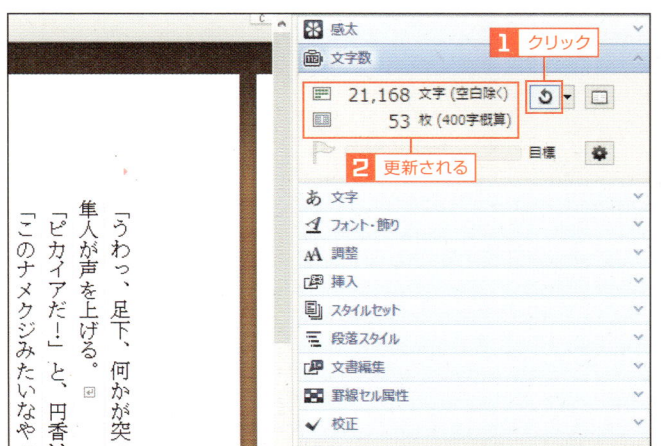

内容を更新する

1 ［文字数］パレットの ↺ ［更新］をクリックします。

2 加筆修正していた場合、文字数が更新されます。

3-2 自動的に［文字数］パレットの内容を更新する

常に文字数を確認しながら作業したいときには、一定時間ごとに自動で更新する設定にすることもできます。手動で更新する手間がかからないので便利です。

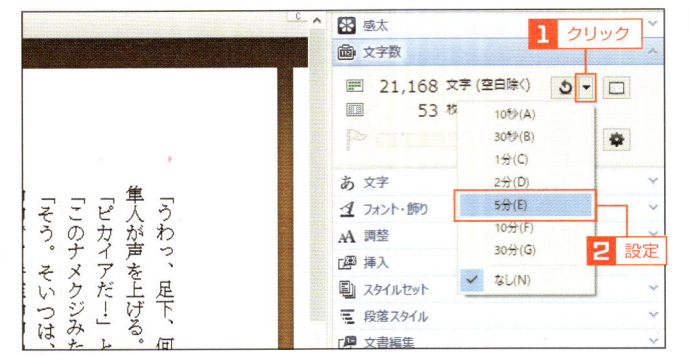

更新時間を設定する

1 ◯ ［更新］の右横の ▼ ［更新間隔］をクリックします。

2 更新間隔を設定します。

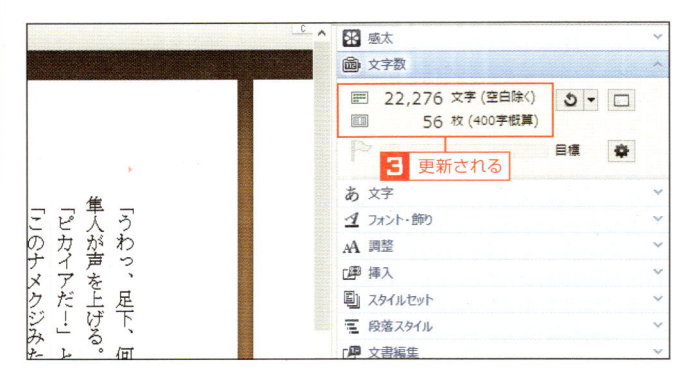

3 設定した時間が経過すると、自動的にパレットの内容が更新されます。

> **MEMO** 特定の一部を範囲指定して ◯ ［更新］をクリックすると、指定した範囲の文字数を確認することもできます。

HINT パレットを閉じても文字数を確認できる

更新間隔を設定している場合、［文字数］パレットを閉じた状態でも文字数を確認することができます。パレット名の右側部分に、現在の文字数が表示されます。

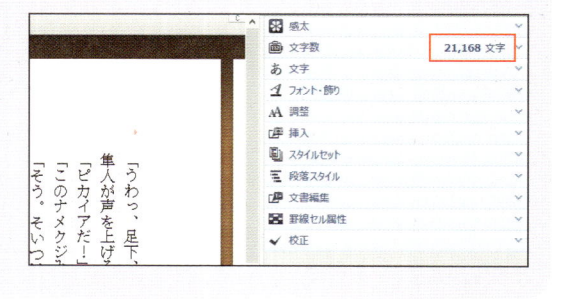

3-3 目標文字数を設定して書く

投稿小説を書く場合など、文字数や枚数が決められていることがあります。目標とする文字数を設定しておくと、[文字数]パレットに今どのくらいまで達成できているかを横棒グラフで表示することができます。進み具合がひと目でわかるので励みになります。

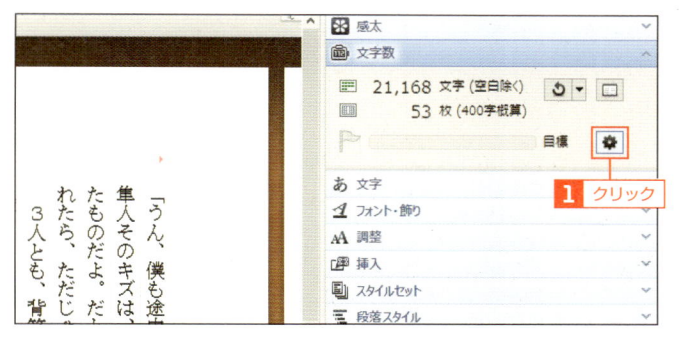

目標を設定する

1 [文字数]パレットの ⚙ [設定]をクリックします。

2 [原稿用紙換算枚数（概算）を表示する]で[任意]を選択し、必要に応じて規定原稿用紙の文字数を設定します。

3 [目標文字数を設定する]のチェックをオンにします。

4 目標の文字数を設定します。目標は[文字数]、[行数]、[ページ数]で設定することができます。ここでは[ページ数]を選択し、目標とするページ数を範囲で設定します。

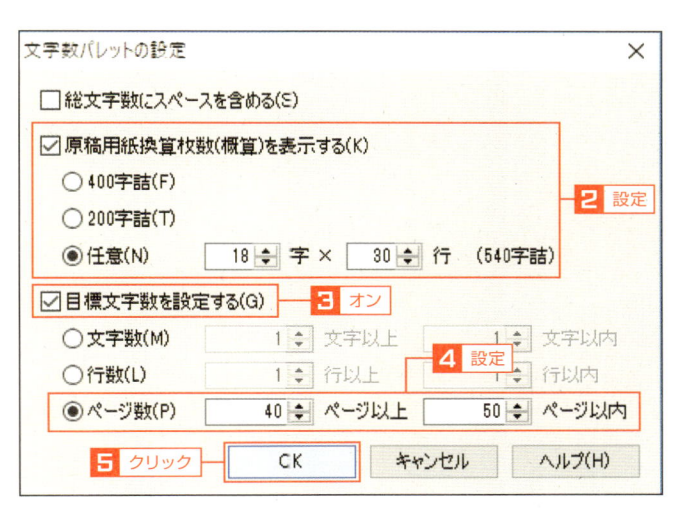

5 OK をクリックします。

6 目標の達成度が横棒グラフで表示されます。

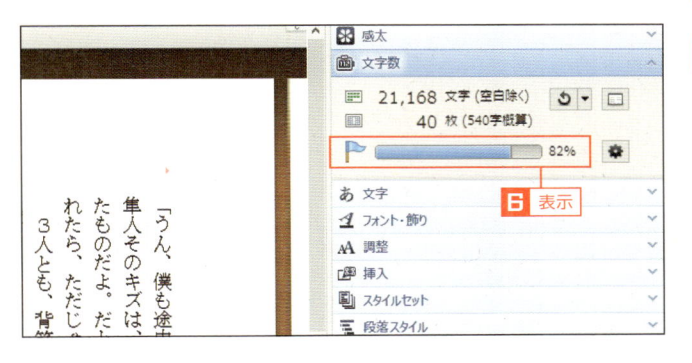

4 文書を校正する

小説が完成したら、誤字脱字や作法が間違っていないか確認しましょう。一太郎には強力な文書校正機能があります。小説用の文書校正を使用すると、括弧内のくだけた表現や、擬音語、擬態語のチェックを外すなど、最適な方法で校正結果を表示してくれます。

4-1 小説用設定で文書の誤りをチェックする

用意された小説用設定で、誤字脱字や作法の間違いをチェックしましょう。誤字脱字のほかに、約物の使い方などもチェックできます。

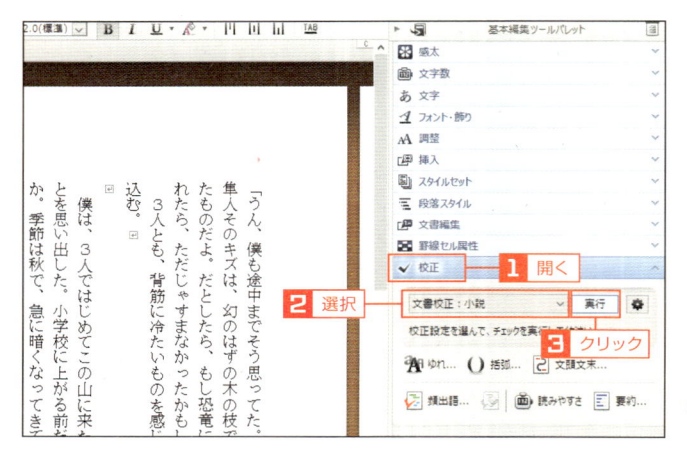

文書校正を実行する

1 [校正] パレットを開きます。

2 文書校正の種類を選択します。ここでは [文書校正：小説] を選択します。

3 実行 をクリックします。

> **MEMO** 小説用ファンクションキーを使用していれば、F3 キーでも、小説用の文書校正を実行することができます。

4 文書校正の実行が完了したら、項目ごとの指摘個所を確認します。

5 [ジャンプパレットに一覧を表示する] がオンになっていることを確認します。

6 閉じる をクリックします。

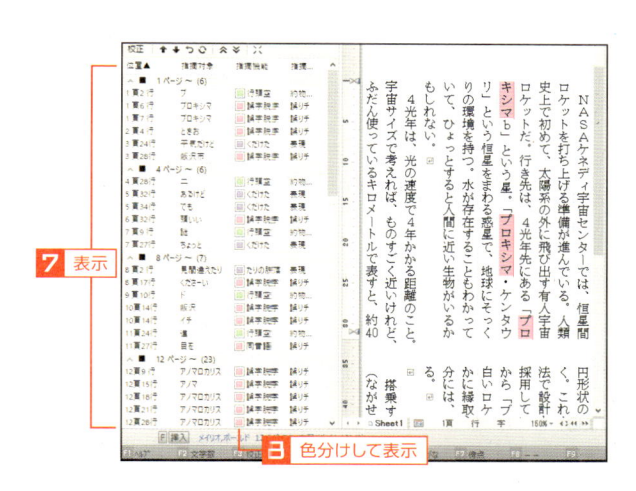

7 表示

8 色分けして表示

7 ジャンプパレットに指摘項目が一覧表示されます。

8 指摘の種類ごとに色が設定されており、編集画面の指摘個所も色分けして表示されます。

HINT 指摘一覧の表示方法を変える

ジャンプパレットの指摘項目一覧は、文書の先頭から順に表示されています。これを逆順にしたり、[指摘対象]、[指摘機能]、[指摘グループ] などで並べ替えたりできます。いずれも項目名の部分をクリックすることで昇順、降順をワンクリックで変更できます。

位置昇順　　　　指摘対象昇順　　　　指摘グループ降順

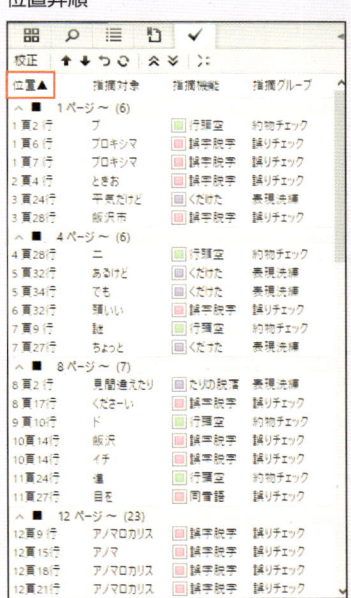

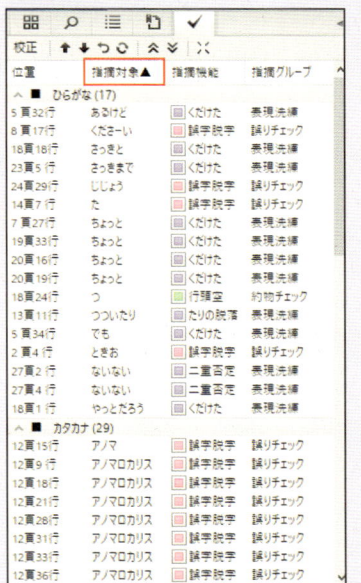

4-2 指摘があった個所を確認して修正する

指摘の中で、気になるものがあれば確認して間違っていれば修正しましょう。**画面左側のジャンプパレットと、画面右側のツールパレットを活用して次々と修正していきます。小説なので、「自分の表現」である個所は修正せず**に指摘を消去しましょう。

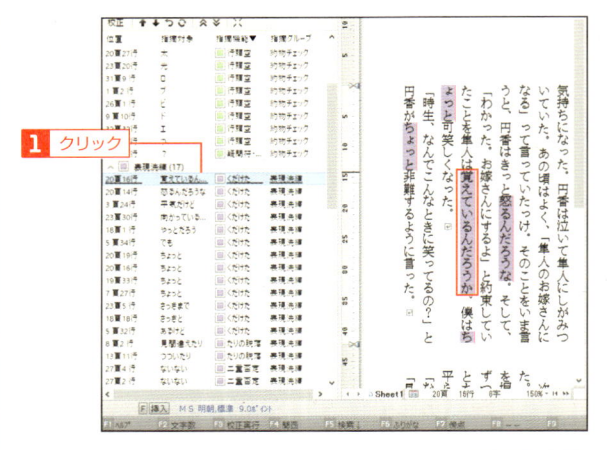

1 クリック

指摘個所を修正する

1 気になる指摘個所をジャンプパレットでクリックします。

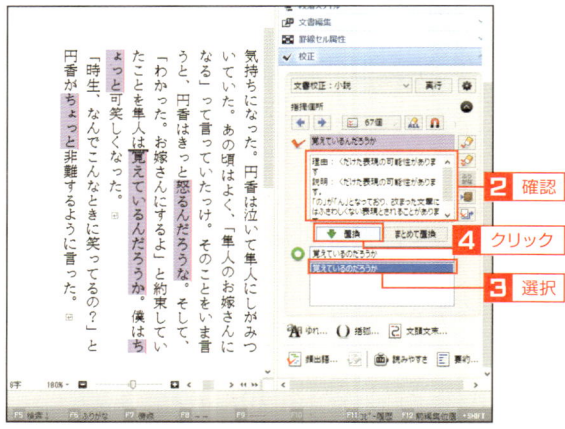

2 確認

4 クリック

3 選択

2 [校正] パレットで、指摘された理由を確認します。

3 置換候補をクリックします。自分で入力することもできます。

4 ［置換］をクリックします。

> **MEMO** 小説用の設定で校正を実行すれば、疑問符や感嘆符の後に空白がない場合や、三点リーダが偶数個セットで使われていない場合なども指摘してくれます。

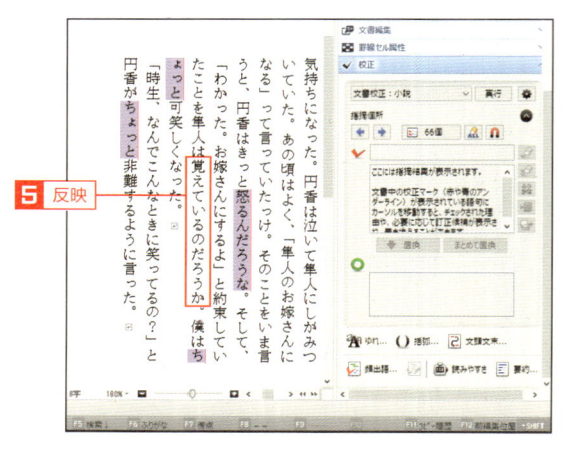

5 反映

5 修正が反映され、正しい表現になりました。

> **MEMO** 修正したい指摘を反映したあと、 [全校正マークをクリア] をクリックすると、不要な指摘はクリアされます。

> **MEMO** 校正内容は、何をチェックするか、何をチェックしないかを自分で設定できます。校正内容の設定方法については、第4章の150ページ〜を参照してください。

文書校正機能を使いやすくする

文書校正では、固有名詞を辞書登録したり、同じ語句に対して同じ指摘を表示したくないときには［以後無視］を選んだりできます。また、指摘個所を順に確認して修正したい場合は、自動的に次の指摘に移動する設定にもできます。

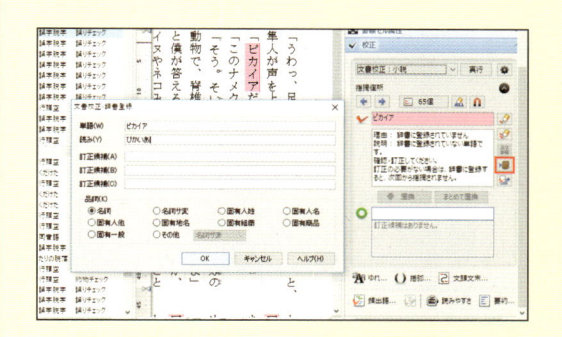

●固有名詞を単語登録する

会社名や商品名、小説に出てくる登場人物の名前などの固有名詞は、辞書登録しておきましょう。 [辞書登録]をクリックし、単語の読みや品詞などを入力します。登録以降は、指摘対象から外れます。

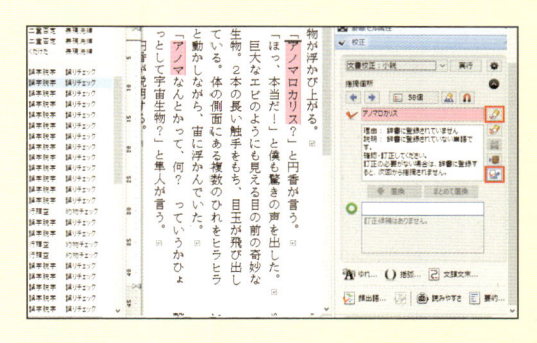

●同じ指摘を以後無視する

校正中の文書で同じ語句に対して同じ指摘を表示したくないときには [以後無視]を選びます。その語句のみに対して指摘を無視する場合は [マーククリア]を使います。

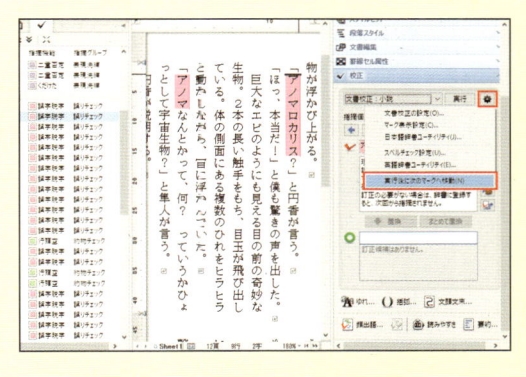

●自動的に次の指摘に移動する

 [オプション]をクリックし、［実行後に次のマークへ移動］をクリックしてチェックを付けます。すると、 [次のマーク]をクリックしなくても自動的に次の指摘が表示されるので、次々と手早くチェックしていくことができます。

表記ゆれチェック

小説や論文の執筆時、章ごとにシートを分けている場合、シートをまたいで表記ゆれをチェックすることができるようになりました。全シートの表記ゆれをまとめて確認でき、修正作業の効率が格段に向上します。また、[表記ゆれ][文頭文末][括弧]の結果ダイアログボックスでは、一覧の文字サイズを3段階で切り替えられるようになりました。

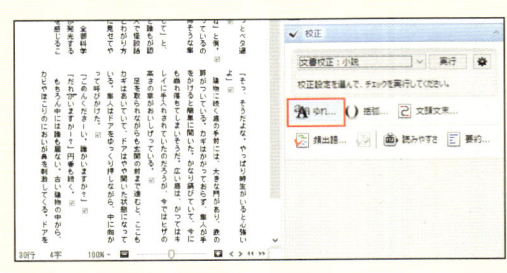

●全シートを対象に表記ゆれを確認

ゆれ... [文書校正（表記ゆれ）]をクリックします。

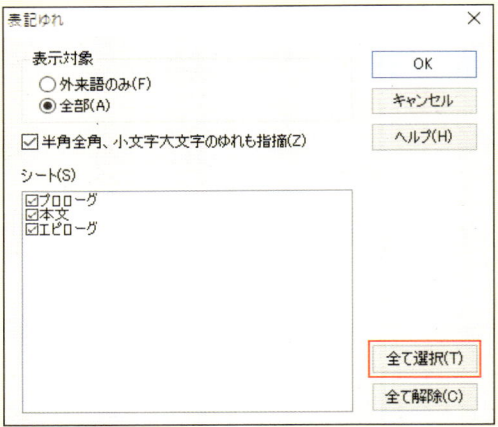

開くダイアログボックスで、対象にしたいシートを選択します。全て選択をクリックすると、大量のシートがあってもワンクリックですべてを対象にできます。

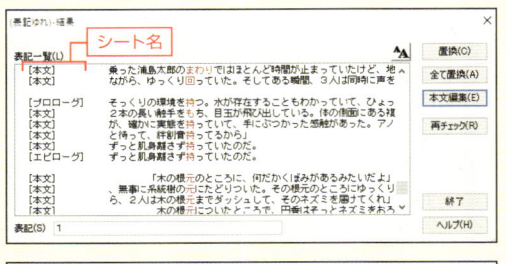

左側に表示されているのがシート名です。

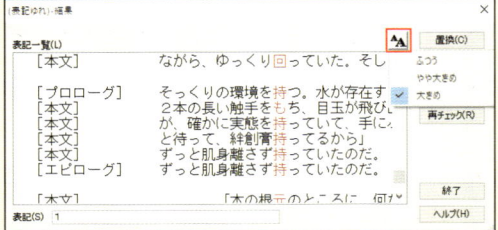

●文字サイズの切り替え

[文字サイズ]をクリックすると、[ふつう][やや大きめ][大きめ]から文字サイズを選べます。

5 文書の体裁を整える

体裁を整えましょう。目次を作成し、書籍タイトルや章タイトルを表記した「中扉」や、著者名や発行日の情報を入れて巻末に付ける「奥付」も作成できます。さらにビジュアルな表紙を簡単に作成することもできます。

5 - 1 目次を作成する

ここでは、目次の行を設定します。あらかじめ段落スタイルで見出しを設定している場合には、自動で目次行として設定されています。目次行を設定できたら、目次ページを作成します。[目次ギャラリー] を利用すれば、文書の内容に応じて最適な目次デザインを選べます。

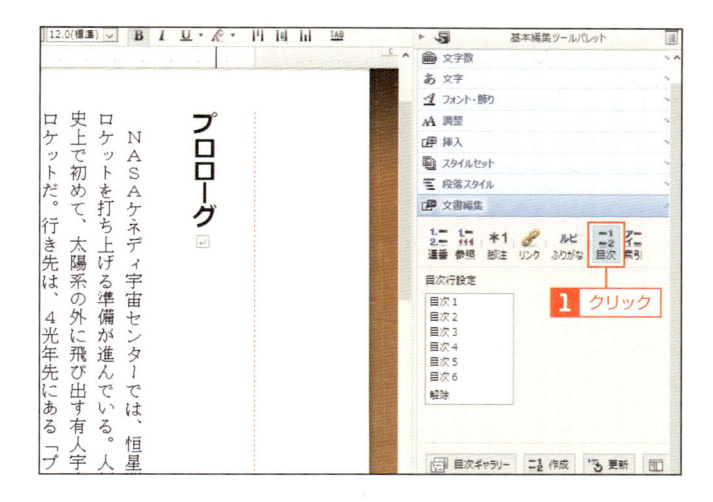

目次行設定を設定する

1 [文書編集] パレットの [目次] をクリックします。

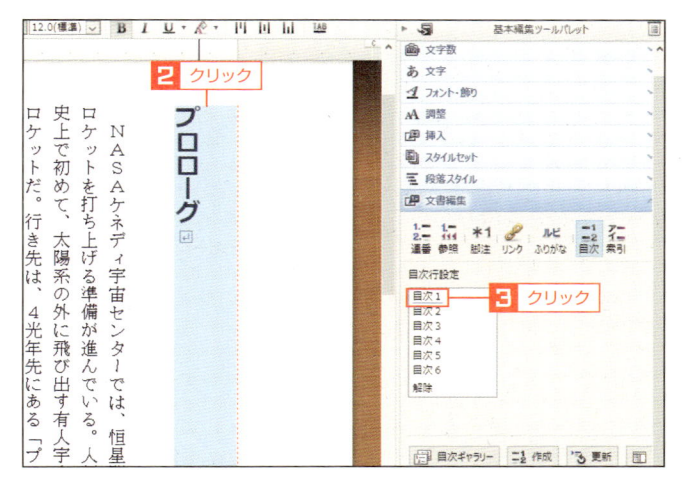

2 目次に設定したい行の行頭をクリックします。

3 [目次 1] をクリックします。

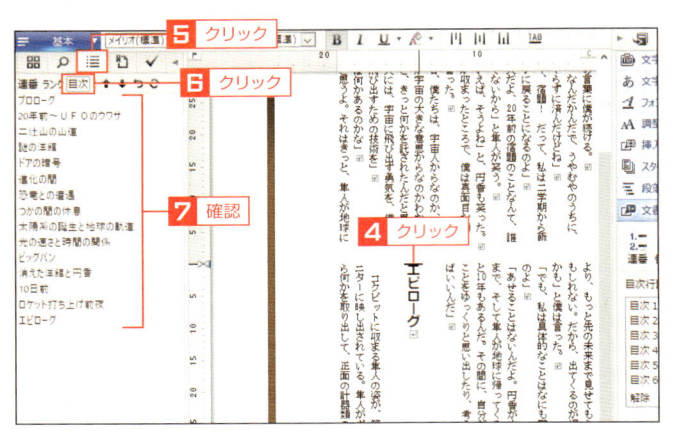

4 文書の最後まで、順に目次にしたい行をクリックして［目次 1］をクリックしていきます。

5 ≡［見出し］をクリックします。

6 目次 をクリックします。

7 ジャンプパレットで、設定されている目次を確認します。

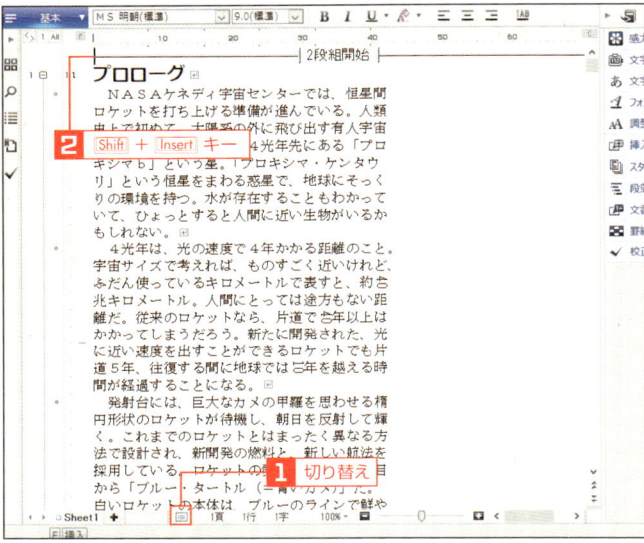

目次ページを用意する

1 161 ページの要領で［編集画面タイプ切替］で［ドラフト編集］に切り替えます。

2 ［2 段組開始］の行にカーソルを置き、Shift + Insert キーを押します。

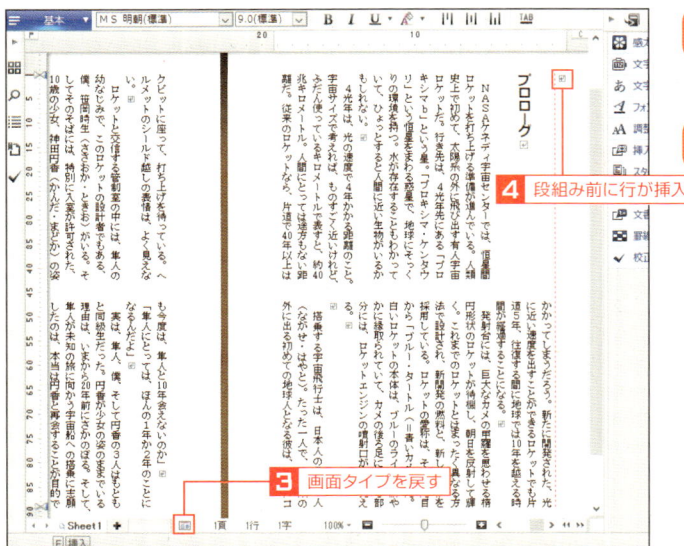

3 ［編集画面タイプ切替］で［イメージ編集］に戻します。

4 これで、段組が設定されている前に行が挿入できました。

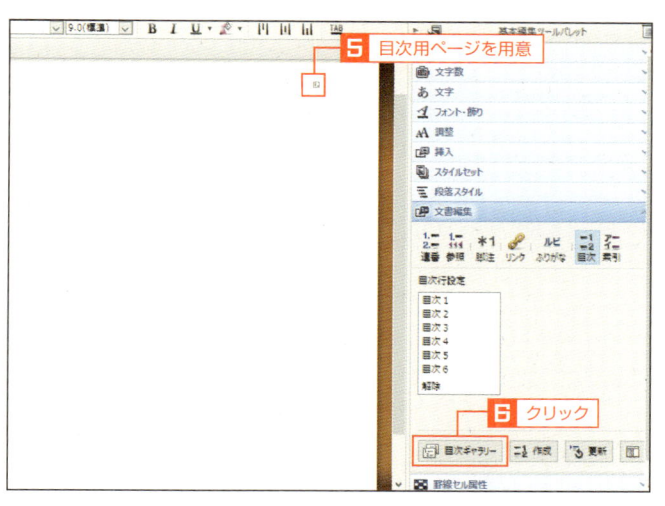

5 挿入した行の先頭にカーソルを置き、Ctrl + Y キーを押して [改ページ] を実行します。

6 [文書編集] パレットの [目次] で 目次ギャラリー [目次ギャラリー] をクリックします。

目次を作成する

1 [目次ギャラリー] では、文書の種類に応じたデザインを選択できます。

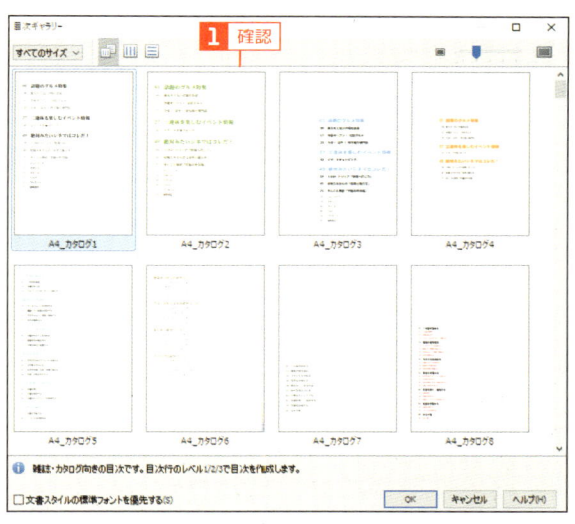

2 ここでは [B6] サイズ、[縦組] を選択します。

3 使いたいデザインを選択します。

4 OK をクリックします。

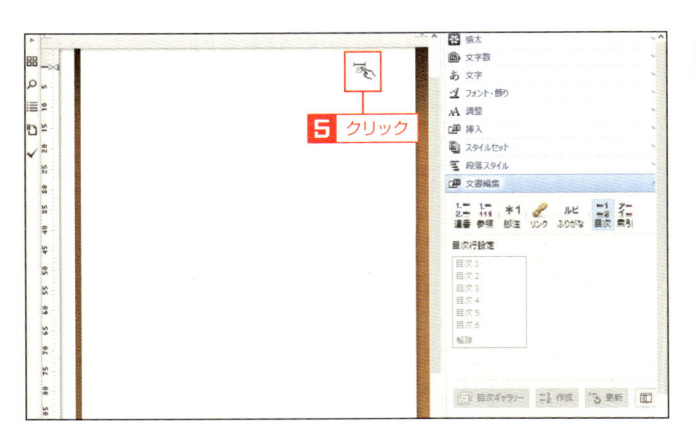

5 目次の挿入位置をクリックします。

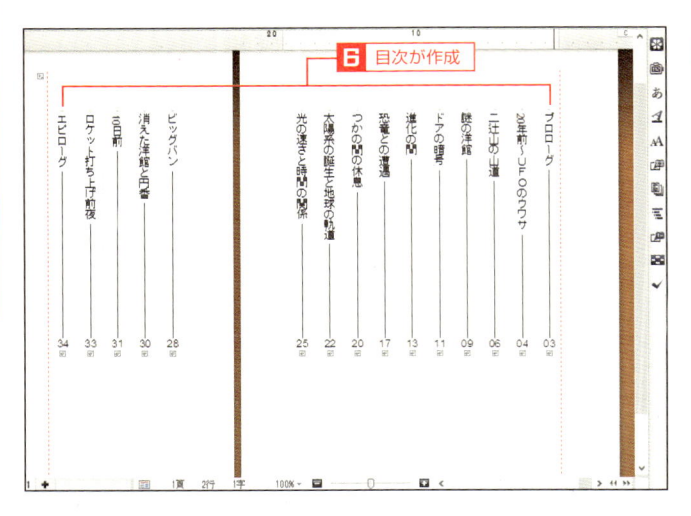

6 目次が作成されます。

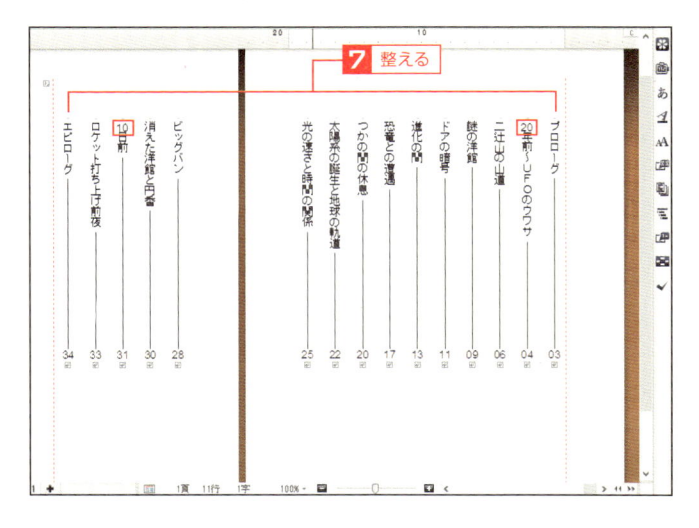

7 縦中横を設定するなど、体裁を整えます。

Column

中扉や奥付を設定する

中扉は、書籍のタイトルや章タイトルなどを 1 ページ分使って表示します。奥付は、著者名や発行日の情報を入れて巻末に付けるのが一般的です。あらかじめ［書籍編集］パレットを表示しておくと、作成しやすくなります。

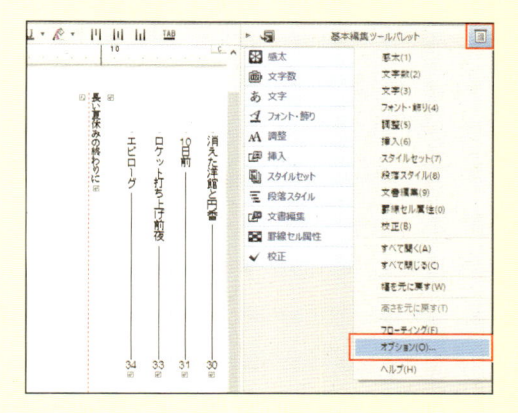

●［書籍編集］パレットを表示する

ツールパレットの［メニュー］をクリックし、［オプション］を選択します。

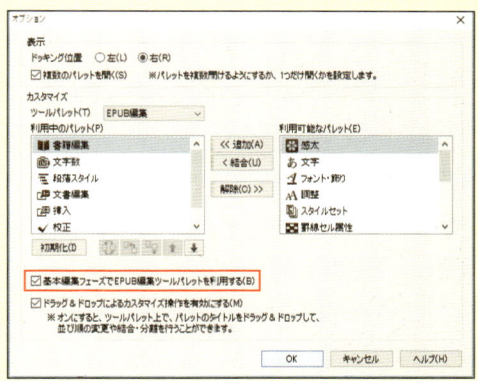

［基本編集フェーズで EPUB 編集ツールパレットを利用する］のチェックをオンにし、OK をクリックします。

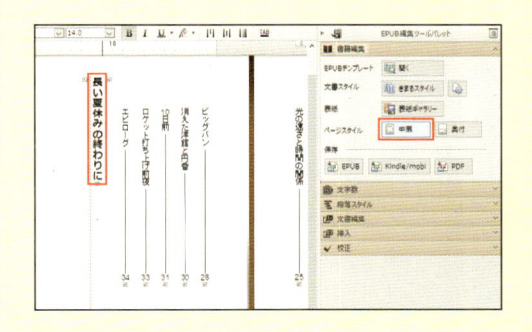

●中扉を設定する

あらかじめ、段組を解除している目次ページのあとに中扉にしたい文字を入力し、［書籍編集］パレットの 中扉 をクリックします。

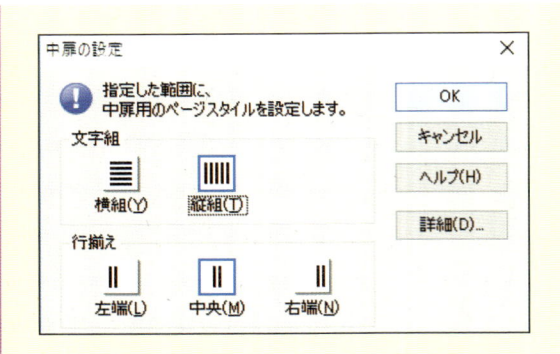

中扉の書式を設定します。ここではそれぞれ、[縦組]、[中央]を選択しています。OK をクリックします。

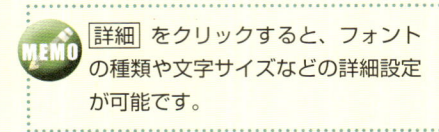

[詳細]をクリックすると、フォントの種類や文字サイズなどの詳細設定が可能です。

中扉に設定したい行の範囲を指定すると、中扉が設定されます。

●奥付を設定する

本文終了位置で[書式－段組－解除]を実行して段組を解除します。あらかじめ入力してある奥付の行を範囲指定し、[書籍編集]パレットの 奥付 をクリックして設定します。ここでは、[横組]、[下端]を選択して設定しています。

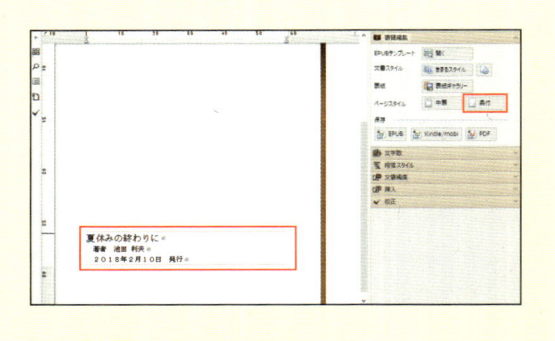

5-2 見開き表示でレイアウトを確認する

冊子の作成では、ページをめくる境目で文章が切れないか、見出しや画像などが見開きでどうレイアウトされるかに配慮して、執筆・編集することがあります。「一太郎2019」では見開きで2ページずつ並べて表示できるようになりました。

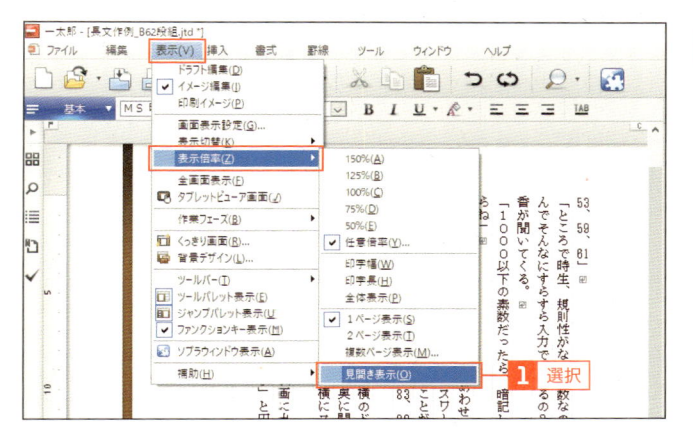

1 [表示－表示倍率－見開き表示]を選択します。

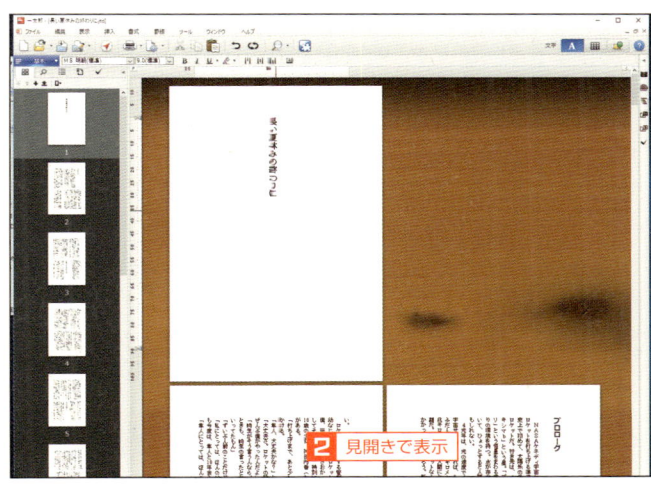

2 見開きで表示されます。縦書き（右とじ）のため、先頭ページは左側から表示され、画面は縦方向にスクロールします。

 **横書きの場合**

横書き（左とじ）の場合は、先頭ページは右側から表示されます。

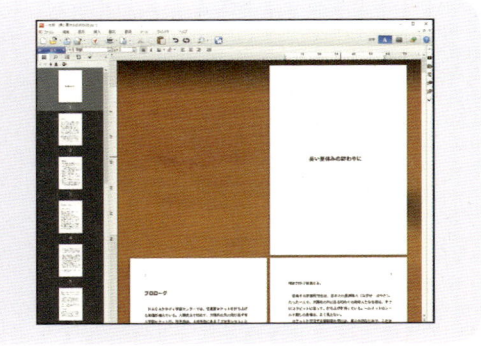

5-3 表紙を作成する

「表紙ギャラリー」には、デザインされた表紙サンプルが豊富に用意されています。小説やビジネス書、広報誌向けなどジャンル別になっており、適したものを見つけられます。表紙は別シートとして追加されるので、電子書籍を作成する際には、EPUB 保存時にそのシートを指定します。

サンプルから表紙デザインを選ぶ

1 [書籍編集] パレットの [表紙ギャラリー] をクリックして、表紙ギャラリーを開きます。

2 カテゴリと用紙サイズを選択します。ここでは[カテゴリ]で[書籍－小説] を、用紙サイズで[B6] を選択しています。

3 デザインを選択します。

4 追加 をクリックします。

表紙デザインを編集する

1 [表紙] シートをクリックして表紙を表示します。

2 見出しの文字を選択したら、Delete キーを押して、削除します。

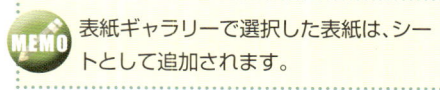
MEMO 表紙ギャラリーで選択した表紙は、シートとして追加されます。

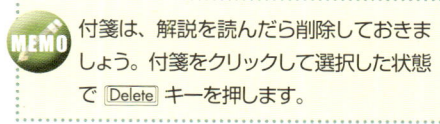
MEMO 付箋は、解説を読んだら削除しておきましょう。付箋をクリックして選択した状態で Delete キーを押します。

3 [挿入] パレットの [モジグ
ラフィ] をクリックします。

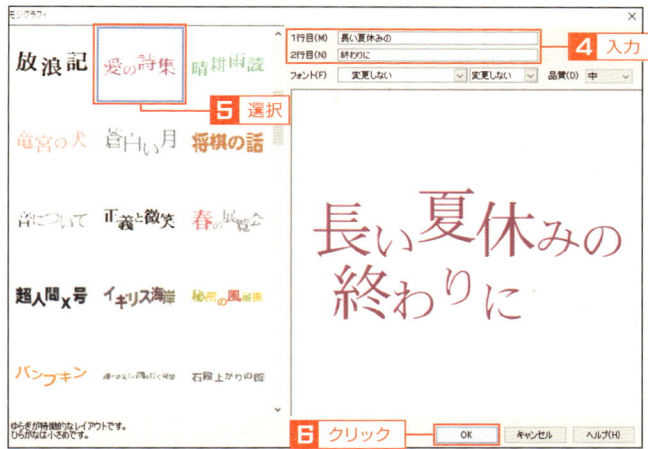

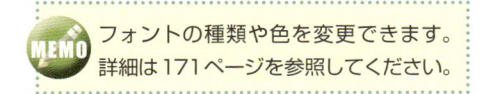

4 タイトルの文字を入力します。

5 デザインを選択します。

6 [OK] をクリックします。

MEMO フォントの種類や色を変更できます。
詳細は171ページを参照してください。

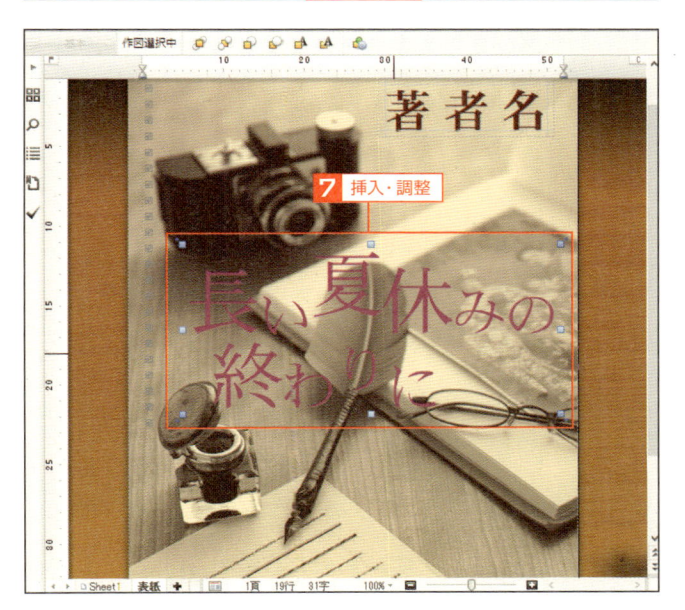

7 タイトル文字が挿入されまし
た。ドラッグして位置を調整し
ます。周囲の■をドラッグする
と、サイズを調整できます。

8 著者名の枠内をクリックし、著者名を変更します。

9 著者名の文字サイズを変更したり、タイトル文字をアレンジしたりして、最終調整します。

> **MEMO** 編集画面タイプを［印刷イメージ］に切り替えて印刷イメージに近い状態で確認しています。

HINT **文字を合成する**

モジグラフィは、いったん選択を解除すると一文字一文字が別枠として扱われます。個別にアレンジしたい場合は解除した状態で、まとめて移動したり大きさを変更したりしたい場合は合成しましょう。任意の文字上をクリックし、[Ctrl] キーを押しながら一文字一文字クリックして選択していきます [図形合成（合成）] をクリックするとひとまとまりで扱えるようになります。

6 さまざまな方法でアウトプットする

完成した書籍は、「アウトプットナビ」の機能を活用してさまざまな形式で出力できます。
自分で冊子を作ったり、印刷会社に印刷を依頼したり、さらにウェブ小説として投稿し
たり、電子書籍として公開したりもできます。

6-1 アウトプットナビから出力する

アウトプットナビを利用すれば、作成したオリジナル小説を印刷して冊子形式にしたり、印刷所
に入稿する方法を確認したりできます。

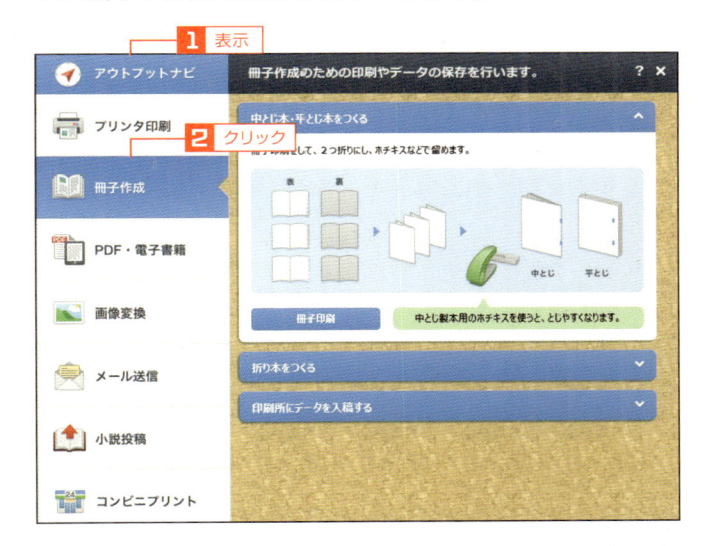

冊子を作成する

1 ツールバーの 🧭 [アウトプットナビ] をクリックします。

2 [冊子作成] を選択します。中とじ本や折り本を作ることができる体裁で出力することができます。

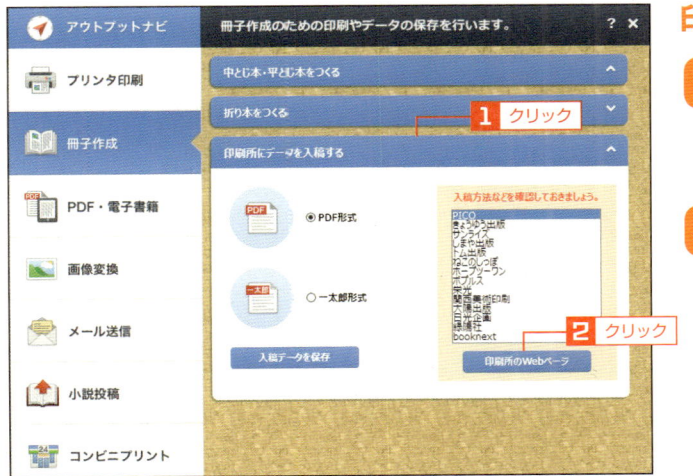

印刷所にデータを入稿する

1 印刷所にデータを入稿するときには、[印刷所にデータを入稿する] を選択します。

2 印刷所を選択して、ウェブページで情報を確認できます。

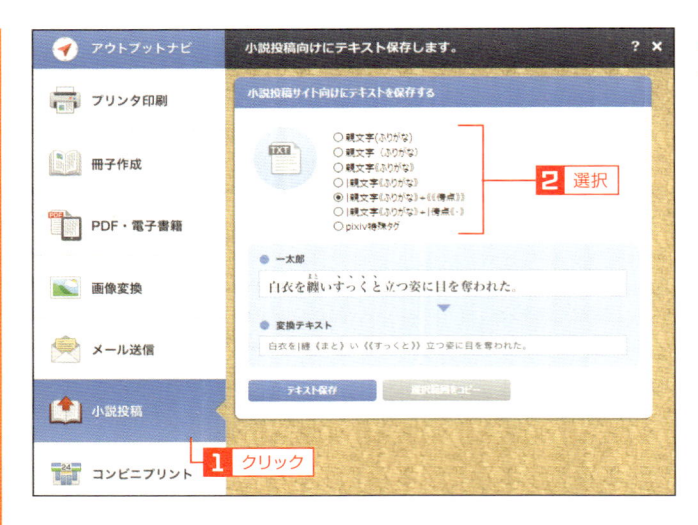

小説投稿サイト向けにテキストを保存する

1 ［小説投稿］をクリックします。

2 小説投稿サイトに適した形式を選択できます。

6-2 電子書籍として保存する

電子書籍の EPUB 形式で保存できます。アマゾンの Kindle に対応した形式も用意されています。公開する場所に応じた形式を選択しましょう。電子書籍形式で保存する際、文字がメインである小説はリフロー型を選びます。電子書籍形式で保存する前に、一太郎形式でも保存しておきましょう。

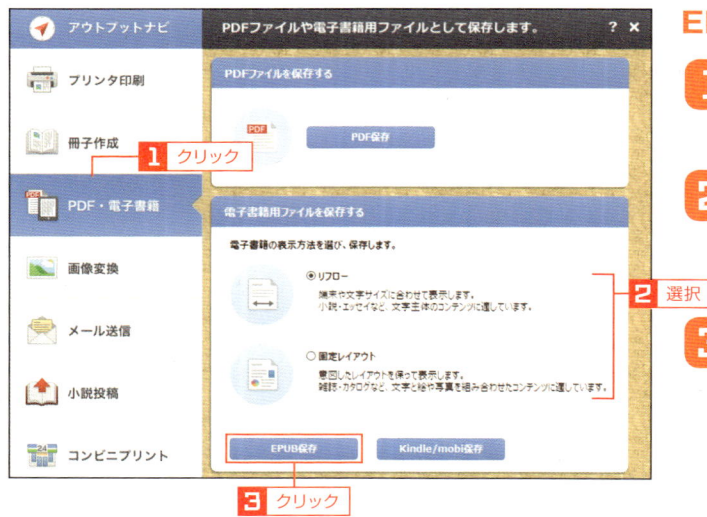

EPUB形式で保存する

1 アウトプットナビの［PDF・電子書籍］をクリックします。

2 電子書籍の表示方法を選びます。ここでは［リフロー］を選択しています。

3 公開先に応じたファイル形式を選択します。ここでは、EPUB保存 をクリックしています。

4 表紙など、複数シートがある場合に表示されます。ここでは はい をクリックします。

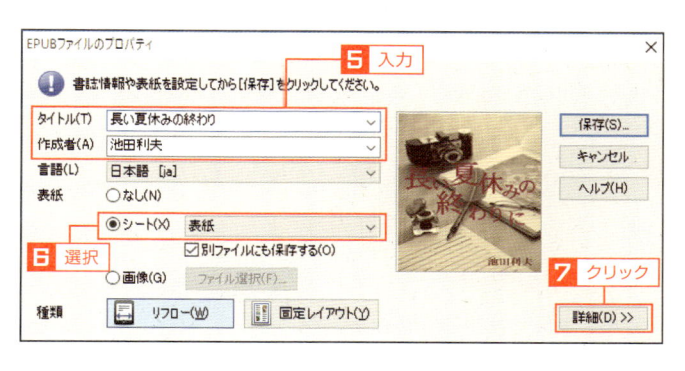

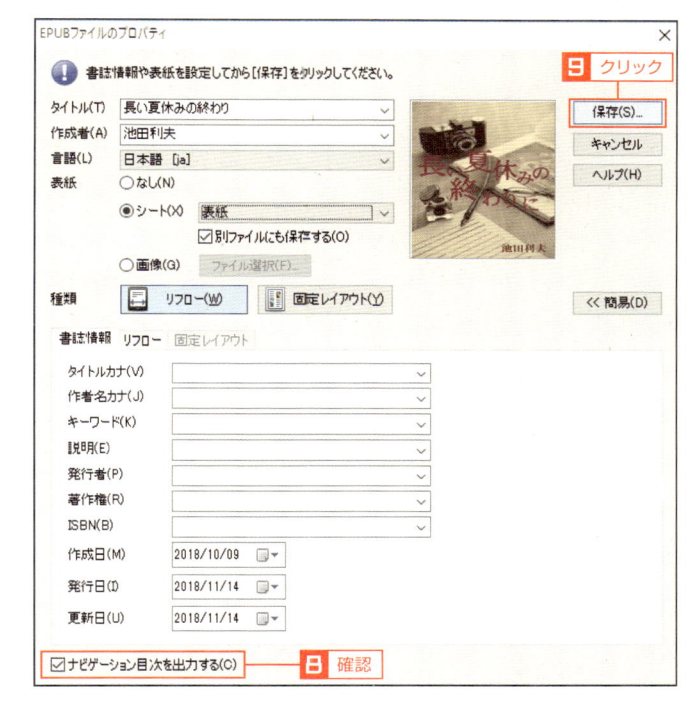

5 タイトルと作者名を入力します。

6 表紙を選択します。ここでは［表紙］シートを選択しています。別途用意した画像を指定することも可能です。

7 ［詳細 >>］をクリックします。

8 ［ナビゲーション目次を出力する］がオンになっていることを確認します。

9 ［保存］をクリックします。

> **MEMO** ナビゲーション目次とは、電子書籍形式で保存する際、目次行を設定していれば自動的に作成される目次で、リンクが設定されます。このナビゲーション目次を出力するかしないかを選択できるようになりました。

> **MEMO** ［リフロー］タブの［目次一覧を更新する］がオンになっていると、本文中の目次一覧を保存時に更新します。
> ※リーダー・ページ番号がない状態で再作成し、目次の文字列から該当個所へのハイパーリンクが設定されます。
> ※この項目の設定に関係なく、電子書籍としての目次一覧（ナビゲーション）は、別途作成されます。

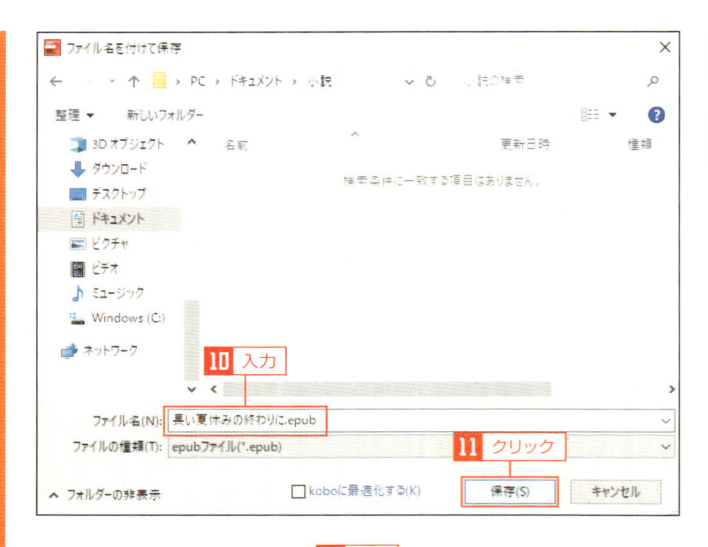

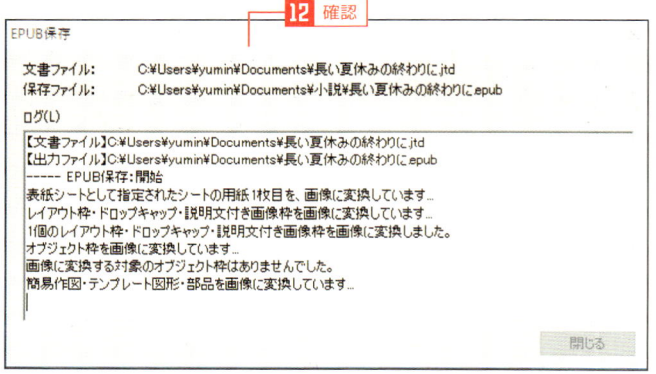

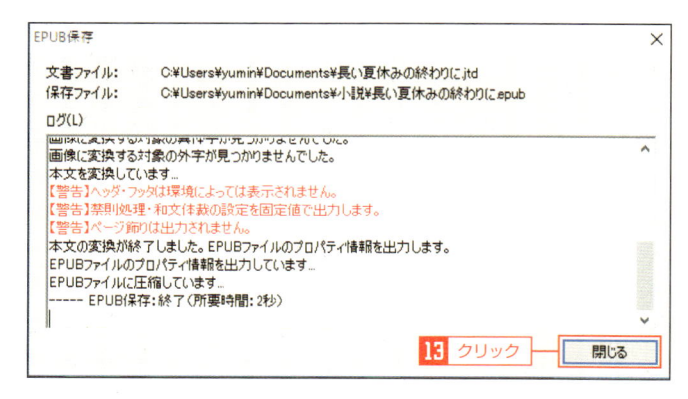

10 ファイル名を入力します。

11 保存 をクリックします。

12 EPUB 形式のファイルが作成されます。

13 EPUB で再現できない書式が含まれる場合、保存の際に警告されます。確認したら 閉じる をクリックします。

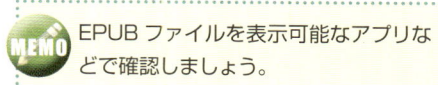

MEMO EPUB ファイルを表示可能なアプリなどで確認しましょう。

ニュースリリースを書いてみよう

ニュースリリースは、わかりやすく簡潔にまとめることが大切です。また、正確性が最も重要なジャンルの文書です。略称の使い方に整合性がとれているか、個人情報などの漏洩がないかなど、公式文書として世に出す前に確実なチェックが必要です。一太郎2019で搭載された新機能により、それらを正確に確認しましょう。

ニュースリリース

文字列を
罫線表に変換

脚注を設定

段落スタイルを設定

脚注参照を
活用

報道関係者各位

2019 年 2 月吉日
株式会社スマートクリエイティブビジョン

快適な眠りをサポート
スマホ用アプリ「睡眠上手～素敵な眠りをあなたに～」を提供

株式会社スマートクリエイティブビジョン（以下、SCV）は、快適な睡眠をサポートするスマホ用アプリ「睡眠上手～素敵な眠りをあなたに～」（以下、睡眠上手）の提供を開始しました。

睡眠は、健康にとって非常に重要な時間です。しかし、以下のような睡眠に対する悩みが非常に多いことが調査*で わかりました。

睡眠に対する悩み	割合（複数回答）
なかなか寝付けない	68 %
朝、なかなか起きられない	62 %
睡眠時間は十分なはずなのに昼間眠くなる	48 %

そこで SCV では、快適な睡眠に対するサポートを、スマホアプリという形で提供することにいたしました。iOS ／ Android の両方に対応*しています。

睡眠上手は、枕の横にスマホを置くことで、寝返りなどから睡眠の浅い深い（睡眠の質）を計測し、グラフで記録します。毎日計測することで、自分の眠りの特徴をつかみ、最適な睡眠時間や睡眠時間を見つけ出すことができます。

また、スムーズな入眠のための睡眠導入メロディーを収録しました。鳥のさえずり、小川のせせらぎ、小鳥のさえずりなどのほか、「羊数え」なども用意しています。調査*で一番多かった「なかなか寝付けない」という悩みに対する一助になると考えています。

アラーム機能も搭載しています。時刻通りにアラームを鳴らすだけでなく、浅い眠り*のタイミングでアラームを鳴らすことも可能です。

さらに、就寝時・起床時に画面をタップすることで、就寝時間と起床時間から睡眠時間を表示し、睡眠不足なのか十分な睡眠が取れたのかが瞬時にわかります。

SCV では、今後も生活を豊かにするサービスを提供していく予定です。

*1 アプリケーションソフトのこと。スマホを便利に活用するための機能
*2 2018 年 6 月に、500 人を対象に行った弊社独自調査
*3 iOS 用と Android 用は機能に若干の違いがある
*4 前掲注*2
*5 レム睡眠のこと、逆に深い眠りのことをノンレム睡眠という

【概要】

■商品名：睡眠上手～素敵な眠りをあなたに～

■価格：200 円

■対応 OS：iOS ／ Android

【機能特長】

■睡眠の質を計測して眠りの特徴をつかむ

硬直などから睡眠の浅い深い（睡眠の質）を計測し、グラフで記録します。記録した日は、カレンダーに印が付きます。見たい日をタップすると、グラフで睡眠時間などが確認できます。毎日計測することで、自分の眠りの特徴をつかみ、最適な就寝時間や睡眠時間を見つけ出すことができます。「今週」や「今年の 8 月」など、期間を指定して平均の睡眠時間を確認することもできます。

■睡眠導入サウンドを多数収録

スムーズな入眠のための睡眠導入サウンドを 12 点収録しました。鳥のさえずり、小川のせせらぎ、小鳥のさえずりなどのほか、軽快なリズムのサウンドやボーカル入りボサノバ風サウンドなども用意しています。再生時間は 30 分単位で設定できます。ユニークなものとしては「羊が一匹、羊が二匹…」という読み上げを、100 匹まで行う「羊数え」を日本語と英語の 2 パターンを搭載している点です。

■レム睡眠（浅い眠り）のタイミングでアラームを鳴らせる

アラーム機能（スヌーズあり）も搭載しています。時刻通りにアラームを鳴らすだけでなく、眠りが浅くなったタイミングでアラームを鳴らすことも可能です。設定した時間に最も近いレム睡眠時にアラームを鳴らします。時刻通り＋レム睡眠時の両方にアラームを鳴らすこともできます。アラームのサウンドは 5 種類用意しています。

■就寝時間・起床時間を記録

就寝時に「眠る」ボタン、起床時に「起きる」ボタンをタップすることで、就寝時間、起床時間を記録し、睡眠時間を計算して表示します。睡眠不足なのか十分な睡眠が取れたのかが瞬時にわかります。
※端末は、寝返りの振動が伝わるところ（枕の横など）に置いてください。

＜本件に関するお問い合わせ先＞
株式会社スマートクリエイティブビジョン 広報
TEL：03-xxxx-5012
mailto:prg@example.com

操作の流れ

1 文書スタイルを設定する
2 段落スタイルを設定する
3 段落スタイルを変更する
4 脚注を設定する

5 脚注参照を活用する
6 文字列を罫線表に変換する
7 文書を校正する
8 ドキュメント検査を実行する

完成

1 文書スタイルを設定して文章を入力する

まず最初に文書スタイルを設定し、文章を入力していきます。文書スタイルは、A4 縦置き横書きの一般的なスタイルを使用します。行数やフォントなど、少しだけ設定を変更します。文章を入力したあと、ページ下部に脚注を設定しましょう。

1-1 文書スタイルを設定する

今回の作例では、A4 縦置き横書きの一般的なスタイルを使用します。行数を増やしたりページ番号やヘッダ・フッタを付けない設定にしたりなど、少しだけスタイルを変更します。スタイルが設定できたら、文章を入力していきましょう。

文書スタイルを確認する

1 ツールバーの [用紙や字数行数の設定（文書スタイル）] をクリックします。

2 [文書スタイル]ダイアログボックスが開くので、[スタイル]タブの [行数] を [46] 行に設定します。

3 [マージン（余白）] の [上端] と [下端] を [25] mmに設定します。

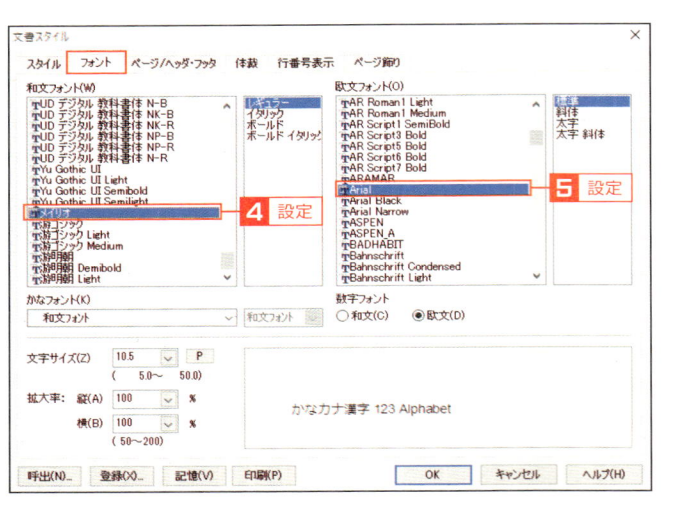

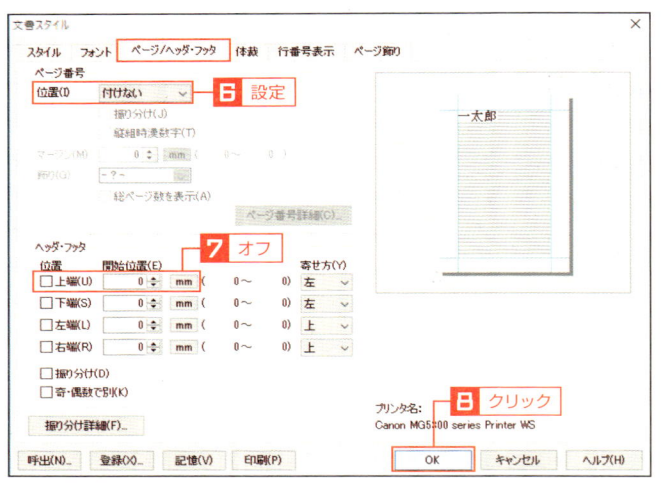

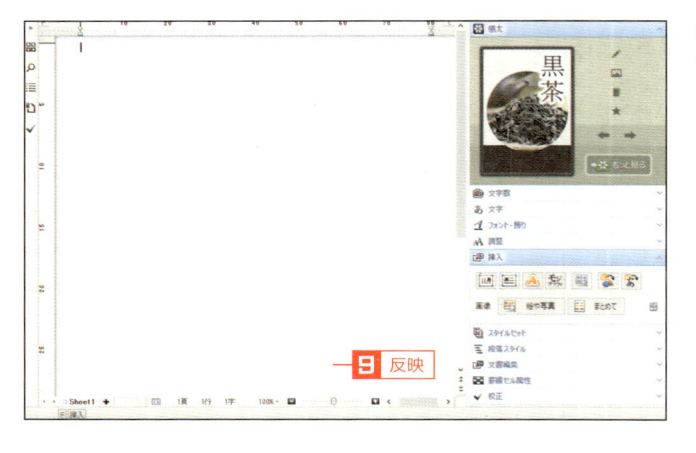

4 [フォント] タブで [和文フォント]を[メイリオ]に設定します。

5 [欧文フォント] は [Arial] に設定します。

6 [ページ /ヘッダ・フッタ] タブの [ページ番号]の [位置] を [付けない]に設定します。

7 [ヘッダ・フッタ] の [上端] のチェックをオフにします。

8 OK をクリックします。

9 設定した文書スタイルが反映されました。

文章を入力する

1 リリース文を入力していきます。

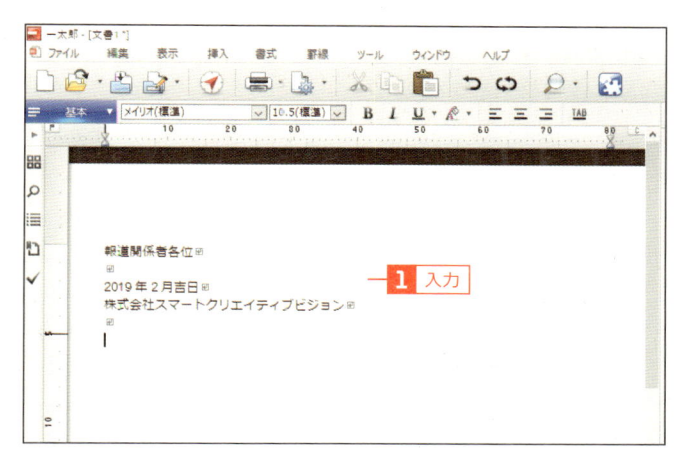

1 入力

2 会社名や商品名など長い単語は、カッコ書きで略称を記入します。

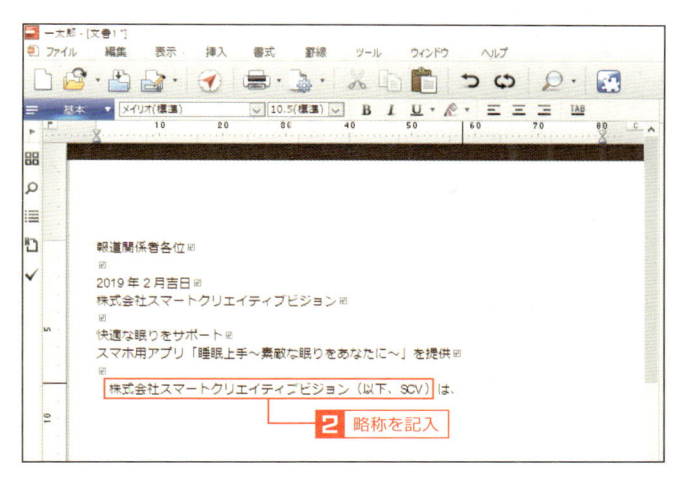

2 略称を記入

3 あとで表にする部分は、項目と項目の間にタブを入れて入力しておきます。

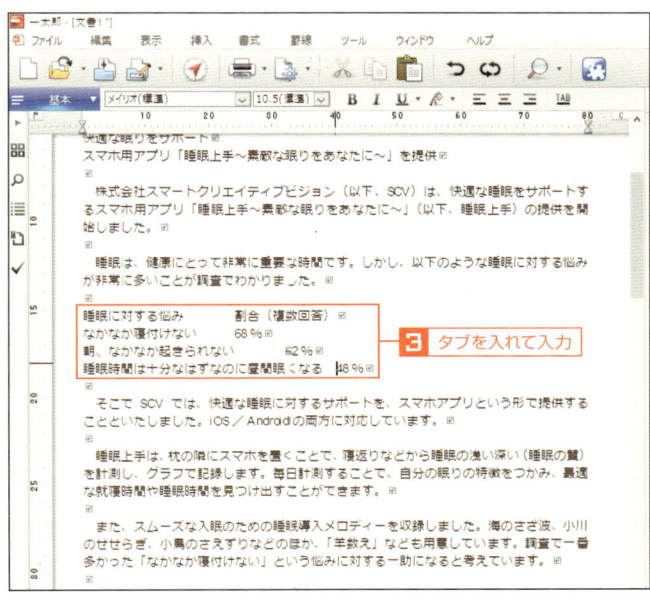

3 タブを入れて入力

> **MEMO**
> 区切りのいい位置で改ページしておきましょう。ここでは【概要】の前に改ページを入れておきます。［調整］パレットの［改ページ］アイコンを使います。

1-2 脚注を設定、編集する

脚注とは、本文の下につける補足や注釈のことです。一太郎には、脚注を設定する機能があり、脚注番号は自動的に連番がふられます。さらに同じ文献や引用をくり返す場合「前掲注」などとして示しますが、一太郎2019では脚注参照ができるようになりました。参照元の脚注の番号が変わっても自動で番号が変わるので、修正の手間がなくミスを回避できます。ここでは、簡単な例で解説します。

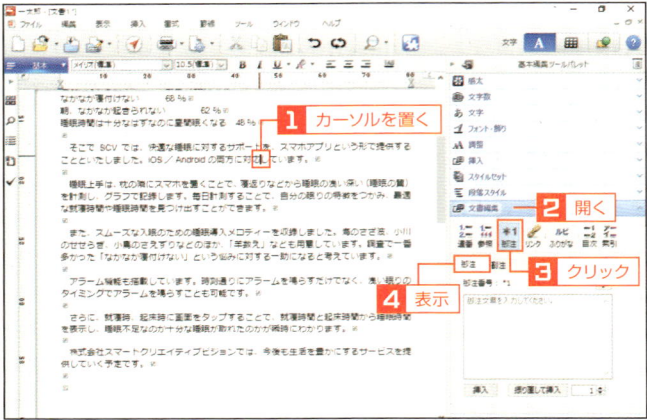

脚注を設定する

1 脚注番号を挿入したい位置にカーソルを置きます。

2 [文書編集]パレットを開きます。

3 脚注 をクリックします。

4 [脚注]タブを表示します。

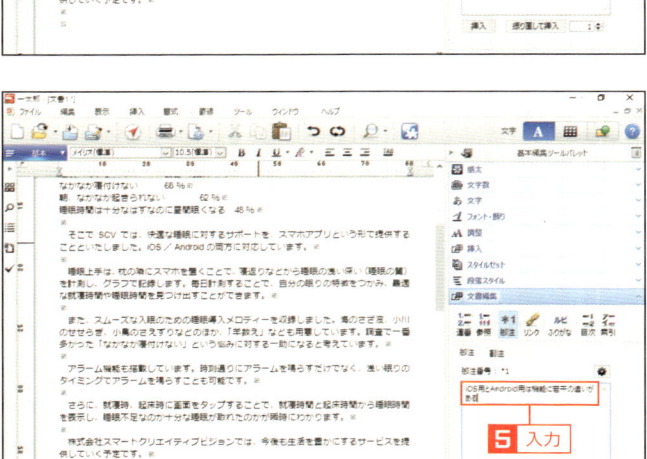

5 脚注文章（本文下に記述したい補足説明)を入力します。

6 挿入 をクリックします。

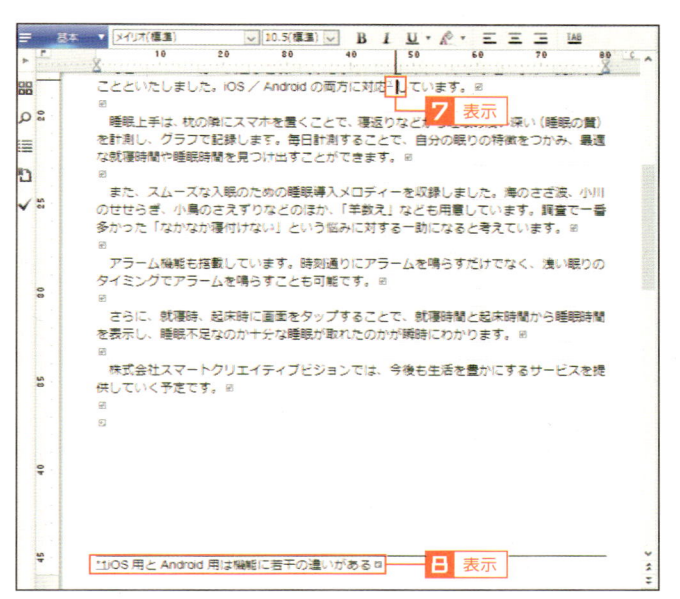

7 脚注番号が本文に表示されます。

8 入力した文章が脚注エリアに表示されます。

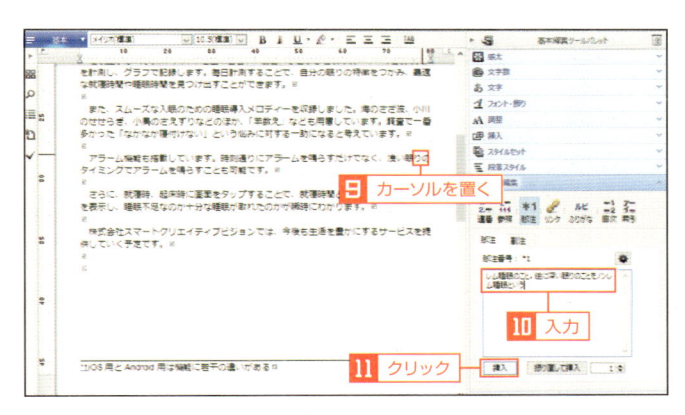

9 次の脚注番号挿入位置にカーソルを置きます。

10 同様に脚注文章を入力します。

11 挿入 をクリックします。

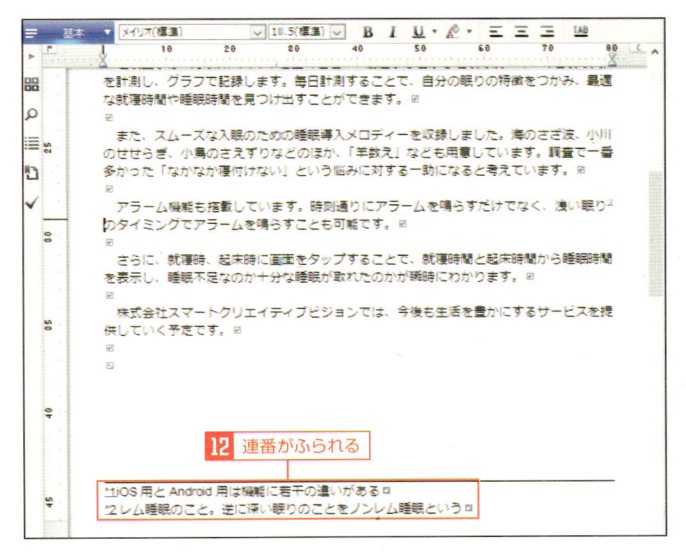

12 自動的に連番がふられました。

Columun

脚注番号の種類やフォントサイズを設定する

ツールパレットの ✿ ［脚注オプション］で開くダイアログボックスでは、番号の種類やフォントサイズ、脚注エリアを印刷するかどうかなどを設定できます。

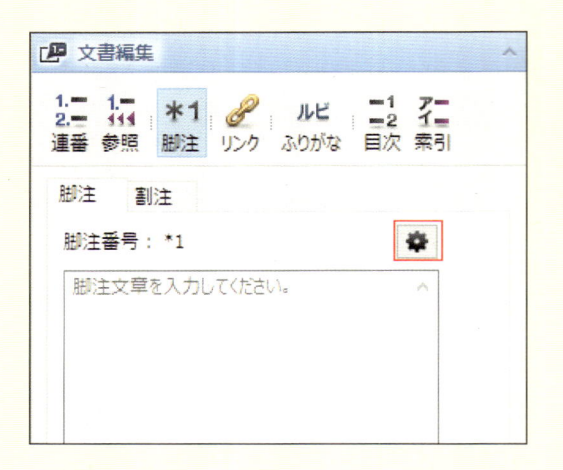

✿ ［脚注オプション］をクリックして脚注オプションダイアログボックスを開きます。

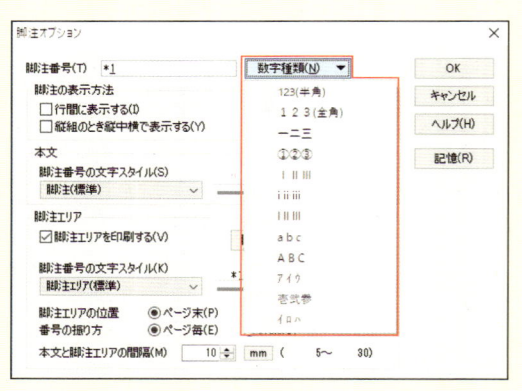

連続させる数字や文字は必ず［数字種類］から選ぶ必要があります。番号の種類は漢数字や丸数字、abcなどから選択できます。

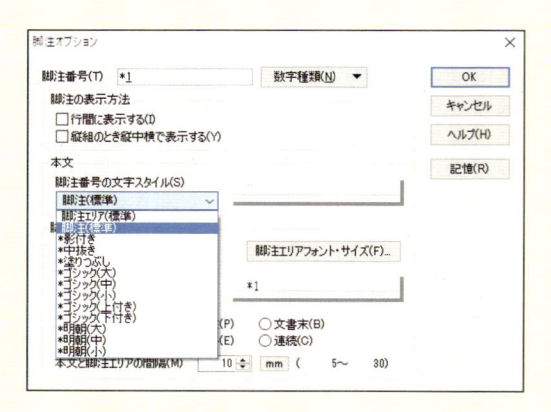

脚注番号の文字スタイルを、本文と脚注エリアで別々に設定できます。

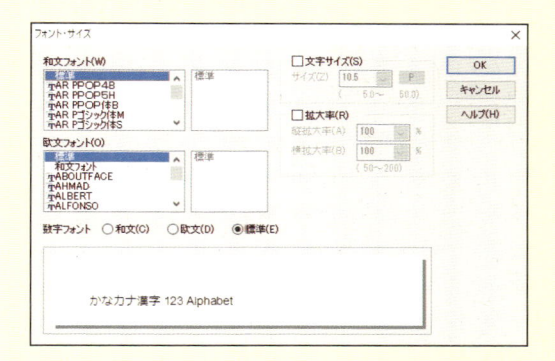

脚注エリアのフォント種類や文字サイズが設定できます。[脚注オプション]のダイアログボックスで［脚注エリアフォント・サイズ］をクリックします。

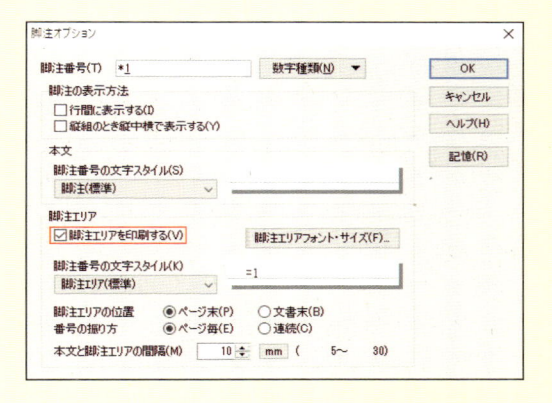

脚注エリアを印刷するかどうかを設定できます。印刷しない設定にすると、脚注エリアも表示されなくなります。

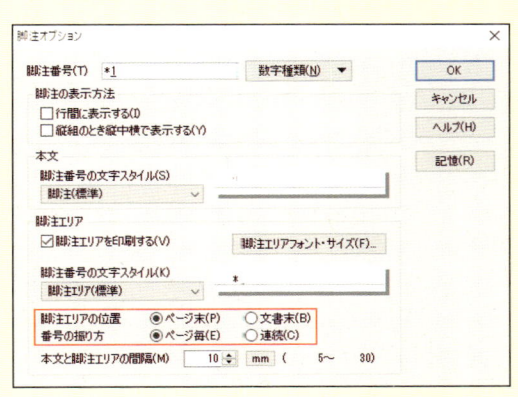

脚注エリアを各ページの下部に挿入するか、文書の最後に挿入するかを選択したり、ページ毎に連番をふり直すか、文書を通して連番にするかを選択したりできます。

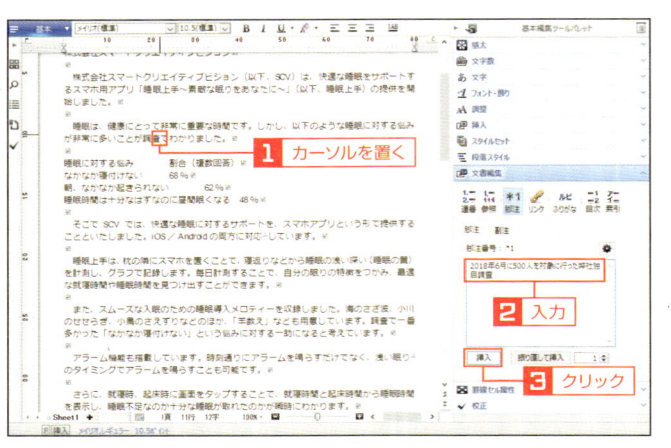

設定した脚注より前に
脚注を挿入する

1 脚注番号挿入位置にカーソルを置きます。

2 同様に脚注文章を入力します。

3 挿入をクリックします。

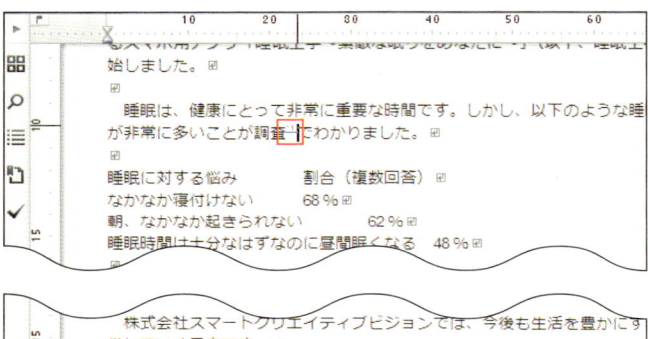

4 連番が自動的に修正されました。

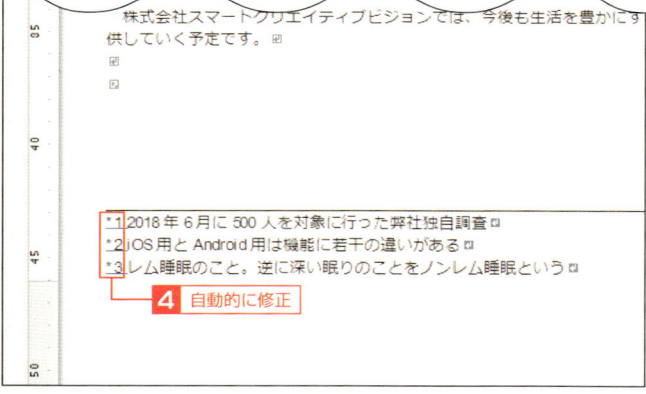

途中を削除しても正しい連番に修正される

脚注番号2を削除すると、自動的に3が2に修正されます。いちいち手動で番号をふり直す必要はありません。

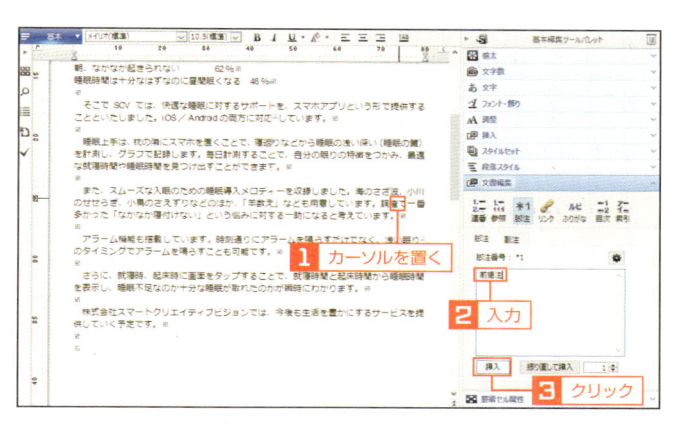

脚注参照を活用する

1 脚注番号挿入位置にカーソルを置きます。

2 前掲注と入力します。

3 挿入 をクリックします。

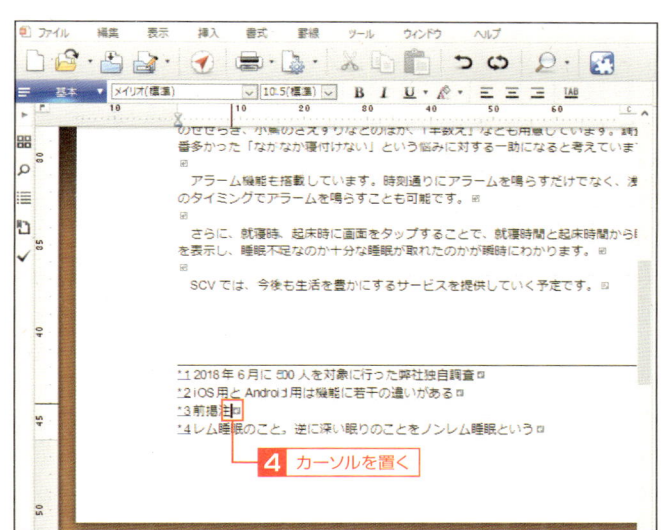

4 「前掲注」の後ろにカーソルを置きます。

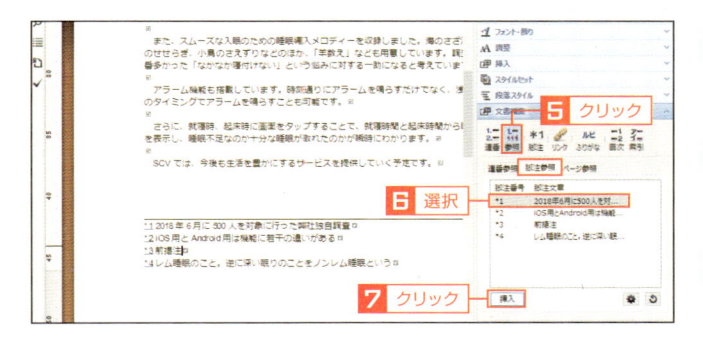

5 [文書編集] パレットの 参照 をクリックします。

6 [脚注参照]タブを表示し、脚注参照させたい脚注を選択します。

7 挿入 をクリックします。

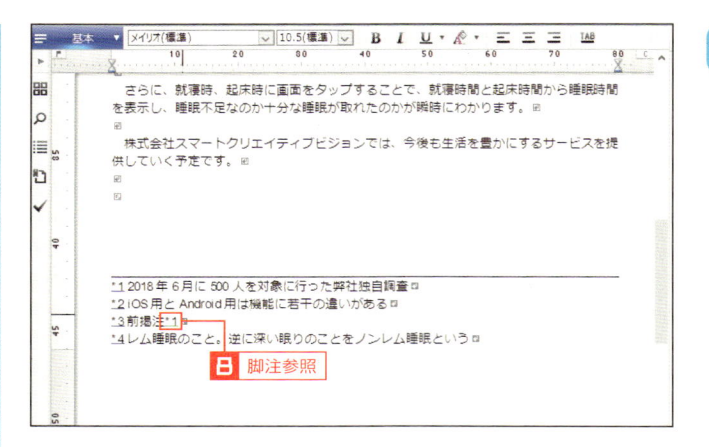

8 脚注参照されました。

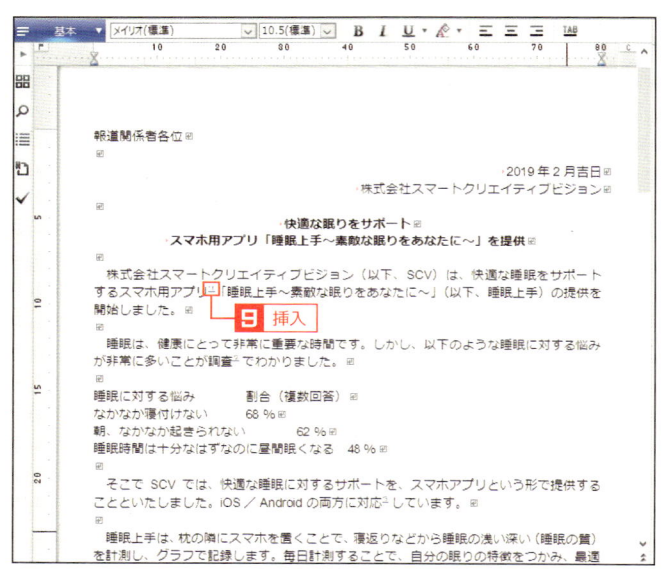

9 参照した脚注より前に脚注を挿入します。

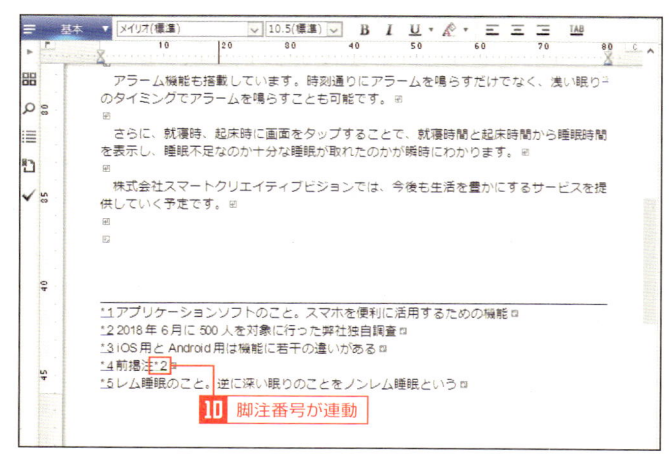

10 参照元の脚注番号が変わると、脚注参照の番号も自動で変わります。

1-3 段落スタイルを設定する

商品名や価格、機能特長の見出しには段落スタイルを設定しましょう。任意の1つに段落スタイルを設定すれば、ほかの見出しはワンクリックで同じ飾りを付けることができます。また、あとで変更したい場合も、まとめて一気に反映できて便利です。

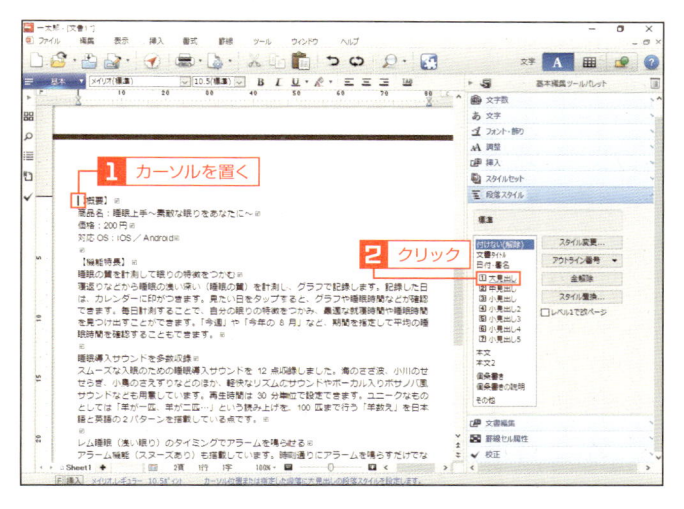

大見出しに段落スタイルを設定する

1 【概要】の行にカーソルを置きます。

2 [段落スタイル]パレットの[大見出し]をクリックします。

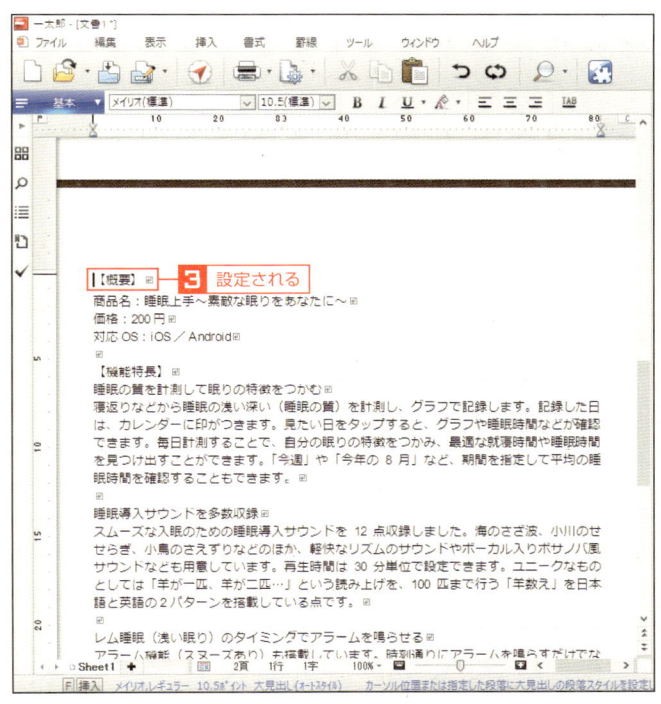

3 カーソルのある段落に[大見出し]の段落スタイルが設定されます。

MEMO 以前に設定した書式が適用されます。あとで変更するので、どのような書式になっていても問題ありません。【機能特長】の行にも同じ段落スタイルを設定しておきましょう。

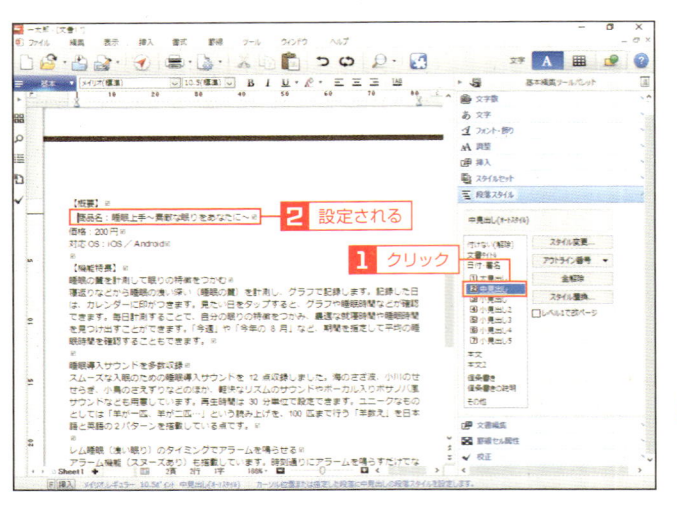

中見出しに段落スタイルを設定する

1 「商品名:・・・」の行にカーソルを置き、[段落スタイル]パレットの[中見出し]をクリックします。

2 [中見出し]の段落スタイルが設定されます。

> **MEMO** 価格や対応 OS、機能特長の見出しにも同じように[中見出し]の段落スタイルを設定しておきましょう。

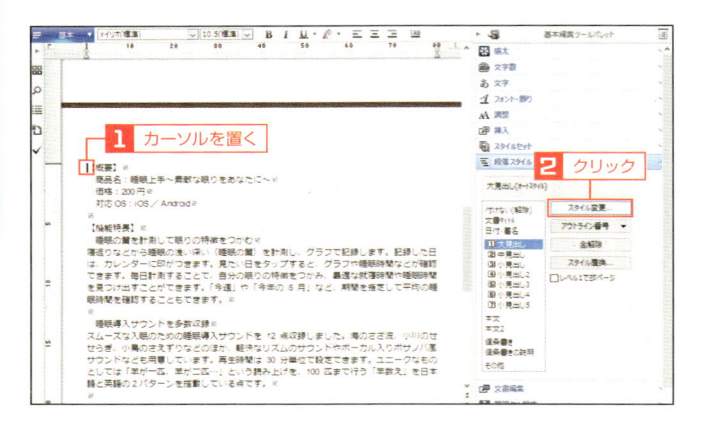

大見出しのスタイルを変更する

1 大見出しを設定したいいずれかの行にカーソルを置きます。

2 スタイル変更 をクリックします。

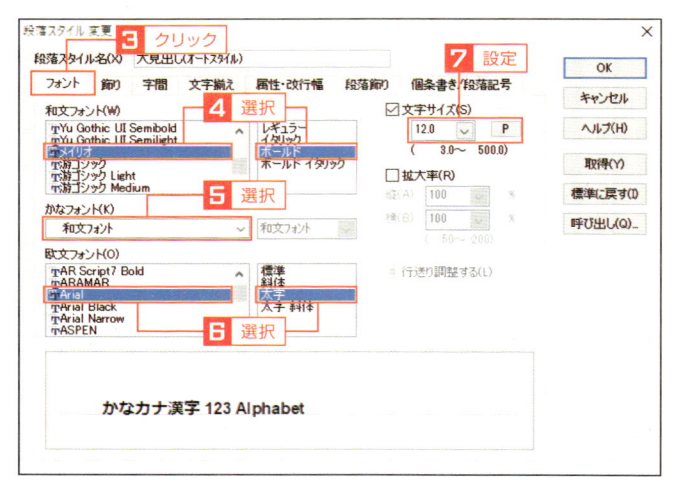

3 [フォント]タブをクリックします。

4 [和文フォント]で[メイリオ]の[ボールド]を選択します。

5 [かなフォント]で[和文フォント]を選択します。

6 [欧文フォント]で[Arial]の[太字]を選択します。

7 [文字サイズ]を[12]Pに設定します。

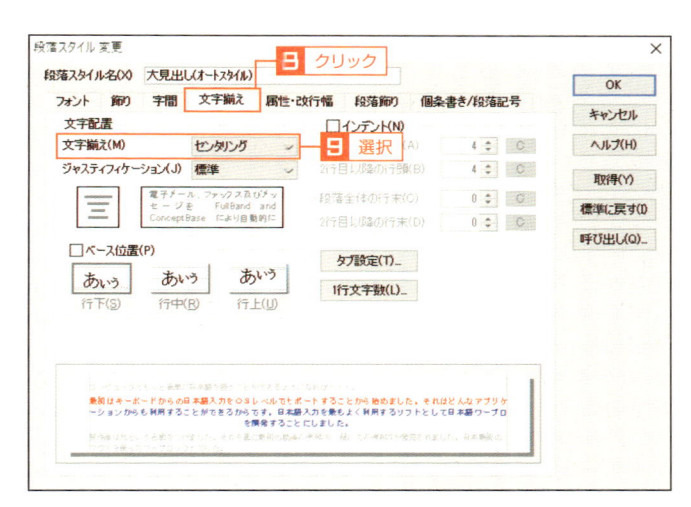

8 [文字揃え]タブをクリックします。

9 [文字揃え]で[センタリング]を選択します。

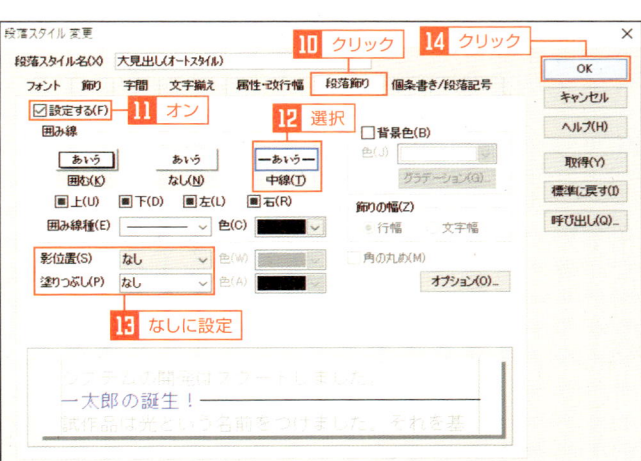

10 [段落飾り]タブをクリックします。

11 [設定する]のチェックをオンにします。

12 [中線]を選択します。

13 [影位置]や[塗りつぶし]などが設定されていたら[なし]にします。

14 OK をクリックします。

15 【概要】と【機能特長】の2つのスタイルが同時に変更されます。

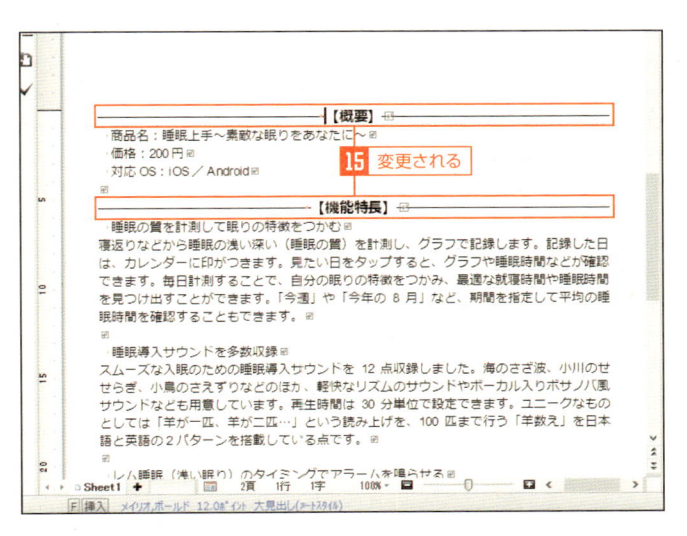

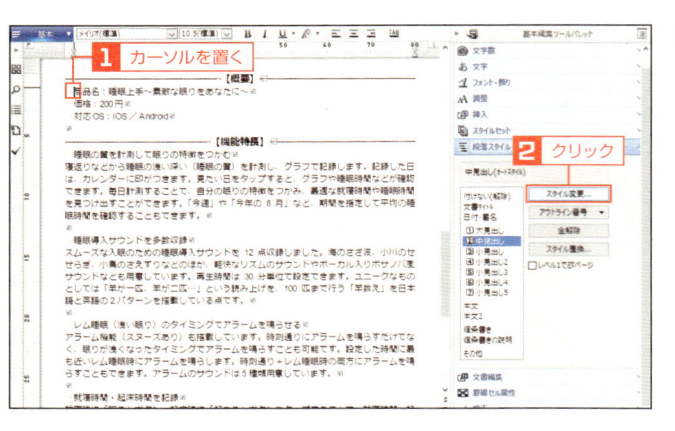

中見出しのスタイルを変更する

1 中見出しを設定したいずれかの
行にカーソルを置きます。

2 ［スタイル変更］をクリックします。

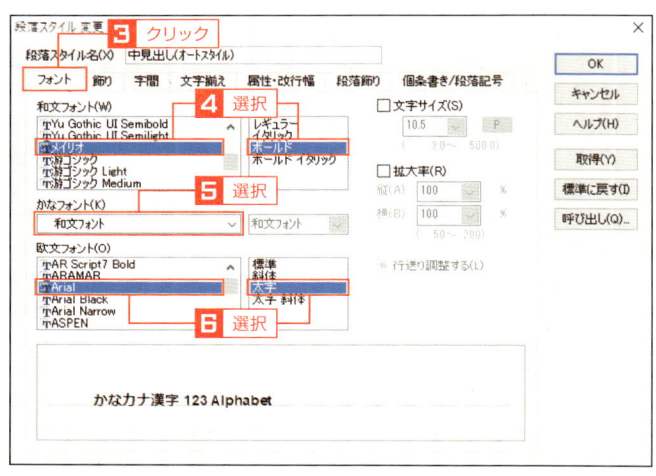

3 ［フォント］タブをクリックしま
す。

4 ［和文フォント］で［メイリオ］の
［ボールド］を選択します。

5 ［かなフォント］で［和文フォン
ト］を選択します。

6 ［欧文フォント］で［Arial］の［太
字］を選択します。

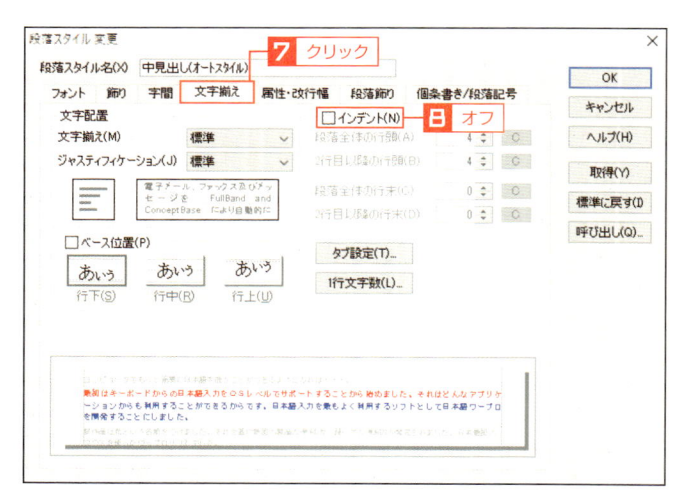

7 ［文字揃え］タブをクリックしま
す。

8 インデントなどが設定されてい
る場合は［文字揃え］で［インデ
ント］のチェックをオフにして
おきます。

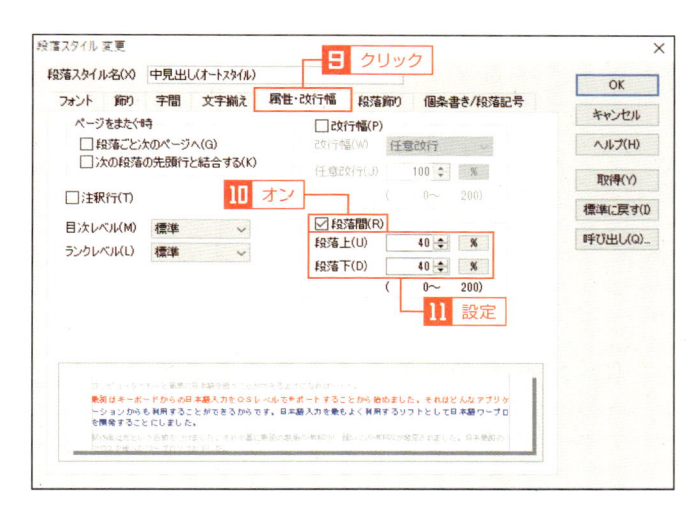

9 ［属性・改行幅］タブをクリックします。

10 ［段落間］のチェックをオンにします。

11 ［段落上］［段落下］を［40］％にします。

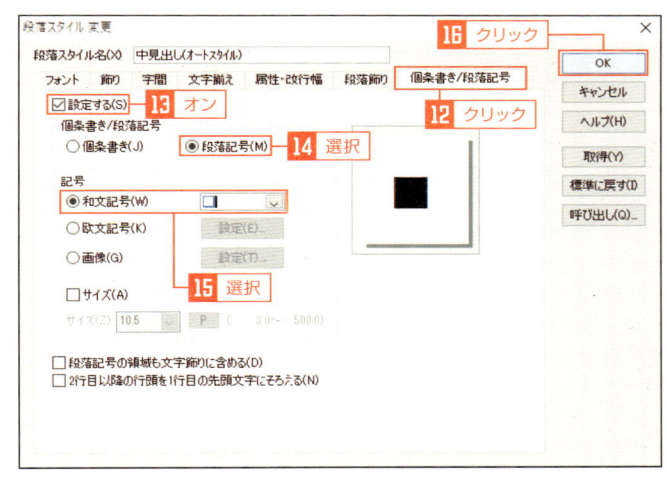

12 ［個条書き/段落記号］タブをクリックします。

13 ［設定する］のチェックをオンにします。

14 ［個条書き/段落記号］で［段落記号］を選択します。

15 ［記号］で［和文記号］を選び、［■］を選択します。

16 OK をクリックします。

17 すべての中見出しが一気に変更されます。

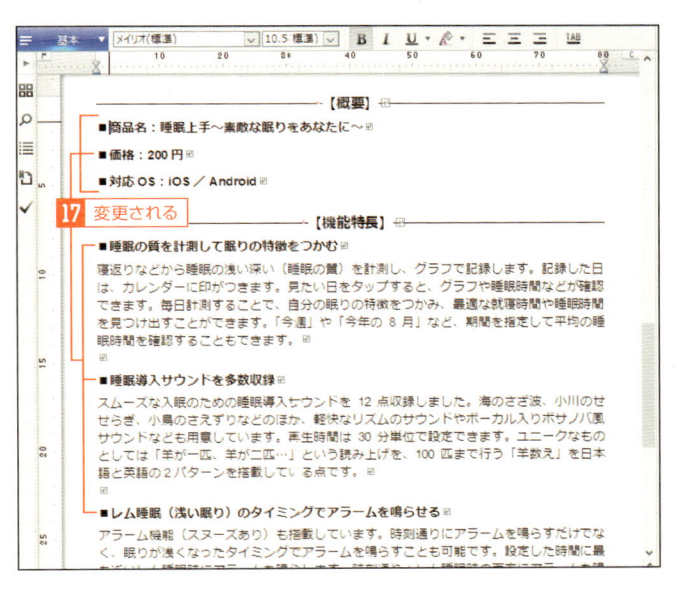

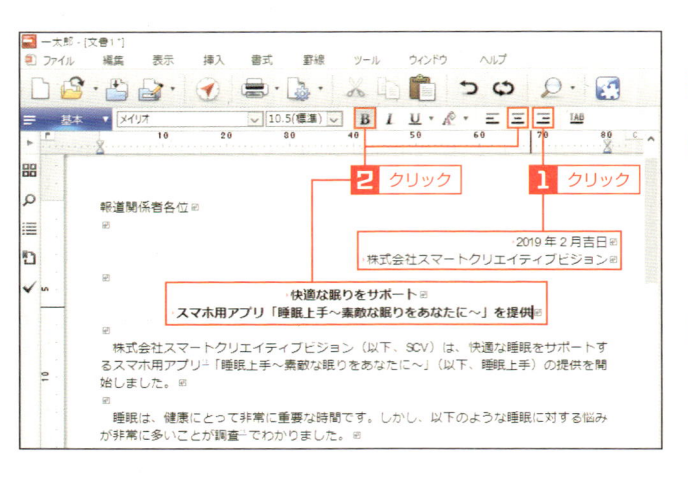

日付やタイトルの書式を設定する

1 日付と社名は右寄せにします。2行を選択した状態でコマンドバーの ☰ [右寄せ]をクリックします。

2 文書タイトルはボールドにしてセンタリングします。

 **段落スタイルを設定しておき、スタイルセットを適用する**

段落スタイルを設定しておけば、大見出しや中見出しを個別にセットすることなく、好みの[スタイルセット]を適用することで、文書全体を統一感のあるデザインにすることができます。

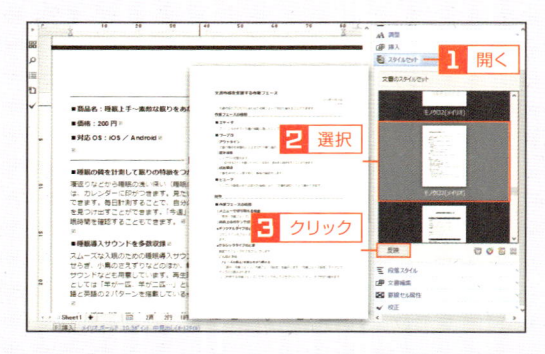

1 [スタイルセット]パレットを開きます。

2 好みのスタイルセットを選択します。イメージがプレビュー表示されます。ここでは[モノクロ3－メイリオ]を選択しています。

3 反映 をクリックします。

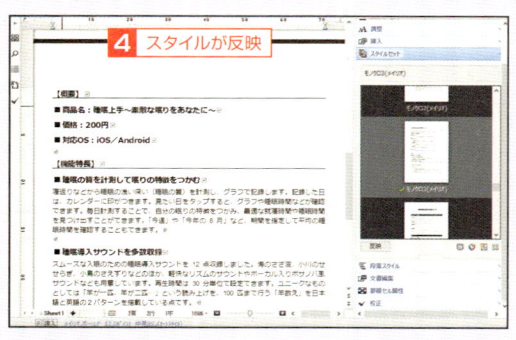

4 スタイルセットで選択したデザインが、文書に反映されました。

2 データを見やすく表にまとめる

アンケート結果などは、表にまとめると読みやすくなります。一太郎は、罫線機能が充実していて、自由自在に描けるのが特長です。表を作る際には、入力されている文字列を自動で表にする機能もあります。今回はその機能を使って表を作成します。

2-1 文字列から罫線表を作成

表にしたい項目をタブやカンマで区切っておくと、データ区切りを正しく認識して自動で罫線表を作成する機能があります。この機能を利用すると、文字を入力してから罫線表を作成するので、文字の長さに合わせて横幅を決めることができます。

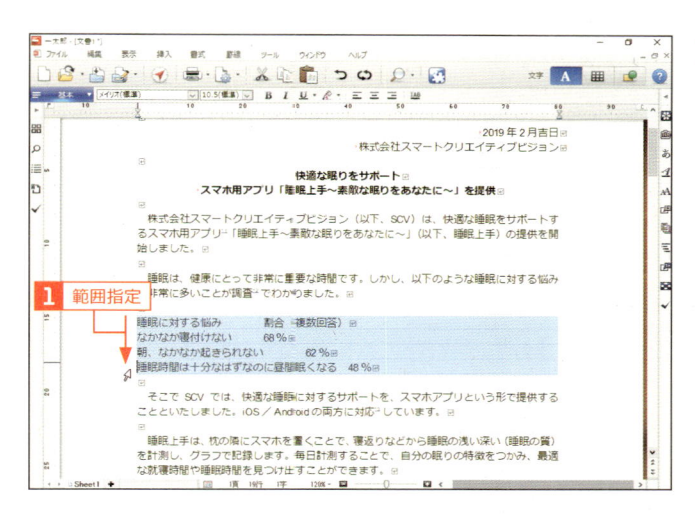

文字列を罫線表に変換する

1 表にしたい行の範囲を指定します。

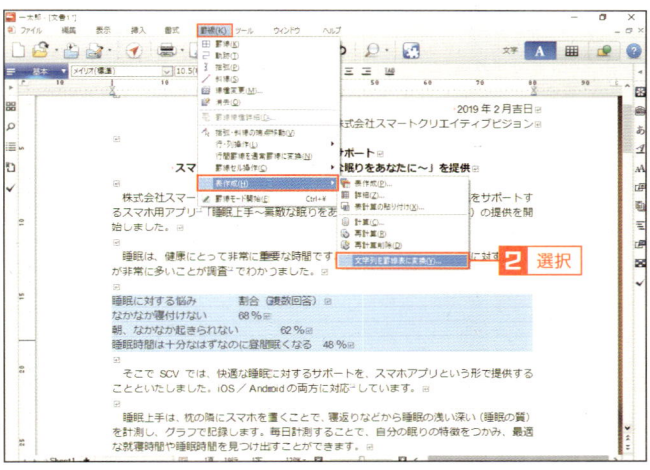

2 [罫線－表作成－文字列を罫線表に変換]を選択します。

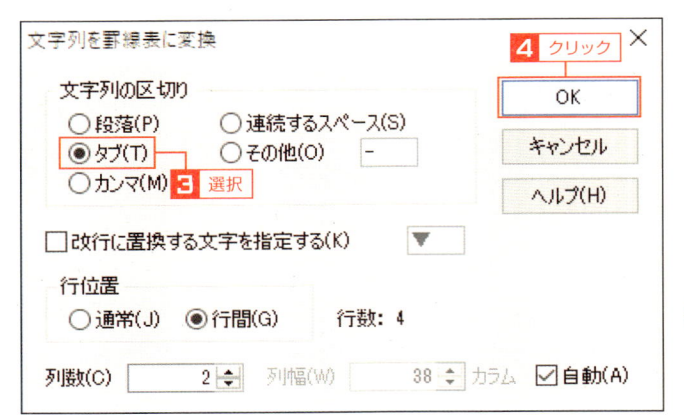

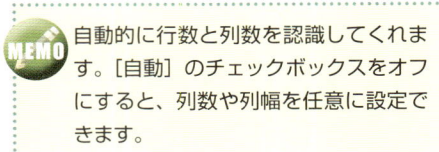

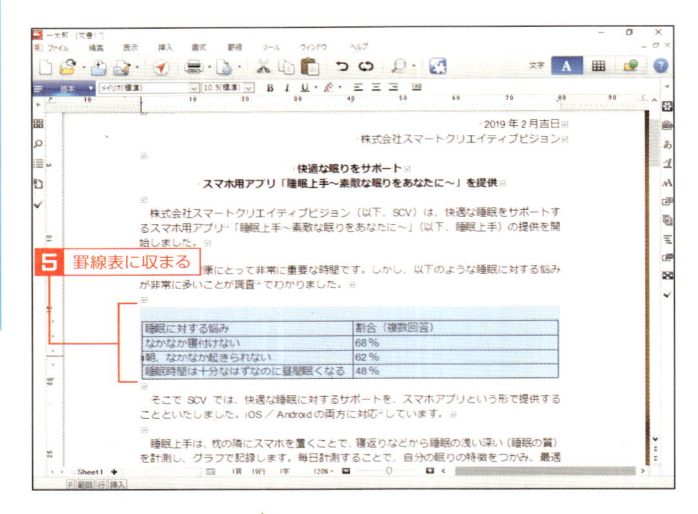

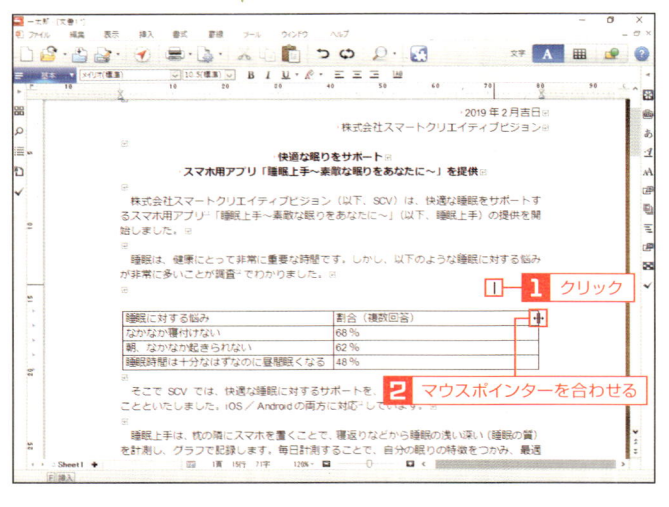

3 [文字列を罫線表に変換]ダイアログボックスが開きます。[文字列の区切り]で[タブ]を選択します。

4 OK をクリックします。

> MEMO 自動的に行数と列数を認識してくれます。[自動]のチェックボックスをオフにすると、列数や列幅を任意に設定できます。

5 選択した行が罫線表に収まります。

セルの幅を変更する

1 表以外の場所をクリックして選択を解除します。

2 セル幅を変更したいセルの右端にマウスポインターを合わせます。ここでは「割合（複数回答）」のセルの右側にマウスポインターを合わせます。

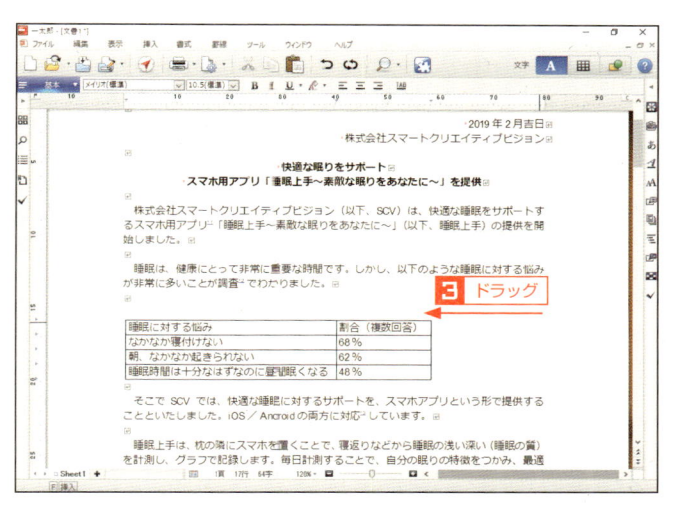

3 幅を狭くしたい場合は左方向に、広くしたい場合は右方向にドラッグします。ここでは、幅を狭くしたいので左方向にドラッグします。

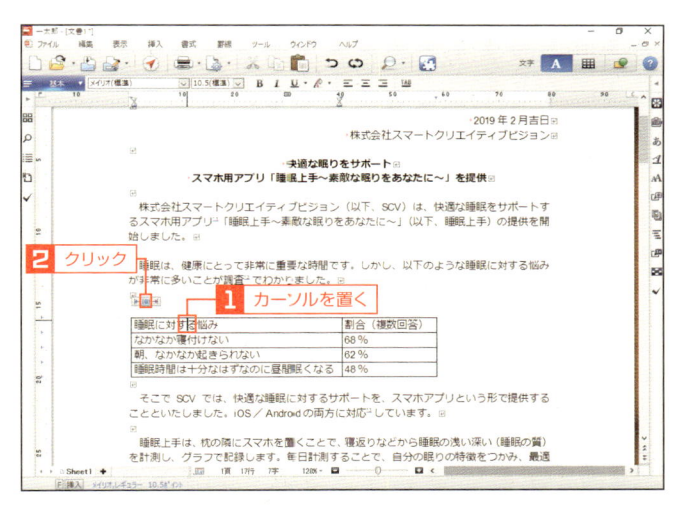

罫線表の位置を調整する

1 罫線内にカーソルを置きます。

2 罫線表の左上にアイコンが表示されるので、中央の ▣ ［罫線表を中央に寄せる］をクリックします。

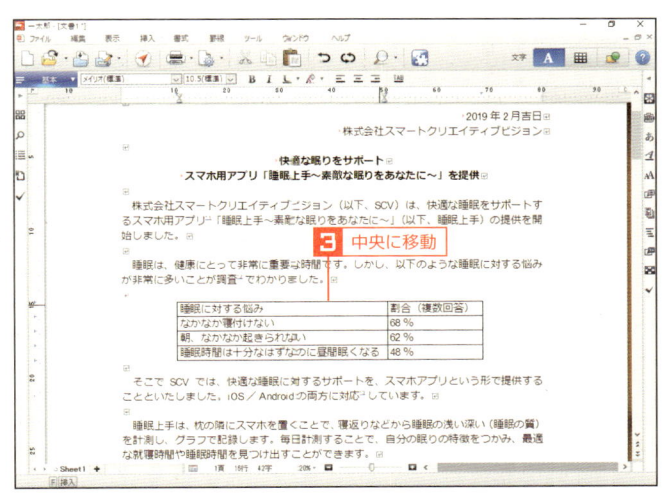

3 罫線表が中央に移動しました。

> **MEMO**
> 左のアイコンをクリックすると左寄せ、右のアイコンをクリックすると右寄せになります。また、罫線表は、ドラッグ操作で上下左右に移動させることができます。罫線表の上の線や左の線にマウスポインターを合わせると、ポインターが両矢印の形状に変化します。この状態でドラッグすると、上下や左右に移動できます。ここでは、1行分上に移動しておきます。

第4章

作例編　ニュースリリースを書いてみよう

147

2-2 罫線表に書式を設定する

文字から罫線表を作成し、セル幅や位置の調整ができたら見た目を整えましょう。見出し行に背景色を設定したり、文字揃えを調整したりします。ニュースリリースなので、カラフルな色は付けず、グレーを使います。

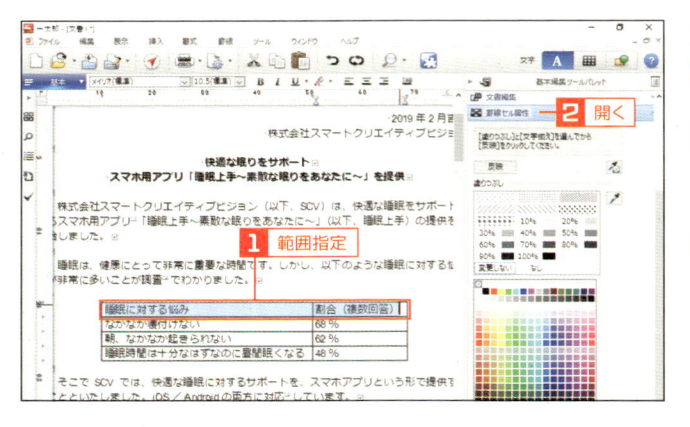

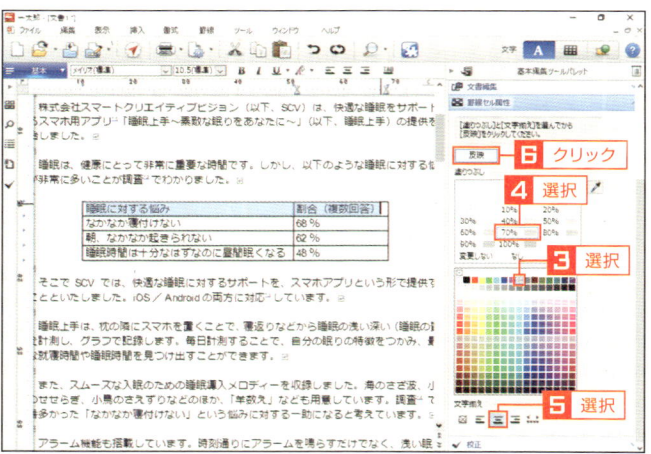

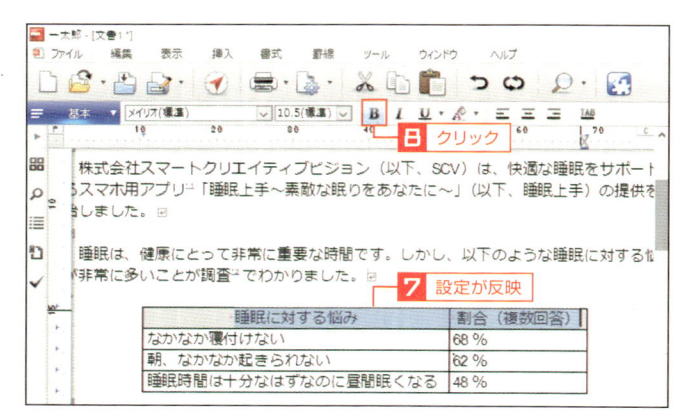

文字揃えと塗りつぶしを設定する

1 文字揃えや塗りつぶしを設定したいセルを範囲指定します。

2 [罫線セル属性]パレットを開きます。

3 塗りつぶしの色を選択します。ここではグレーを選択しています。

4 [塗りつぶし]のパターンを選択します。ここでは濃度70%を選択しています。

5 [文字揃え] から ☰ [センタリング]を選択します。

6 反映 をクリックします。

7 選択中のセルに、文字揃えと塗りつぶしの設定が反映されます。

8 範囲選択したままの状態で、コマンドバーの **B** [太字] をクリックします。

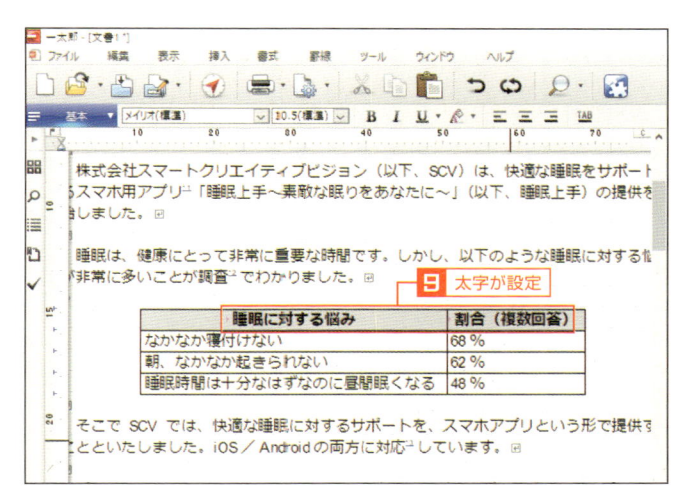

9 太字が設定されました。

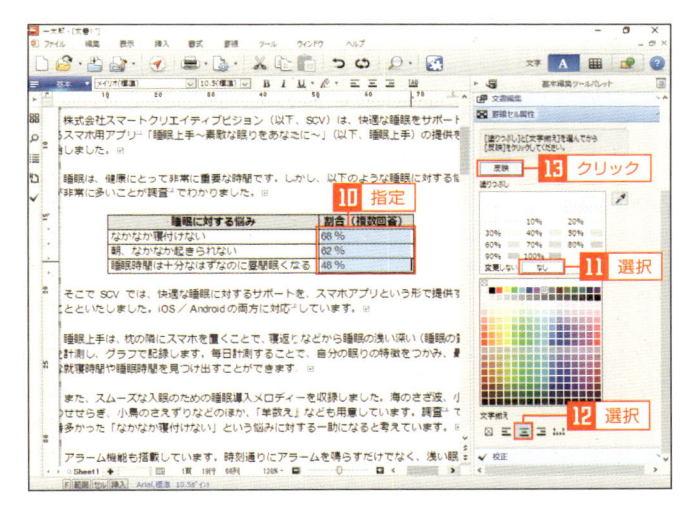

10 パーセントのセルもセンタリングします。範囲を指定します。

11 [塗りつぶし]で[なし]を選択します。

12 [文字揃え]で ≡ [センタリング]を選択します。

13 反映 をクリックします。

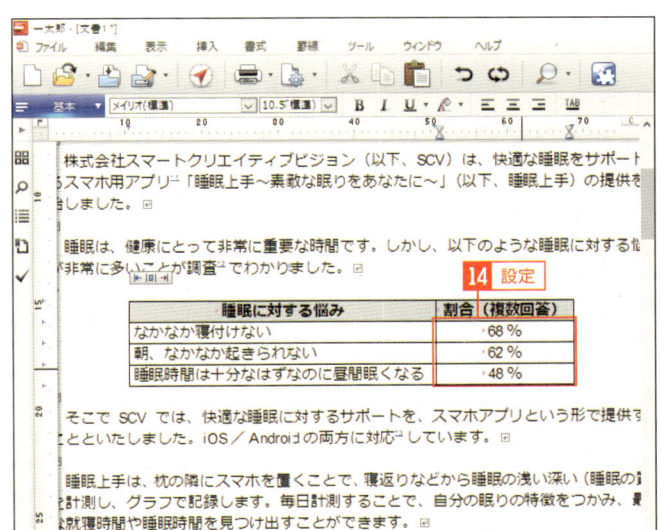

14 センタリングが設定されました。

3 文書を確認して精度を上げる

書類ができたら、文書校正機能で誤字脱字などをチェックします。さらに、ドキュメント検査で文書に個人情報や隠しプロパティが含まれていないかをチェックします。外部に公開したり、メールなどで他者に渡す文書は、事前にチェックしておくと安心です。

3-1 文書校正で誤りをチェックする

配布する前に文書を校正しましょう。一太郎 2019 では「略称チェック」ができるようになりました。長い名称の場合、「以下、●●」のように略称を定義し、以降、略称を用いることがあります。略称の未使用や再定義などの不整合を検出できるようになりました。

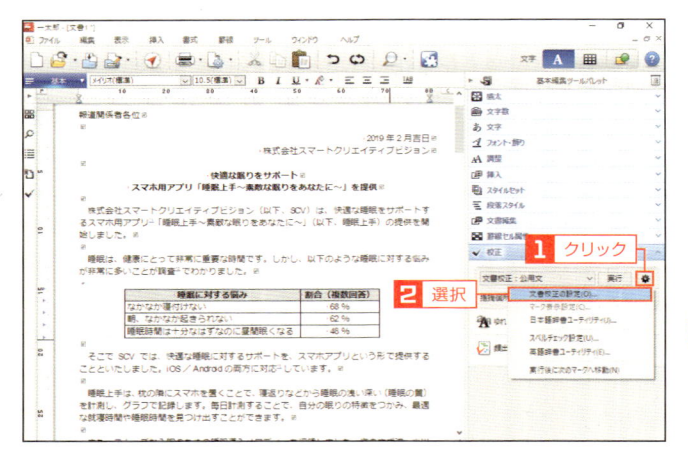

校正内容を設定する

1 [校正パレット]の ⚙ [オプション]をクリックします。

2 メニューから[文書校正の設定]を選択します。

> **MEMO** 文書校正は、ビューアフェーズ以外のフェーズで実行できます。

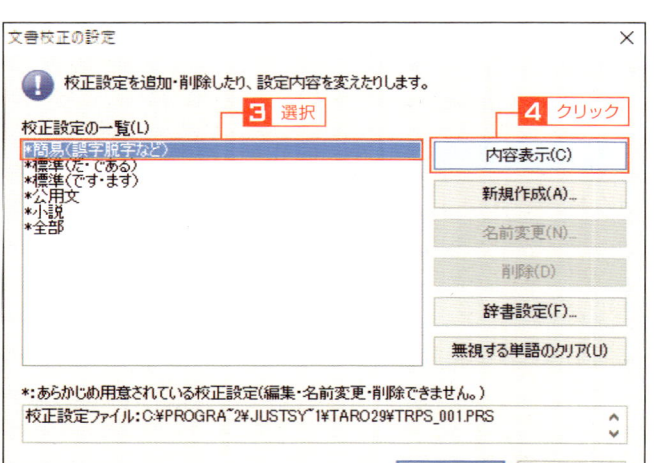

3 [校正設定の一覧] で [(簡易) 誤字脱字など]を選択します。

4 内容表示 をクリックします。

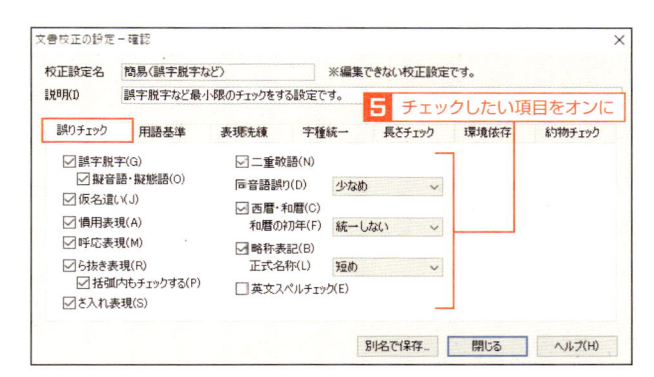

5 [誤りチェック] タブで [仮名遣い] や [ら抜き表現]、[さ入れ表現] など、自分がチェックしたい項目をオンにします。

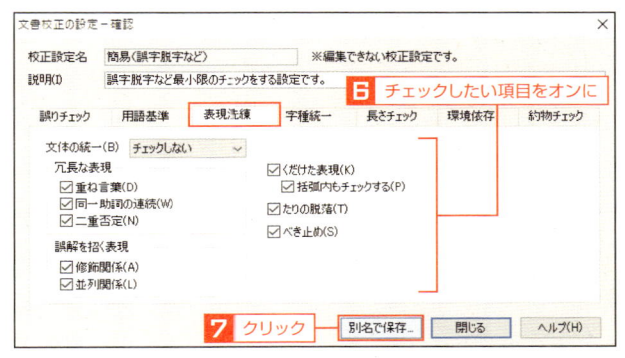

6 [表現洗練] タブで [重ね言葉] や [たりの脱落] などの項目をオンにします。

7 別名で保存 をクリックします。

MEMO [用語基準] タブや [長さチェック] タブなども設定します。

HINT 漢字基準の設定

学年別漢字配当にない漢字・読みや、常用漢字表にない漢字をチェックしたいときには、[用語基準] タブの [漢字基準] から選択します。

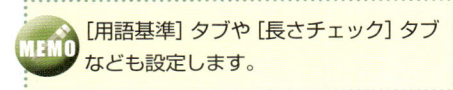
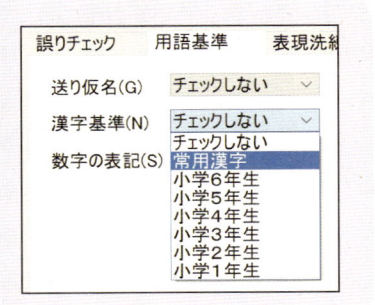

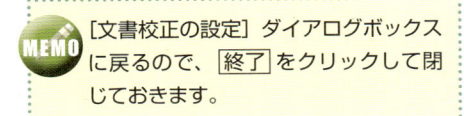

8 [校正設定名] と [説明] を設定します。ここでは、[校正設定名] に [リリース用]、[説明] に [ニュースリリースの文書を校正します。] と設定しています。

9 OK をクリックします。

MEMO [文書校正の設定] ダイアログボックスに戻るので、終了 をクリックして閉じておきます。

HINT 設定を新規で作成したり削除したりする

いちから設定したい場合は［文書校正の設定］ダイアログボックスで 新規作成 をクリックします。また、登録した校正設定を削除したい場合は 削除 をクリックすると削除できます。

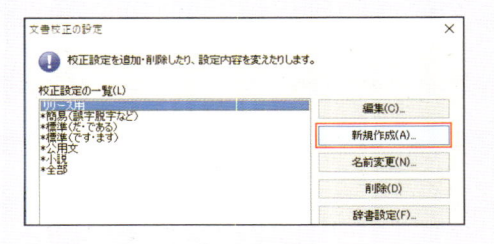

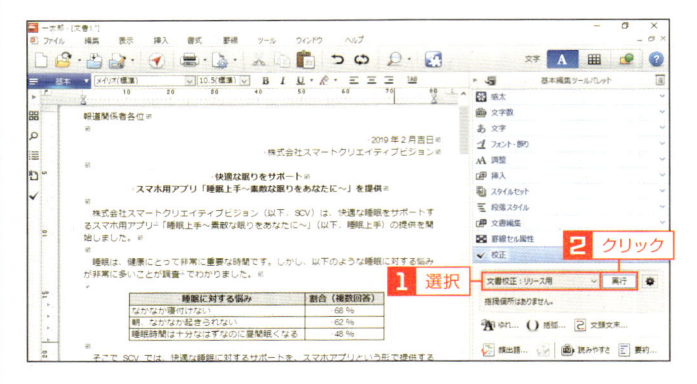

文書校正を実行する

1 文書校正の種類を選択します。先ほど登録した［文書校正：リリース用］を選択します。

2 実行 をクリックします。

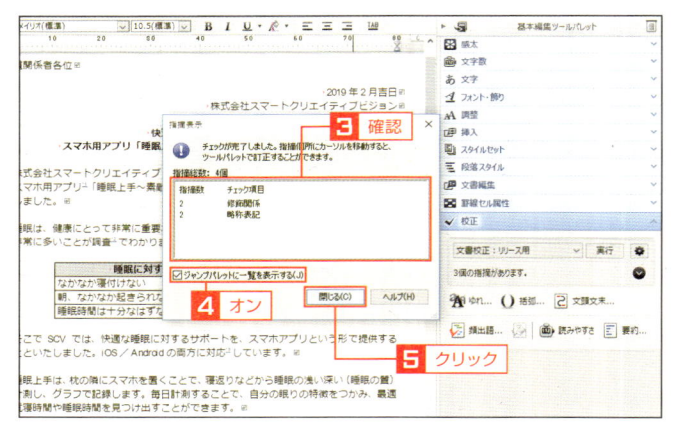

3 文書校正の実行が完了したら、中央に表示されるダイアログボックスで指摘個所を確認します。

4 ［ジャンプパレットに一覧を表示する］がオンになっていることを確認します。

5 閉じる をクリックします。

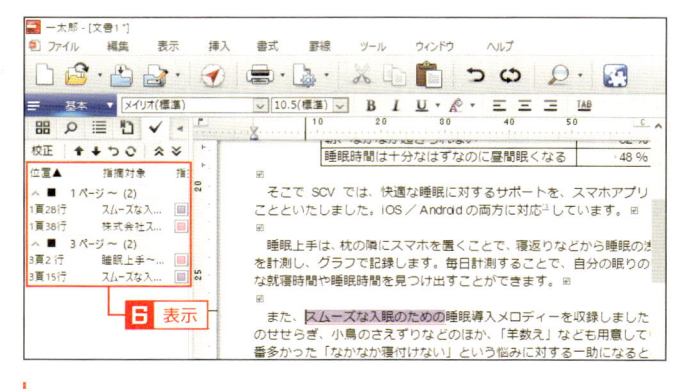

6 ジャンプパレットに指摘項目が表示されます。

> **MEMO** 指摘が多い場合、指摘を文書の先頭から順に並べたり、同じ種類で並べたりできます（詳細は 109 ページ）。

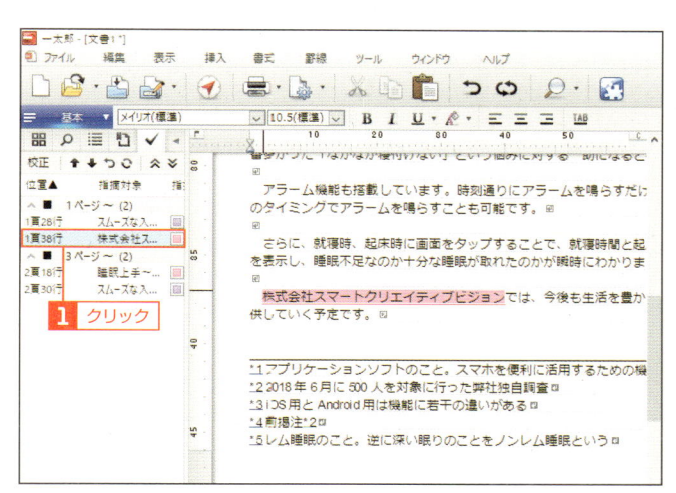

指摘個所を修正する

1 修正したい指摘個所をジャンプパレットでクリックします。

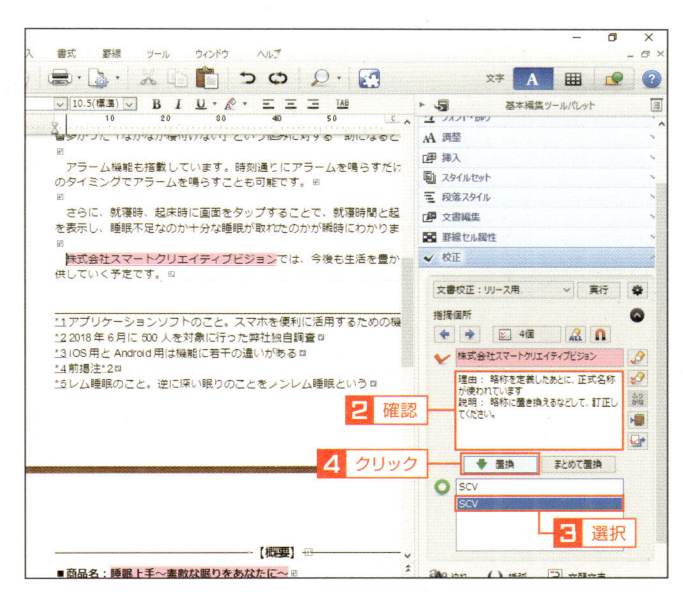

2 [文書校正]パレットで、指摘された理由を確認します。

3 置換候補を選択します。自分で入力することもできます。

4 ◆ 置換 をクリックします。

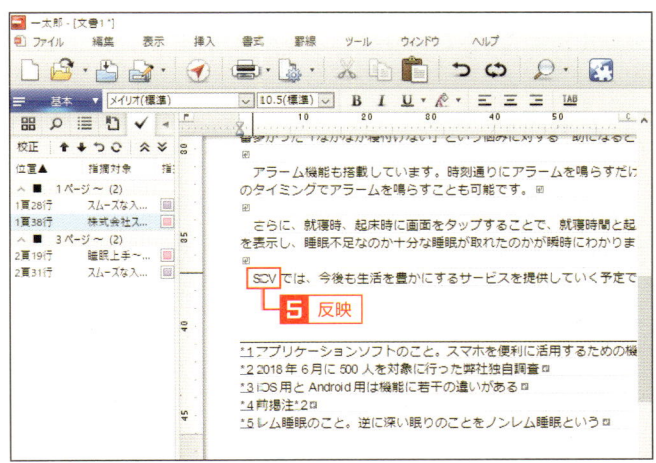

5 修正が反映され、単語が置き換えられました。略称を設定した以降に正式名称が出てきていたのを修正できました。

3-2 ドキュメントを検査する

文書に個人情報や隠しプロパティが含まれていないかをチェックします。外部に公開したり、メールなどで他者に渡したりする文書は、事前にチェックしておくと安心です。

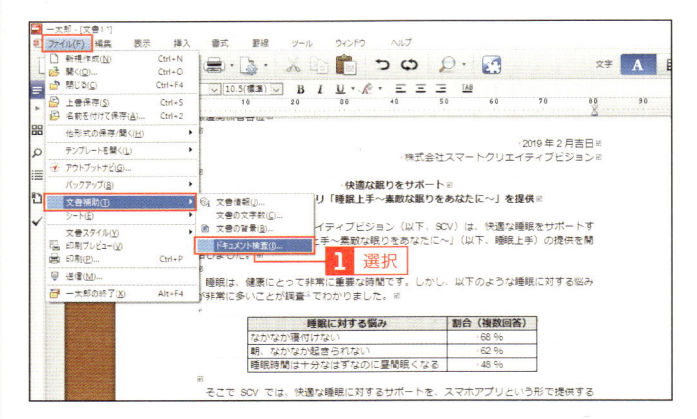

文書をチェックする

1 [ファイル－文書補助－ドキュメント検査]を選択します。

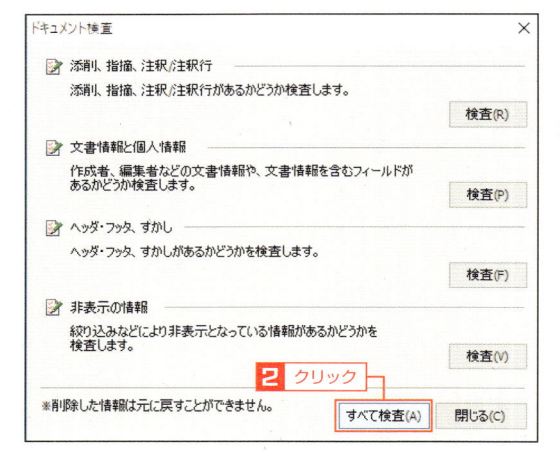

2 すべて検査 をクリックします。

> **MEMO**
> [ドキュメント検査]ダイアログボックスが開く前に現在の状態を保存するかどうかを確認するメッセージが表示されるので、念のため検査前のファイルを保存しておきましょう。

3 結果が表示されるので、削除や表示などの処理を実行します。

> **MEMO**
> [文書情報と個人情報]の削除を実行すると、以降、文書情報の「見出し」などが保存されなくなります。

工作教室のチラシを作ってみよう

アート文字やイラスト、レイアウト枠などを駆使して、親子工作教室のチラシを作ってみましょう。一太郎なら、ワープロソフトで作ったとは思えないような素敵なレイアウトのチラシを作成することができます。解説通りに作っていけば難しくありません。町内会のバザーの案内や学校行事の告知チラシなどにも応用できます。

チラシ

イラストを挿入

図形を描画

モジグラフィを挿入

部品を挿入

レイアウト枠を挿入

きまるフレームを
挿入

背景を設定

操作の流れ

1 文書スタイルを設定する
2 画面表示を整える
3 図形を描画する
4 背景を設定する

5 モジグラフィを挿入する
6 イラストや部品を挿入する
7 きまるフレームやレイアウト枠を挿入する

▼
完成

1 スタイルを設定して画面の表示を整える

この作品では、設定したスタイルを利用して文字を入力することはなく、図形やイラスト、アート文字やレイアウト枠などで構成します。そのため、スタイルの設定要素はごくわずかです。レイアウトが見やすいよう、改行マークや行間ラインを表示しない設定にします。

1-1 「文書スタイル」でスタイルを設定する

文書スタイルの設定は、標準で A4 単票・縦方向になっているので、それはそのままにします。ページ番号やヘッダ・フッタを付けない設定にし、余白をできるだけ少なくします。図形を用紙のフチまで配置するため、余白が少ないほうが図形が扱いやすいからです。

文書スタイルを設定する

1 ツールバーの [用紙や字数行数の設定（文書スタイル）] をクリックします。

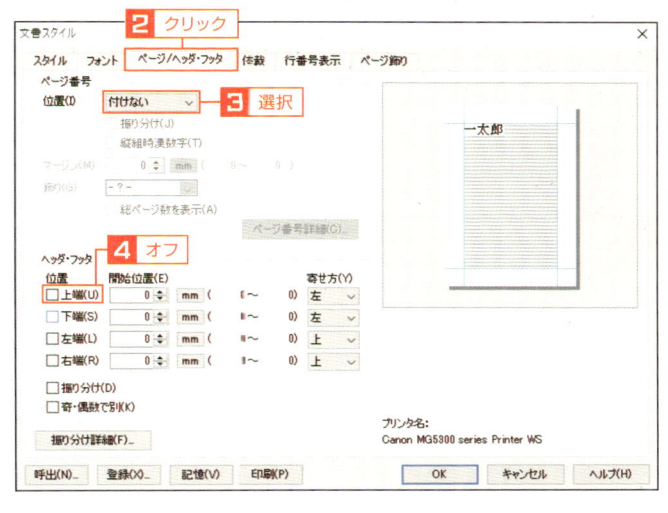

2 [文書スタイル]ダイアログボックスが開くので、[ページ /ヘッダ・フッタ] タブをクリックします。

3 [ページ番号]の [位置] で [付けない]を選択します。

4 [ヘッダ・フッタ] の [位置] でチェックがオンになっている [上端]のチェックをオフにします。

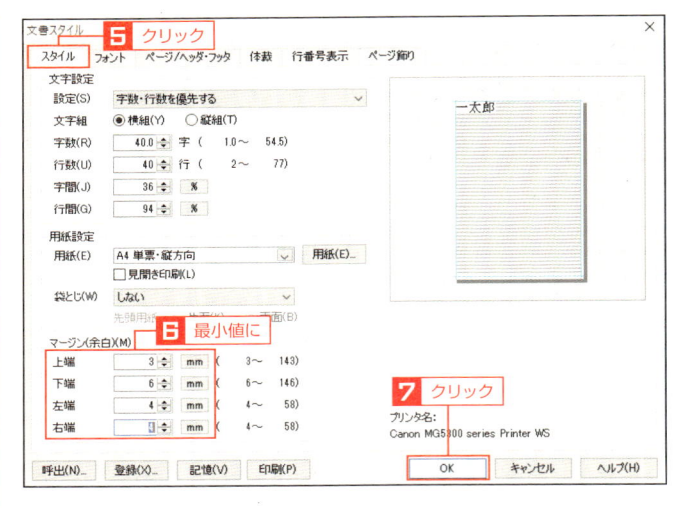

5 [スタイル]タブをクリックします。

6 [マージン(余白)]をすべて最小値にします。

7 OK をクリックします。

> **MEMO** 右にカッコ書きで記載されている左側の数字（設定できる最小の値）に設定します。この数字は、設定されているプリンターなどによって異なります。

> **MEMO** [スタイル] タブでは、[文字組] は [横組]、[用紙]は[A4 単票・縦方向]の初期設定であることを前提にしています。もし、初期設定を変更している場合は、[スタイル] タブで [横組]、[A4 単票・縦方向]に設定し直しておきましょう。

8 行間ラインをみると、余白が少なくなっていることが確認できます。

1-2 画面の表示を整える

通常の編集画面では、改行マークや行間ラインが表示されます。今回は、図形やイラスト、アート文字枠などをメインに配置するため、不要な表示はオフにしておきましょう。マージン部分にも図形を配置するので、マージンは表示する設定にします。

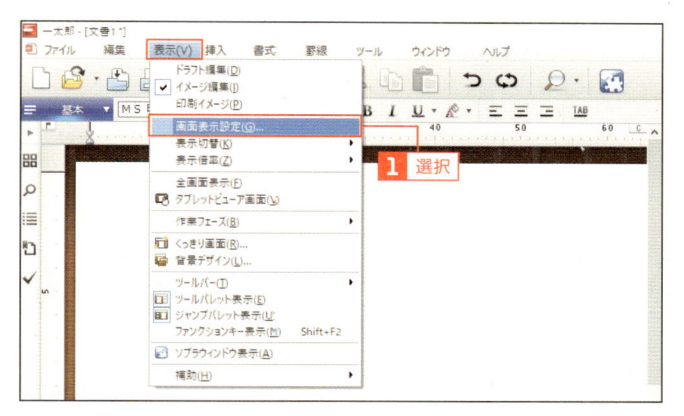

画面表示設定を変更する

1 [表示－画面表示設定]を選択します。

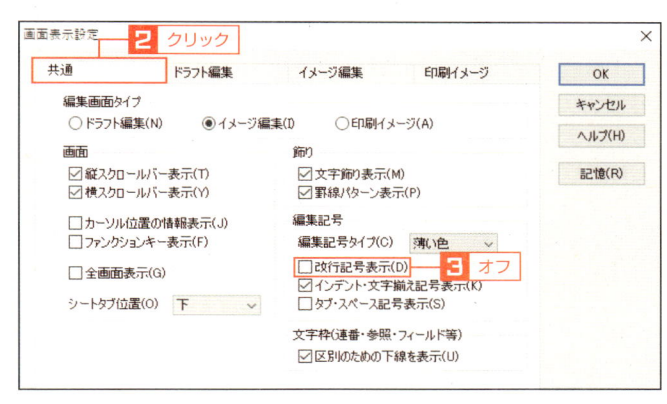

2 [共通]タブをクリックします。

3 [改行記号表示]のチェックをオフにします。

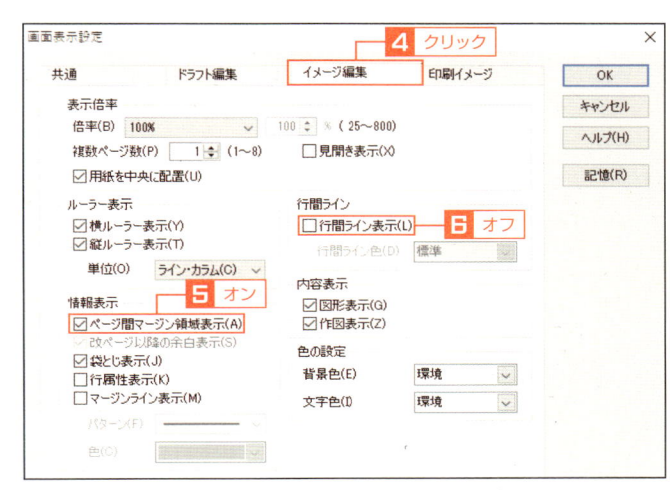

4 [イメージ編集]タブをクリックします。

5 [ページ間マージン領域表示]のチェックをオンにします。

6 [行間ライン表示]のチェックをオフにします。

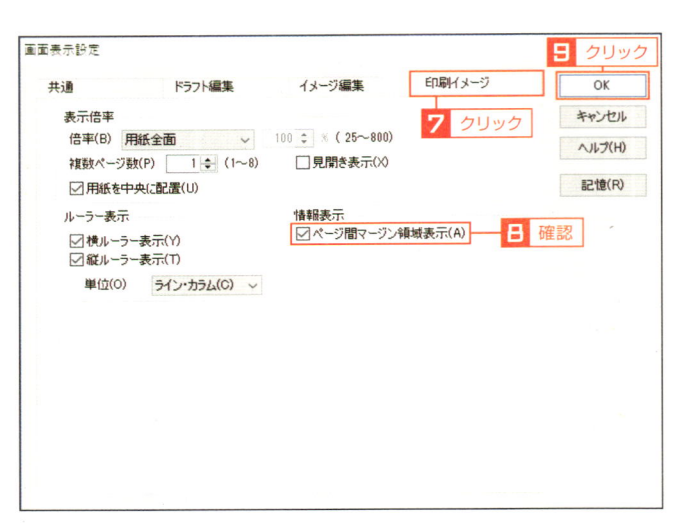

7 [印刷イメージ]タブをクリック
します。

8 [ページ間マージン領域表示]の
チェックがオンになっているこ
とを確認します。

9 OK をクリックします。

10 改行マークや行間ラインが非表
示になりました。

10 余分な表示が消えた

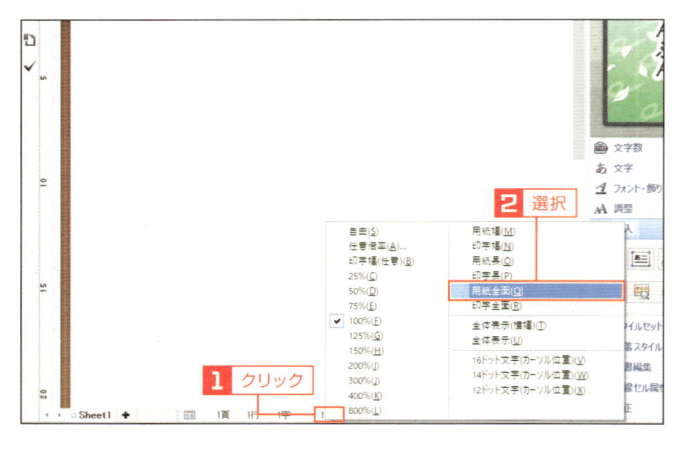

倍率を変更する

1 [表示倍率]のボタンをクリック
します。

2 [用紙全面]を選択します。

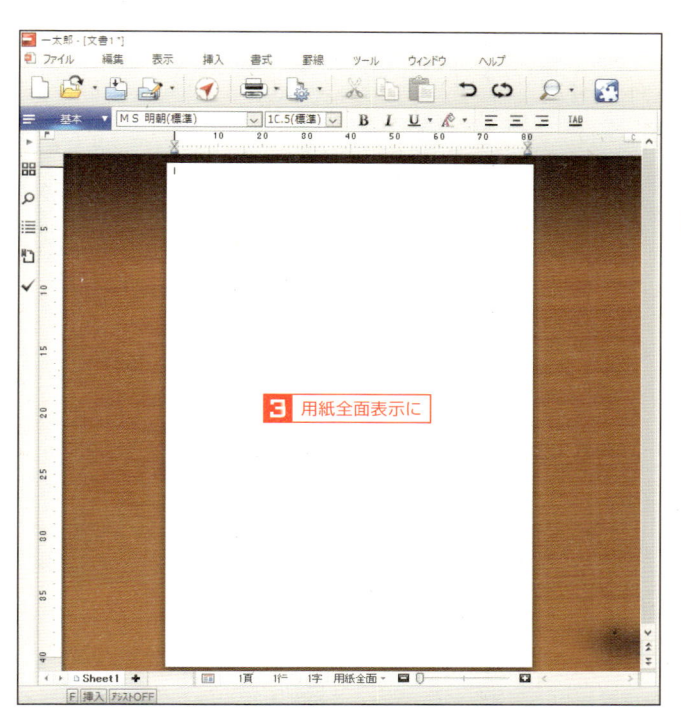

3 用紙全面が表示されます。これで全体が見渡せるようになりました。

 MEMO　細かい部分を確認したいときには拡大率を上げ、全体のバランスを確認したいときには用紙全面にするなど、そのときに応じて最適な表示倍率に切り替えましょう。

3 用紙全面表示に

HINT　編集画面タイプを切り替える

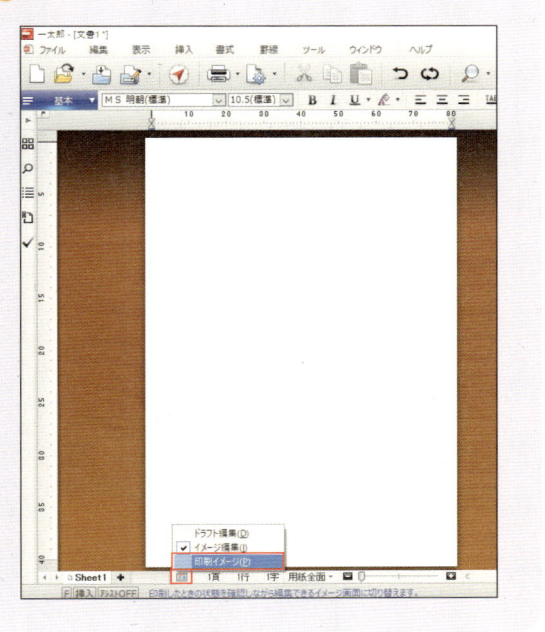

[編集画面タイプ切替] をクリックし、[印刷イメージ]を選択すると、枠線や改行マークが非表示となり、より完成に近いイメージを確認できます。この画面では編集が可能です。

Columun

狭い画面でも縦方向をできるだけ広く使いたい

一太郎オーダーメイドでツールバーを縦に配置したり、コマンドバーやルーラーを非表示にしたりして用紙部分を多く表示することができます。

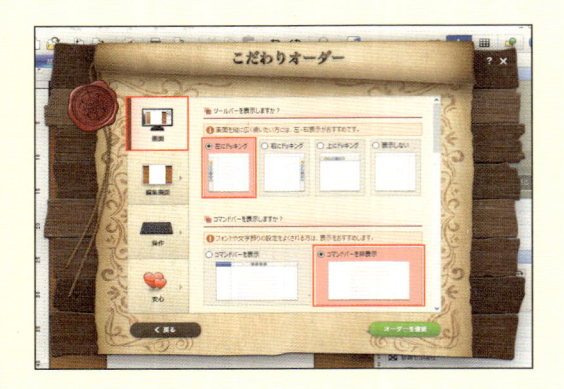

[ツール－オーダーメイド] を選択し、[こだわりオーダー] の [画面] タブでツールバーを左または右にドッキング、コマンドバーを非表示にします。

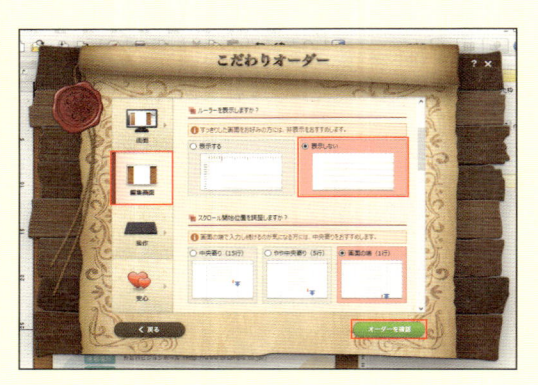

[編集画面] でルーラーを非表示に変更し、[オーダーを確認] をクリックします。次の画面で [オーダーする] をクリックします。さらにその次の画面で [OK] をクリックします。

縦方向の表示領域が広がります。
ただし、コマンドバーを非表示にすると、センタリングやボールドなど、よく使うコマンドをコマンドバーから操作できなくなります（メニューバーやツールパレットからは操作できます）。前の状態に戻したい場合は、オーダーメイド画面を開き、[初回起動時の設定に戻す] をクリックします。

2 図形と背景でベースデザインを作る

簡易作図機能を使って図形を描きます。簡易作図では、線や四角形、円だけでなく直方体や吹き出し図形など、用意されたテンプレート図形を描くこともできます。ここでは、長方形を3つ描いてチラシのベースデザインとして利用します。

2-1 図形で長方形のバーを描く

簡易作図で図形を描画するには、まずモードを切り替えます。描いた図形は、あとから大きさや位置、角度を自由に変更することができます。描画が終わったら、文字入力モードに戻しておきましょう。移動やサイズ変更は、文字入力モードでも可能です。

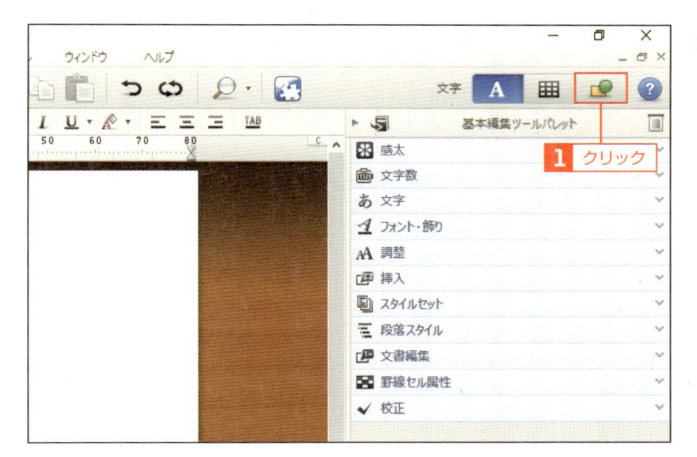

長方形を描く

1 ツールバーの ［簡易作図開始/終了]をクリックします。

2 簡易作図モードになります。□[長方形]の □[長方形 （角あり)]を選択します。

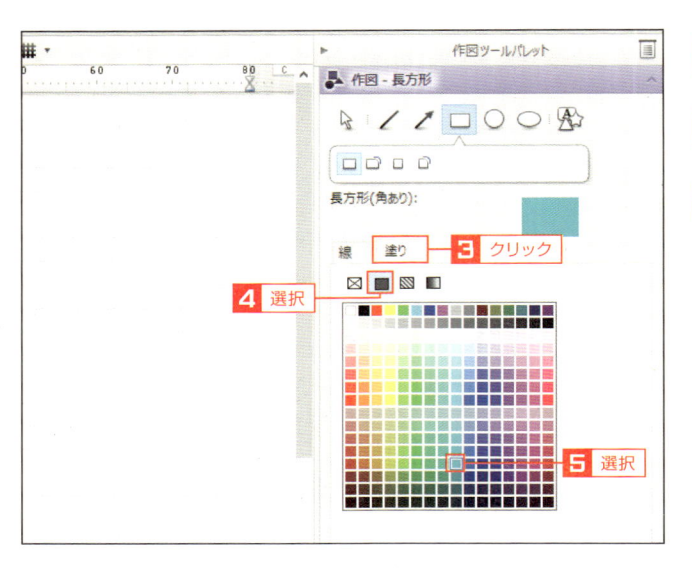

3 [塗り]タブをクリックします。

4 ■ [色]を選択します。

5 カラーパレットから色を選択します。ここでは背景にマッチするエメラルドグリーン系の色を選択しています。

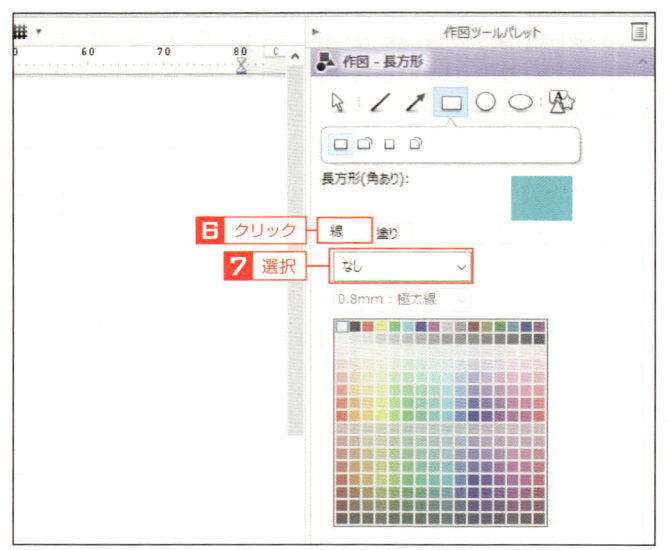

6 [線]タブをクリックします。

7 [なし]を選択します。

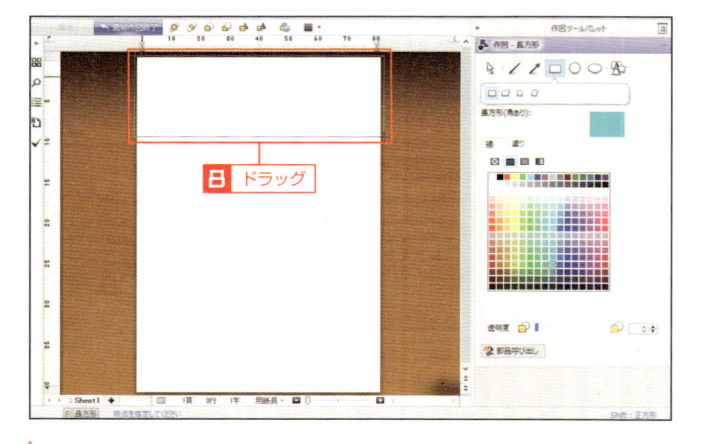

8 描きたい大きさをドラッグします。

9 長方形が描けました。

9 描けた

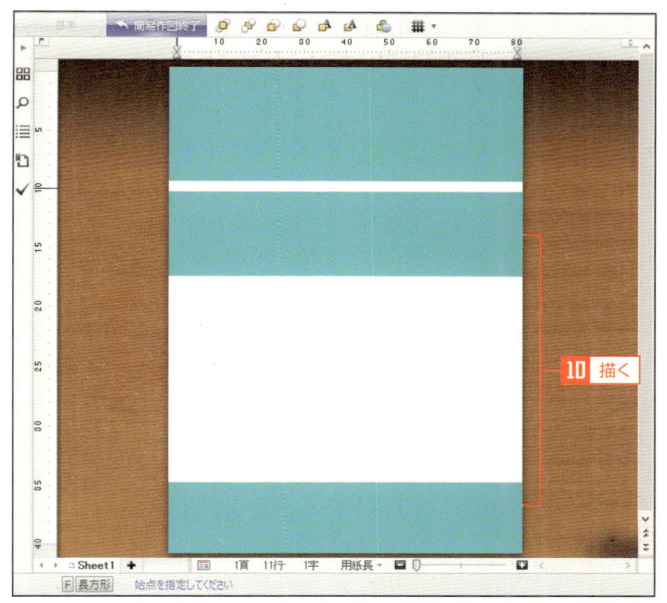

10 同じようにあと2つの長方形
を描きます。

MEMO 描いた長方形を選択し、Ctrl キーを押
しながらドラッグしてコピーしてもか
まいません。

10 描く

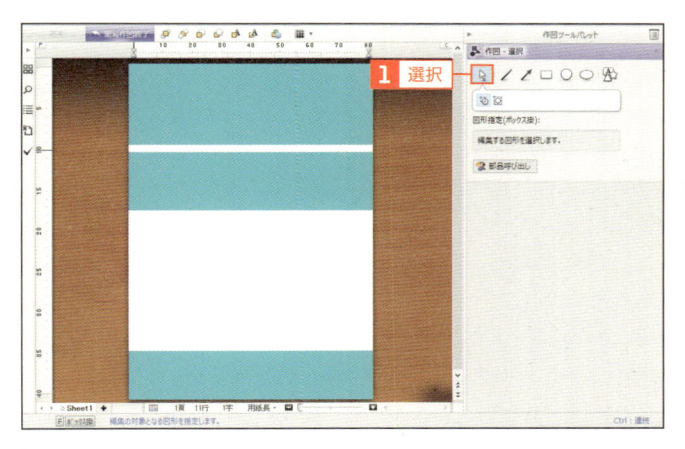

1 選択

図形を回転する

1 ⊳ [選択]を選択します。

MEMO 図形が1つの場合は ⌖ [図形指定
（ボックス掛）]、⌖ [図形指定（ボック
ス囲）] のどちらが選ばれていてもかま
いません。

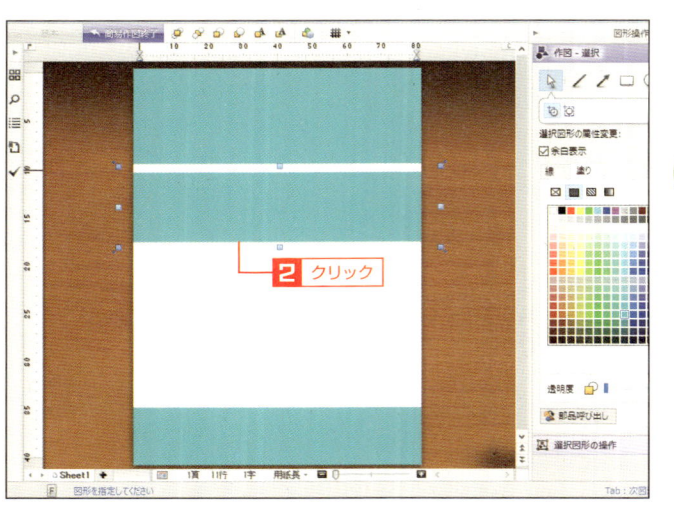

2 図形をクリックすると、選択状態になります。

> MEMO 文字入力モードでも図形をクリックして選択することができます。

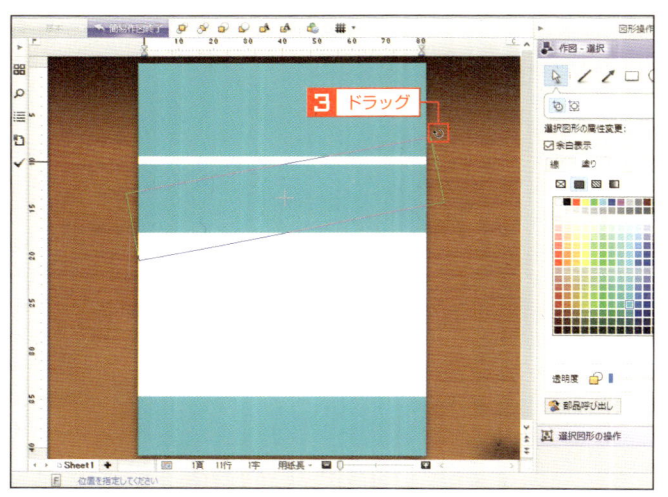

3 図形の四隅の●をドラッグすると、回転できます。ここでは、右上の●を反時計回りにドラッグしています。

4 長方形が右肩上がりに傾きました。

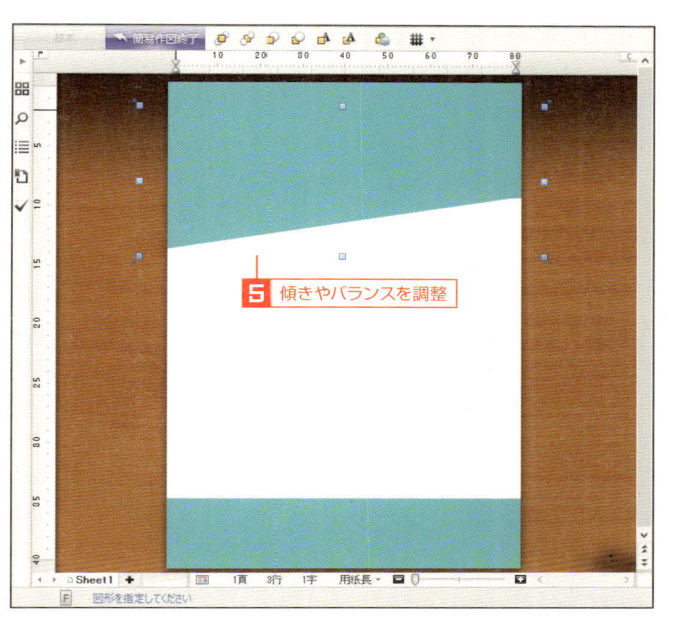

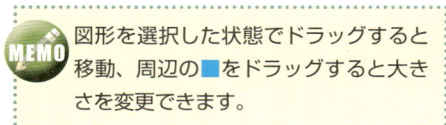

5 先に描いた長方形に重ね、傾きや大きさを調整して全体のバランスを整えます。

MEMO 図形を選択した状態でドラッグすると移動、周辺の■をドラッグすると大きさを変更できます。

5 傾きやバランスを調整

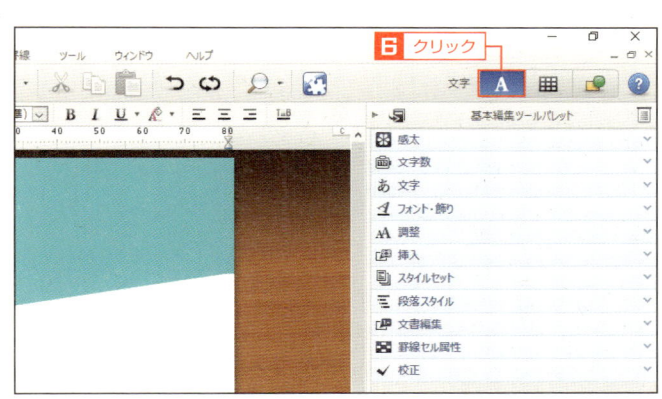

6 図形を描き終わったらツールバーの **A** [文字入力] をクリックして文字入力モードに戻しておきます。

MEMO 画面上部の [簡易作図終了] をクリックしても、文字入力モードに戻ります。

6 クリック

HINT 図形が思い通りに移動しない場合は

用紙の余白部分では図形をつかみづらいことがあります。文書内でつかむようにしましょう。そのため、図形をフチまで配置する場合は、図形を扱いやすくするため、余白はできるだけ少なくしておきましょう。

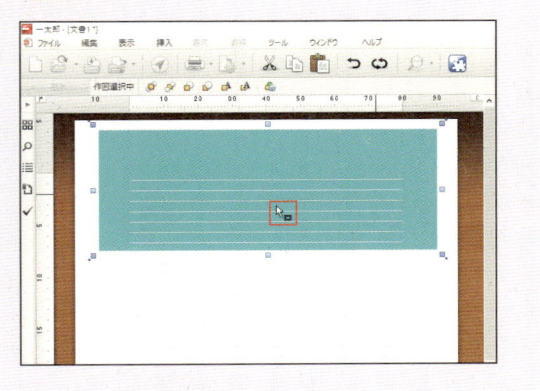

2-2 文書に背景を設定する

アート文字やイラストなどを挿入する前に、文書全体に背景を設定しておきましょう。先に設定しておくことで、出来上がりをイメージしやすくなります。内容を作っていく段階で、別の背景を試してみるのもいいでしょう。

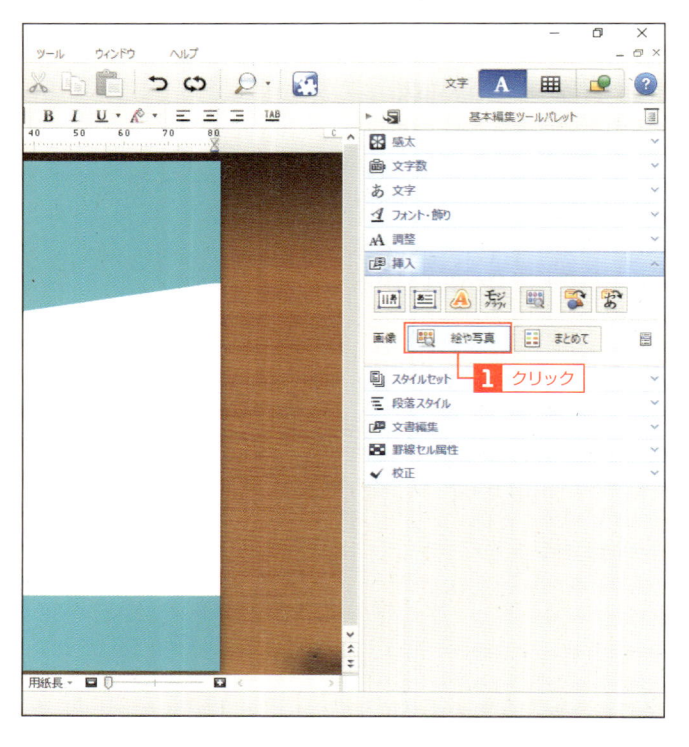

用紙の背景を設定する

1 [挿入]パレットの [絵や写真] [絵や写真の挿入] をクリックします。

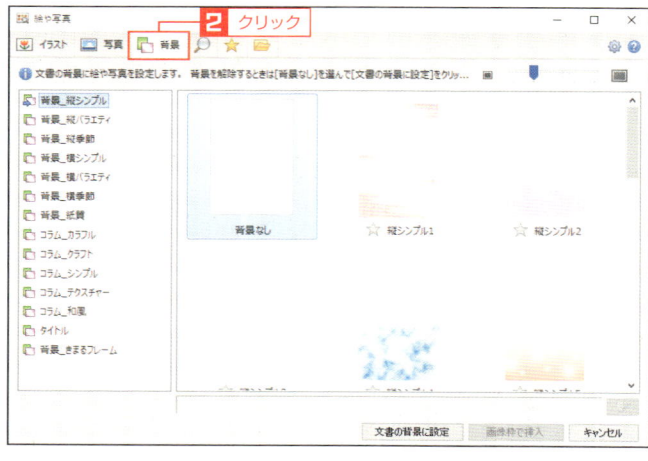

2 「絵や写真」ダイアログボックスが開くので、[背景] タブをクリックします。

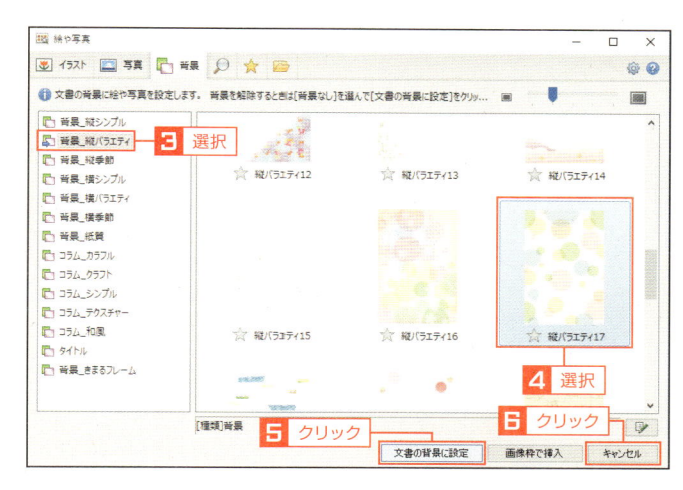

3 [背景_縦バラエティ] を選択します。

4 背景を選択します。ここでは [縦バラエティ 17] を選択しています。

5 [文書の背景に設定] をクリックします。

6 [キャンセル] をクリックします。

MEMO 気に入った背景は、☆をクリックして★にしてお気に入りに登録できます。[お気に入り] タブをクリックすれば、登録したアイテムが表示されます。

7 文書に背景が設定されました。

HINT 背景を違うパターンに変更したい、解除したいというときは

設定した背景をやめたい、別のパターンに変更したい場合は、手順 1 ～ 7 の操作をもう一度実行します。設定した背景をやめたい場合は、手順 4 で [背景なし] を選択します。

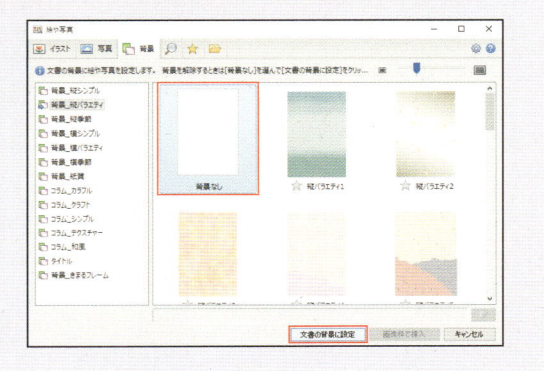

3 モジグラフィでタイトル文字を作る

アート文字が簡単に作成できる「モジグラフィ」機能を使って、タイトル文字を作ってみましょう。「モジグラフィ」は、一文字一文字違ったアレンジができるので、ポスターやチラシのタイトルなどに利用すると、オリジナリティの高い作品が作成できます。

3-1 モジグラフィでアート文字を入力する

挿入するタイトルとして適したサンプルを選び、文字を入力します。横書き／縦書き、行書体／ポップな書体、ランダムな傾きや揺らぎ、1文字ずつ色を変えてあるものなど、さまざまなデザインを施したサンプルが豊富に用意されています。

モジグラフィを挿入する

1 描いた図形の外にカーソルを置きます。

2 [挿入] パレットの [モジグラフィ]をクリックします。

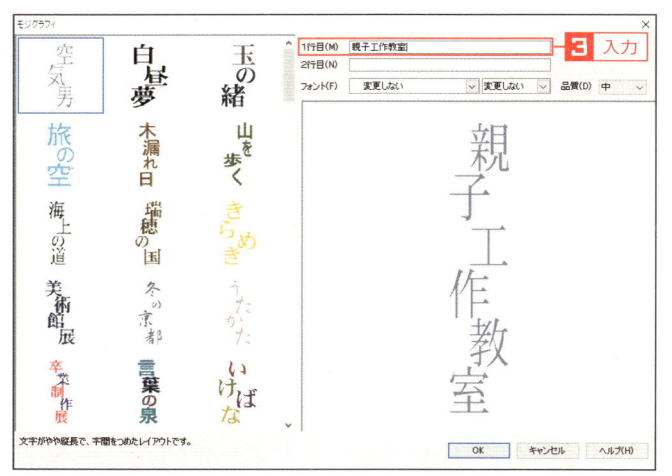

3 [モジグラフィ]ダイアログボックスの[1行目]に文字を入力します。ここでは「親子工作教室」と入力します。

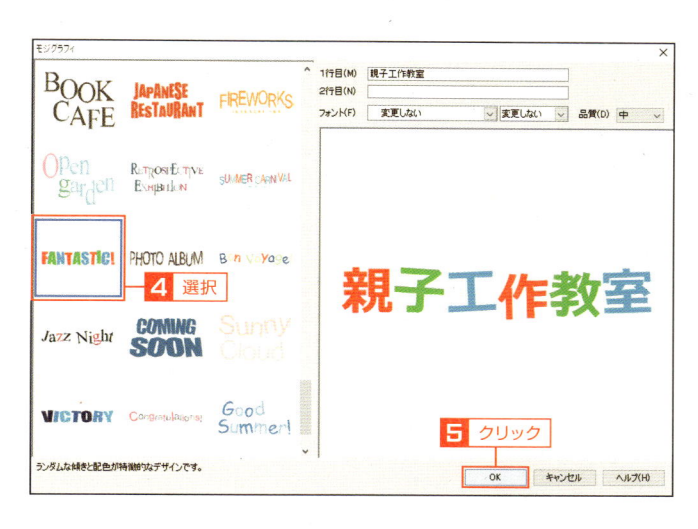

4 サンプルからイメージに近いデザインを選択します。ここでは、ランダムに色が付いているものを選んでいます。

5 OK をクリックします。

HINT フォントの種類や色も設定できる

[モジグラフィ] ダイアログボックスでは、フォントの種類や色も変更できます。サンプルを選んだあと、好みのフォントの種類や色を選びます。

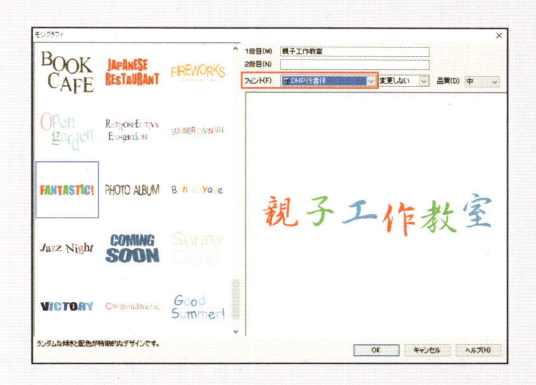

●フォントの種類を変更する

フォントを変更すると、プレビュー画面に即座に反映されます。

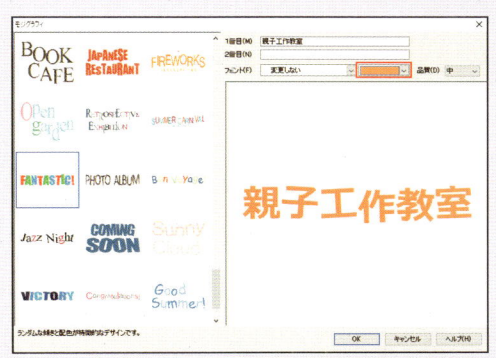

●フォントの色を変更する

色もすぐに反映されます。文字に複数の色が使われているサンプルで色を変更すると、すべての文字が選んだ色になります。1文字ずつ色を変えたい場合は、モジグラフィを挿入後、文字の合成が解除された状態でそれぞれの文字で色を変更します。

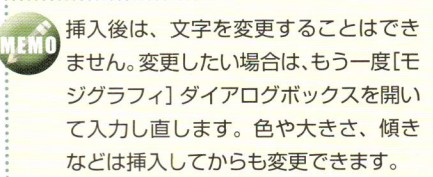

6 モジグラフィが挿入されます。

MEMO 挿入後は、文字を変更することはできません。変更したい場合は、もう一度[モジグラフィ]ダイアログボックスを開いて入力し直します。色や大きさ、傾きなどは挿入してからも変更できます。

モジグラフィを合成する

1 モジグラフィが選択された状態で[選択図形の操作]パレットの[図形合成（合成）]をクリックします。

HINT **選択を解除してしまった場合**

モジグラフィを挿入後、モジグラフィ以外の場所をクリックすると選択が解除されます。選択を解除してしまうと、1文字ずつしか選択できなくなります。その場合はまず任意の1文字選択し、[Ctrl]キーを押しながら残りの文字を1つずつ選択していき、[図形合成（合成）]をクリックして合成します。

3-2 モジグラフィをアレンジする

挿入したモジグラフィは、図形データとして扱えるようになります。平体や長体にしたり傾けたり、透明度を設定したりと、個別にアレンジできます。文字列をまとめて調整したい場合は、図形を合成（グループ化）してひとまとまりで扱えるようにします。文字を個別にアレンジしたい場合は、図形の合成を解除します。

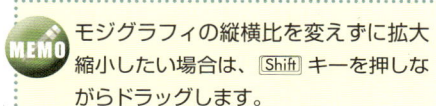

大きさと位置を調整する

1 モジグラフィをクリックして選択します。

2 モジグラフィをドラッグして位置を、周辺の■をドラッグして全体の大きさを調整します。

> **MEMO** モジグラフィの縦横比を変えずに拡大縮小したい場合は、Shift キーを押しながらドラッグします。

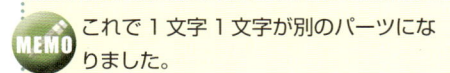

3 大きさと位置がおおよそ決まったら[選択図形の操作]パレットで [図形合成（解除）]をクリックします。

> **MEMO** これで1文字1文字が別のパーツになりました。

各文字の色を変更して枠線を付ける

1 いったん別の場所をクリックします。

2 アレンジしたい文字をクリックします。ここでは「親」をクリックしています。

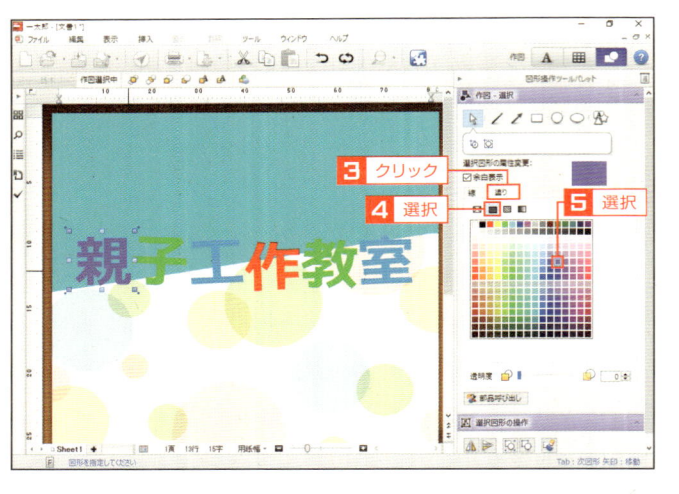

3 [塗り]タブをクリックします。

4 ■[色]を選択します。

5 カラーパレットから色を選択します。ここでは紫色を選択しています。

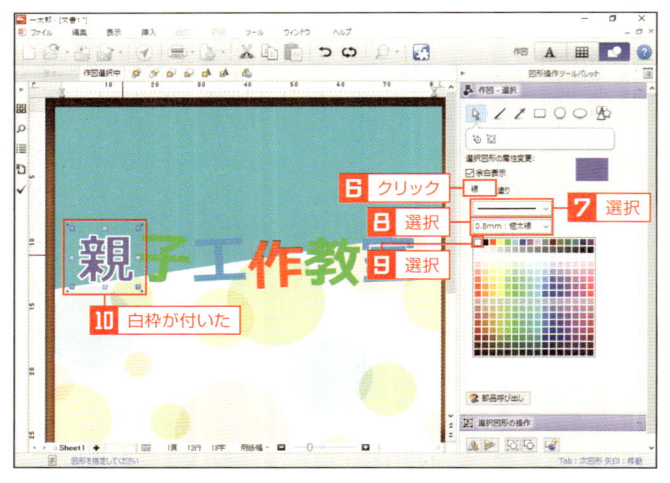

6 [線]タブをクリックします。

7 実線を選択します。

8 [0.8mm：極太線]を選択します。

9 カラーパレットから[白]を選択します。

10 白の枠線が付きました。文字が背景に同化せず、視認性がよくなります。

11 「工作」以外の文字も同様に、色を変更して枠線を付けます。

MEMO 156 ページの作例を参考に、色や傾きを設定しましょう。図形と同様、文字を選択した状態でドラッグすると移動、周辺の■をドラッグすると拡大縮小、四隅の●をドラッグすると、傾きを変えられます。

 **HINT** 透明度や塗りつぶしのパターンも設定できる

モジグラフィは図形として扱われるため、図形と同様に透明度を設定したり、塗りつぶしのパターンやグラデーションを設定したりできます。

●透明度を設定する

[塗り] タブを選択し、カラーパレットから色を選択します。[透明度] のスライダーを右にドラッグすると、透明度の設定が可能です。

●パターンやグラデーションを設定する

[塗り] タブで [パターン] または [グラデーション] を選択し、パターンを選びます。

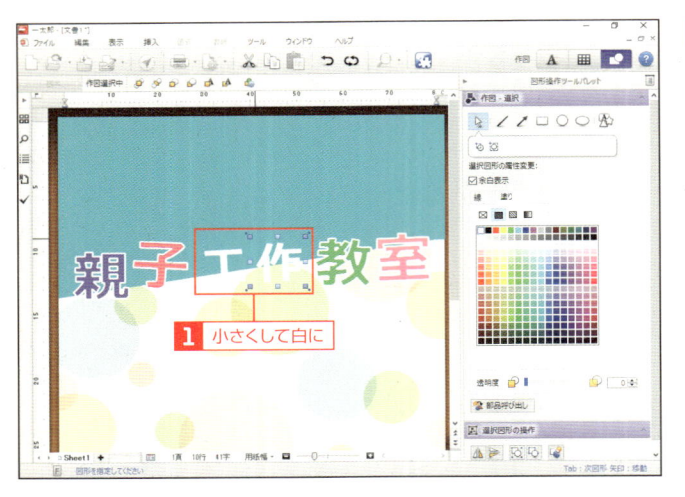

円の中に文字を入れる

1 「工」と「作」は文字を少し小さくし、塗り色を白に変更します。

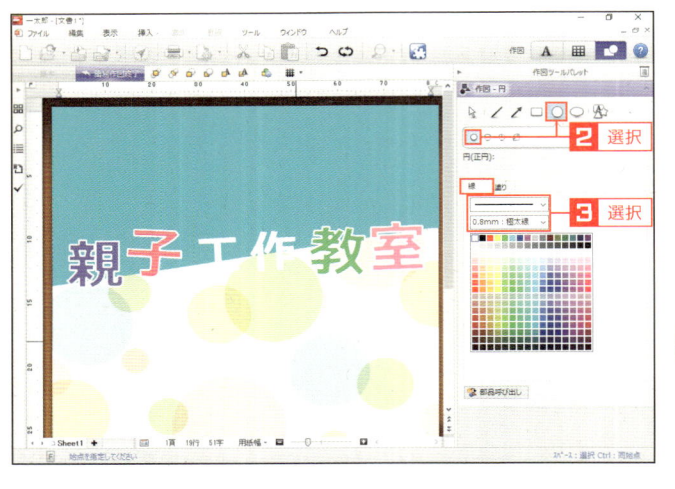

2 文字が選択されていない状態で、[作図] パレットの ○ [円] の ○ [円（正円）]を選択します。

3 [線]タブで先ほどと同じ白い実線 [0.8mm：極太線] を選択します。

> **MEMO** 簡易作図モードが解除されてしまっていたら、ツールバーの 🖱 [簡易作図開始 /終了] をクリックして、簡易作図モードにします。

4 [塗り] タブで色を選択します。ここではオレンジ色を選択しています。

5 文字の中心から外に向けてドラッグします。

> **MEMO** ここでは多少ずれていてもかまいません。あとから修正できます。

6 円が描けます。

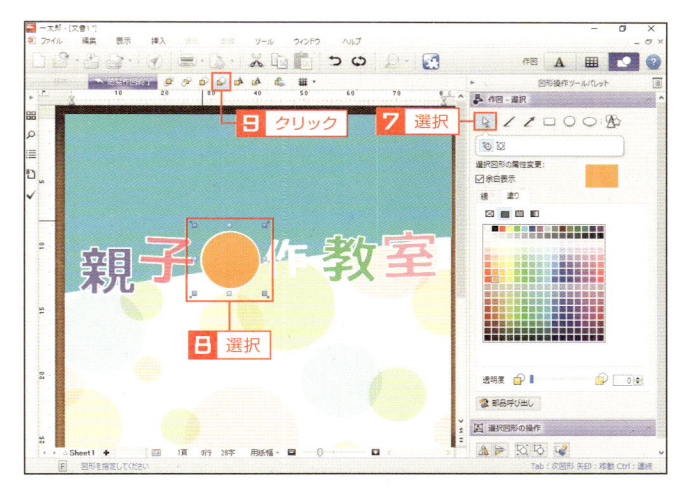

7 [作図]パレットの [選択]を選択します。

8 描いた円をクリックして選択します。

9 コマンドバーの [1つ下]を何度かクリックします。

10 下に隠れていた文字が現れた時点でクリックを停止します。

11 円と、円の中の文字の大きさや位置を整えます。

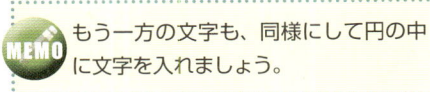
もう一方の文字も、同様にして円の中に文字を入れましょう。

円と文字を合成する

1 文字と円のバランスが整ったら、文字をクリックして選択します。

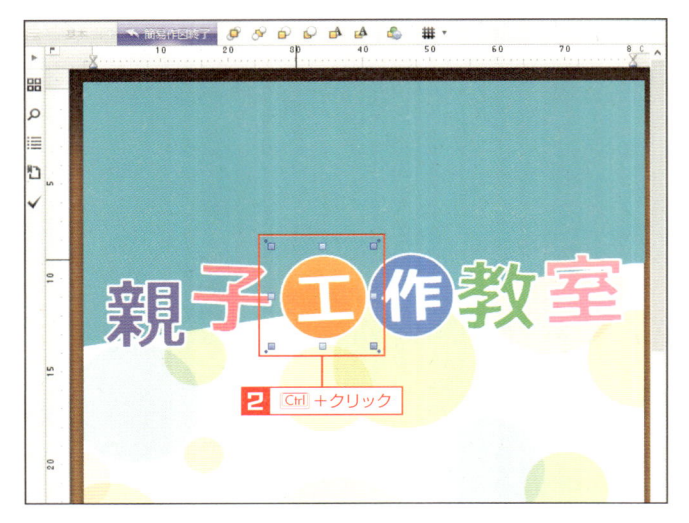

2 Ctrl キーを押したまま円をクリックします。

3 ［選択図形の操作］パレットの
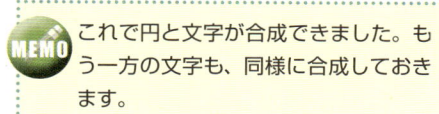［図形合成（合成）］をクリックします。

> **MEMO** これで円と文字が合成できました。もう一方の文字も、同様に合成しておきます。

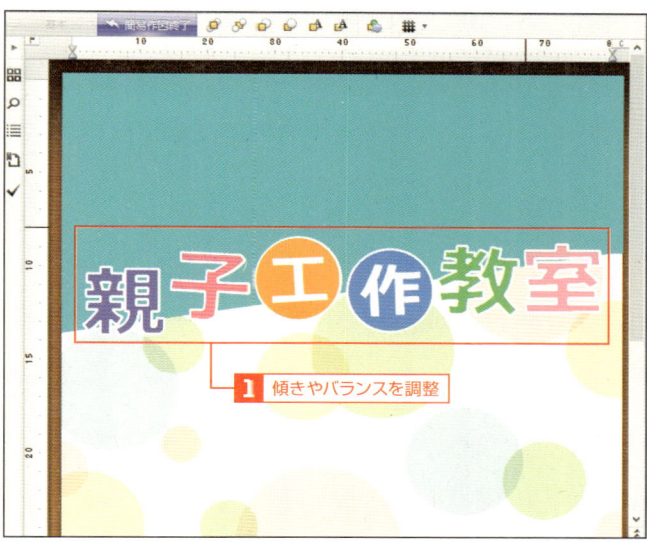

1 傾きやバランスを調整

文字のバランスを整えて合成する

1 それぞれの文字列の傾きや大きさを調整し、「親子工作教室」という文字列のバランスを整えます。

2 クリック

2 「親」をクリックして選択します。

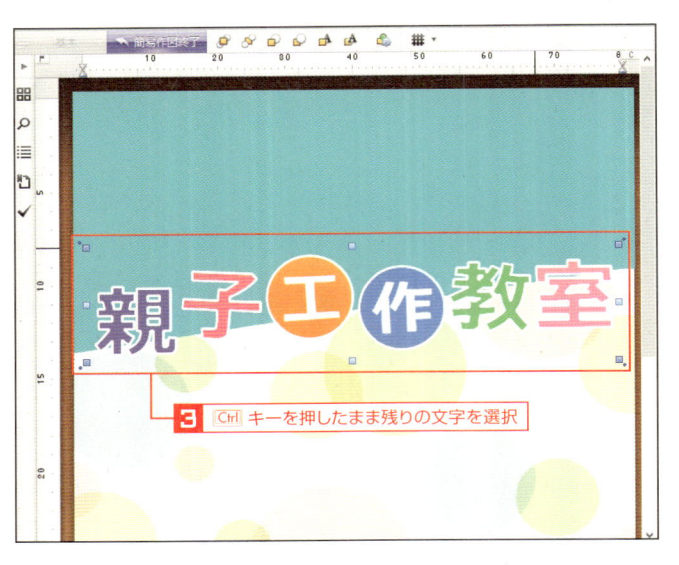

③ Ctrl キーを押したまま、残りの文字を 1 つずつ選択していきます。

④ [選択図形の操作] パレットの [図形合成 (合成)] をクリックします。

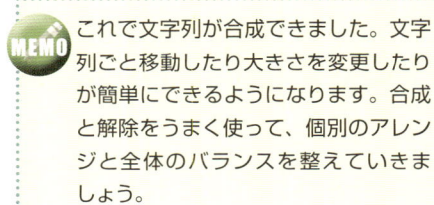

MEMO これで文字列が合成できました。文字列ごと移動したり大きさを変更したりが簡単にできるようになります。合成と解除をうまく使って、個別のアレンジと全体のバランスを整えていきましょう。

⑤ 「春休み」の文字列も、これまでの操作と同様にしてモジグラフィで作成しておきましょう。

POP文字を挿入する

アート文字には、モジグラフィのほかに「POP文字」があります。POP文字は図形ではなく、文字扱いとなります。豊富なテンプレートから選択するだけでなく、それをベースにしてフチ取りや影などの効果を細かく調整することができます。

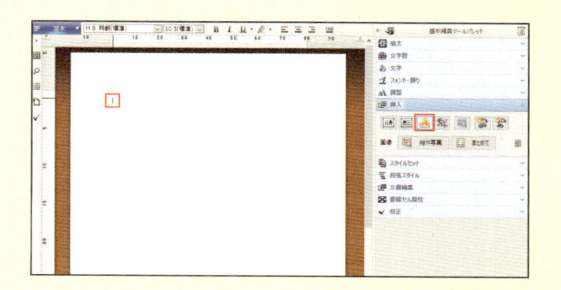

POP文字を挿入したい位置にカーソルを置いて、[挿入]パレットの [POP文字を作成]をクリックします。

POP文字パレットが表示されるので、文字を入力します。そして、サンプルの一覧から使用したいデザインを選択します。

> **MEMO** 入力した文字は即座に確認できます。また、パレットを開いたままでも枠の移動や大きさを調整できます。

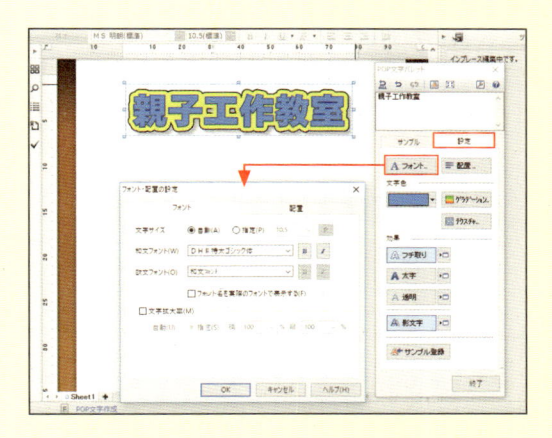

[設定] タブでは、フォントや配置、色、フチ取りや影文字などの効果を設定できます。

> **MEMO** 枠の周辺をドラッグすると大きさを調整できます。Ctrl キーを押しながらドラッグすると、枠の縦横の比率を自由にサイズ変更することができます。挿入したPOP文字を編集したい場合は、POP文字枠をダブルクリックします。POP文字に枠飾りを付けたい場合は、196ページのレイアウト枠への枠飾り追加と同様の操作で可能です。

4 イラストや部品を挿入する

イラストや部品を挿入して、内容のイメージが伝わりやすく華やかなチラシにしましょう。自由な位置に配置するために、枠の基準を変更するのがポイントです。「イラスト」と「部品」の扱いの違いについても理解しておきましょう。

4-1 イラストを挿入する

用紙右上に桜のイラストを挿入します。「イラスト」は、画像枠の基準の変更と、移動方法がポイントです。

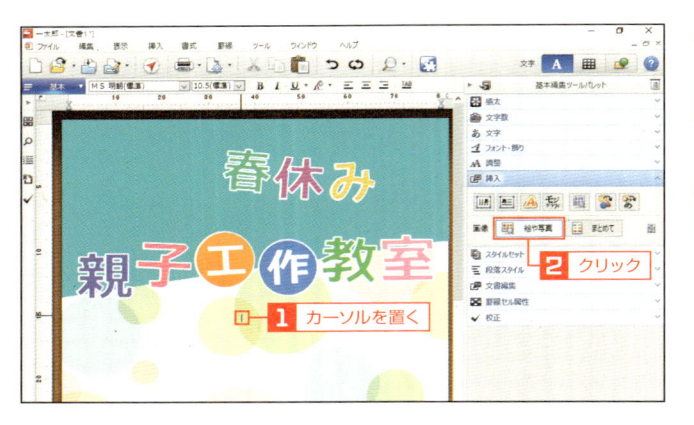

イラストを挿入する

1 図形などが何もないところにカーソルを置きます。

2 [挿入]パレットの [絵や写真] [絵や写真の挿入] をクリックします。

3 [絵や写真]ダイアログボックスの[イラスト]タブを選択します。

4 左側でイラストの分類を選択します。ここでは [きまるフレーム]を選択しています。

5 右側で挿入したいイラストを選択します。ここでは [4月_1] を選択しています。

6 挿入 をクリックします。

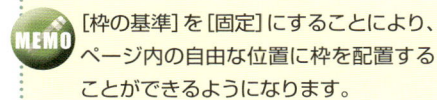

枠の基準を変更する

1 イラストが挿入されます。

2 [枠操作]パレットの[枠の基準]で[固定]を選択します。

> **MEMO** [枠の基準]を[固定]にすることにより、ページ内の自由な位置に枠を配置することができるようになります。

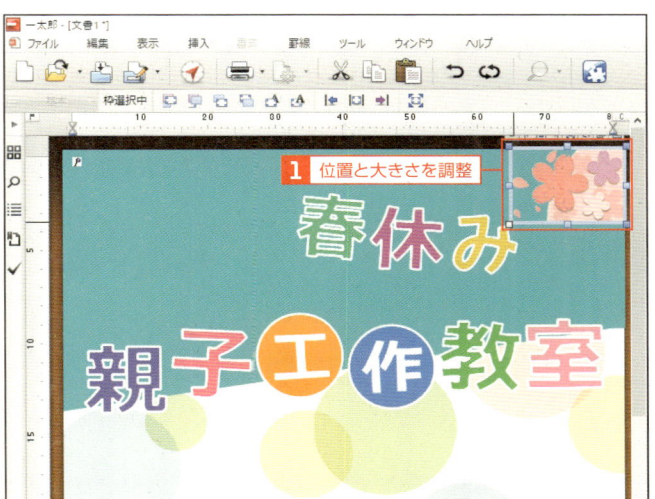

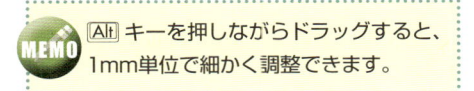

位置と大きさを調整する

1 枠をドラッグして右上端に移動します。周囲の■をドラッグして大きさを調整します。

> **MEMO** Alt キーを押しながらドラッグすると、1mm単位で細かく調整できます。

2 右上の家族のイラストも、同様の手順で入れておきましょう。[イラスト]の[人物]タブの中にあります。

> **MEMO** いったん選択を解除したあとに再度大きさや位置を変更したい場合は、図形などが選択されていない状態で、イラスト枠の枠線をクリックすると選択できます。

Columun

写真を挿入する

写真の挿入は、イラストの挿入と手順はよく似ています。データサイズが大きい場合はデータを縮小したり、不要な部分があればトリミングしたりして、写真を効果的に使いましょう。

●写真を挿入する

[挿入] パレットの 絵や写真 [絵や写真の挿入] をクリックし、[絵や写真] ダイアログボックスの [写真] タブから写真を選択して挿入します。

> **MEMO** [フォルダーから] を選択すると、手持ちの写真を挿入することもできます。枠を自由な位置に配置したい場合は、イラスト枠と同様、[枠の基準]を[固定]にします。

●写真のデータサイズを縮小する

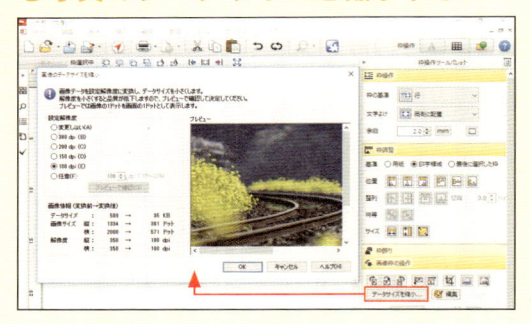

[画像枠の操作]パレットの データサイズを縮小 をクリックし、解像度を設定します。画質が低下したと感じた場合は ↺ [取り消し] をクリックして操作前の状態に戻し、解像度を高めに設定し直します。

●写真をトリミングする

[画像枠の操作] パレットの [トリミング] をクリックし、表示したい範囲を設定します。

●写真に説明文を付ける

[画像枠の操作] パレットの [説明文] か
ら位置を選択し、写真に付けたい説明
文を入力します。

●写真を型抜きする

[画像の型抜き] パレットで、型を選択
します。

●写真に効果を付ける

[画像枠の操作] パレットの [写真
フィルター] をクリックし、イメージ
に合った効果を選択します。セピアや
モノクロにすることもできます。

4-2 部品を挿入する

一太郎には、ワンポイントとなるイラストが「部品」として用意されています。イラストが画像枠として扱われるのと異なり、部品は「図形」として扱われます。そのため、複数パーツで構成されている部品は、個別に大きさや傾きを変化させることもできます。

部品を挿入する

1 部品を挿入したい位置にカーソルを置きます。

2 [挿入]パレットの 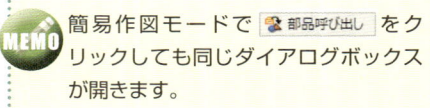 [部品の呼び出し]をクリックします。

> **MEMO** 簡易作図モードで「部品呼び出し」をクリックしても同じダイアログボックスが開きます。

3 [部品]ダイアログボックスが開くので、[キーワードで部品を検索]にキーワードを入力します。ここでは「文房具」と入力しています。

4 検索実行(E) をクリックします。

5 検索結果が一覧に表示されるので、挿入したい部品をクリックします。ここでは、「クレヨン2」を選択しています。

6 部品が挿入されます。

> **MEMO** 部品は図形扱いなので、いったん何もないところでクリックして再度部品をクリックすると、個別のパーツに分かれることがあります。合成が解除されてしまった場合は、172ページの要領で合成しておきましょう。部品をドラッグして移動、周辺の■をドラッグしてサイズを調整しておきましょう。四隅の●をドラッグすると角度が変えられます。

その他の部品も挿入する

1 ほかの部品も挿入しておきましょう。同じ文房具の中の「定規」「はさみ」「コンパス」を挿入しています。

> **MEMO** 連続して部品を挿入する場合は、いったん何もないところでクリックして前の部品の選択を解除しておきます。選択したまま新しい部品を選択すると、部品が入れ替わります。

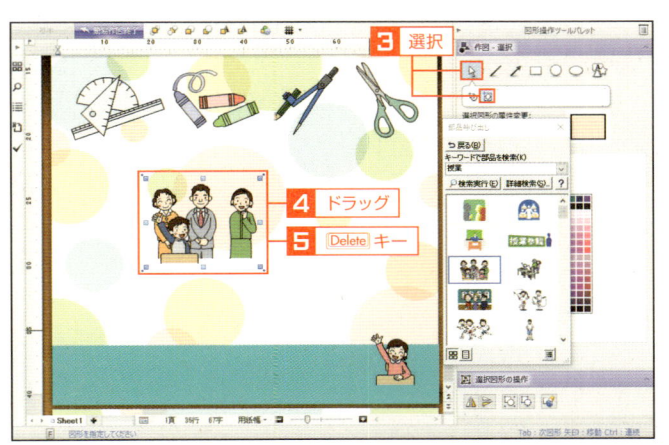

2 右下の子どもは「授業－授業参観1」の中の女の子のパーツのみを使用しています。いったん何もないところでクリックして個別のパーツを選択できる状態にし、女の子のパーツのみ取り出します。

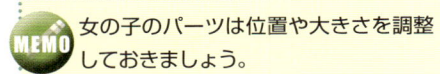

3 [選択－ボックス囲]を選択します。

4 不要な部品を囲むようにドラッグします。

5 部品が選択されるので、[Delete]キーで削除します。

> **MEMO** 女の子のパーツは位置や大きさを調整しておきましょう。

図形で吹き出しを描く

1 「春休み」の文字を図形のない部分に移動しておきます。

2 [テンプレート図形−楕円吹き出し]を選択します。[線]や[塗り]で好きな色を選択します。

> MEMO ほかの図形があると、これから描く吹き出しとの上下関係や合成の作業がしづらいため移動しておきます。

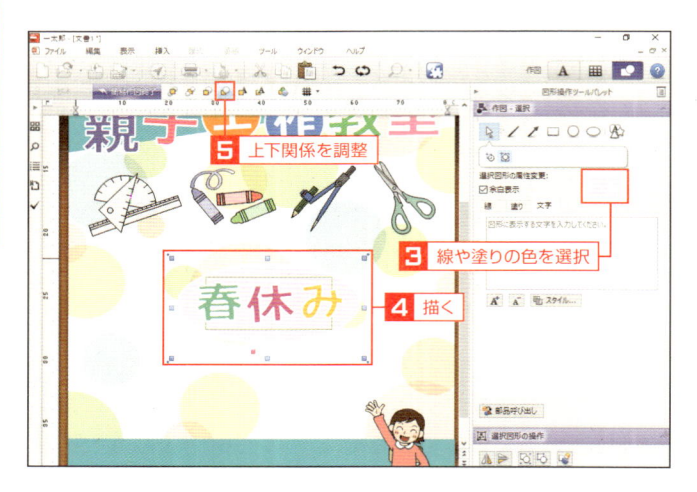

3 ここでは[線]は極太の白、[塗り]は薄いピンクを選択しています。

4 「春休み」の文字が中に入るようにドラッグして吹き出しを描きます。

5 コマンドバーの [1つ下]を何度かクリックして、文字が吹き出しの上に配置されるように調整します。

6 文字と吹き出しを合成し、用紙の上部に移動します。

7 背景図形の下になってしまった場合は、コマンドバーの [最も上]をクリックして文字と吹き出しを前面に表示します。

> MEMO 黄緑色の枠は印刷はされないので、気にする必要はありません。位置や大きさを調整します。

5 きまるフレームを挿入する

「きまるフレーム」機能を使って、定型情報のフォームを挿入してみましょう。内容はレイアウト枠や画像枠、図形などで構成されています。すでにデザインされているので、内容を変更するだけで簡単にレイアウトの整った文書を作成できます。

5-1 きまるフレームで定型情報を挿入する

必要な情報がレイアウトされたフレームを挿入します。ここでは「活動内容」や「応募〆切」の情報が入ったフレームを挿入します。不要な枠は削除して、枠の大きさなどを調整します。

きまるフレームを挿入する

1 画像枠以外の場所をクリックしてカーソルを置きます。

> **MEMO** 文字入力モードになっていない場合は、ツールバーの [A] [文字入力] をクリックします。

2 [挿入] パレットの [きまるフレーム]をクリックします。

3 [きまるフレーム] ダイアログボックスが開くので、[フレーム]タブを選択します。

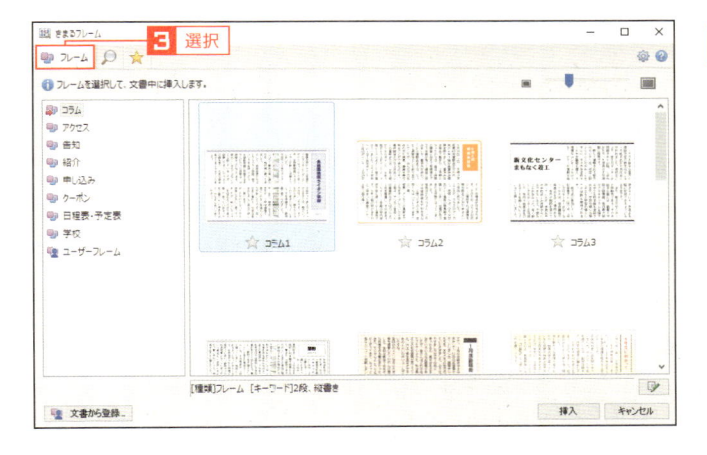

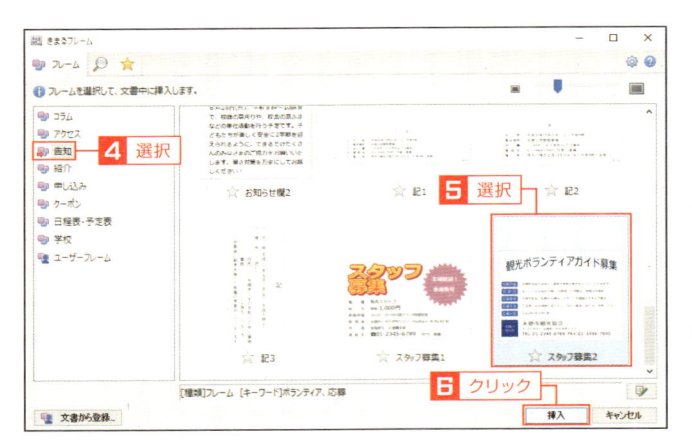

4 左側でフレームの分類を選択します。ここでは[告知]を選択しています。

5 右側で挿入したいフレームを選択します。ここでは[スタッフ募集2]を選択しています。

6 挿入 をクリックします。

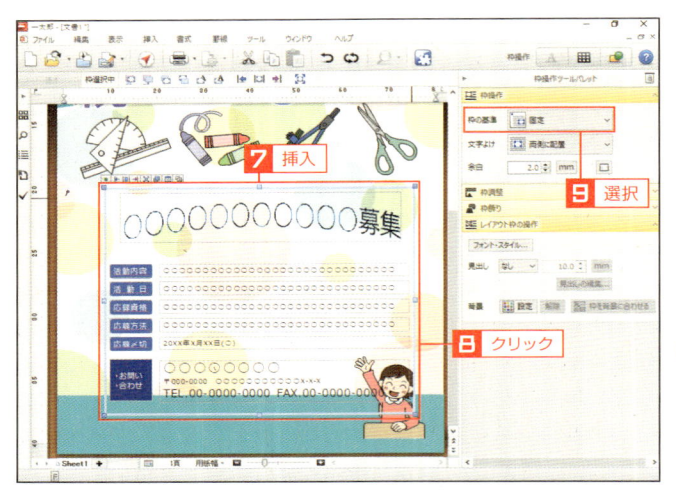

7 フレームが挿入されます。

8 枠線上をクリックし、枠を選択状態にします。

9 [枠操作]パレットの[枠の基準]で[固定]を選択します。

MEMO 枠を選択する際、個別のパーツの枠ではなく、一番外の枠を選択します。

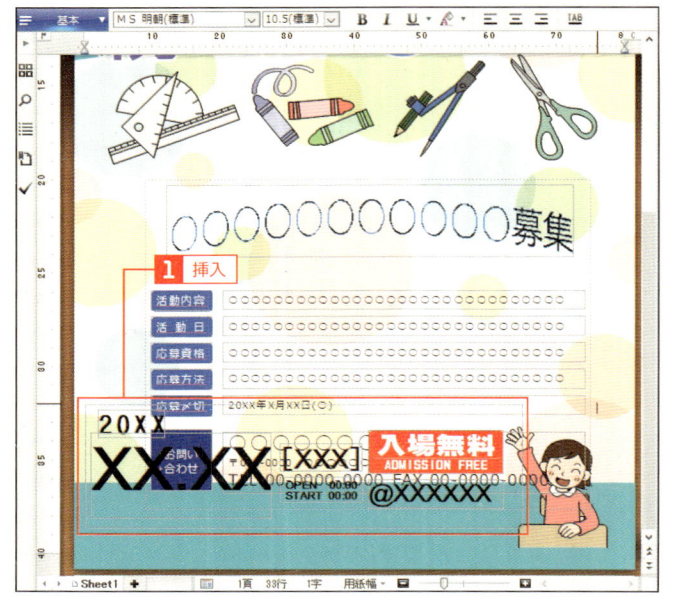

きまるフレームの中の一部のレイアウト枠だけ使用する

1 同様の手順で、[告知]の中の[告知4]を挿入します。

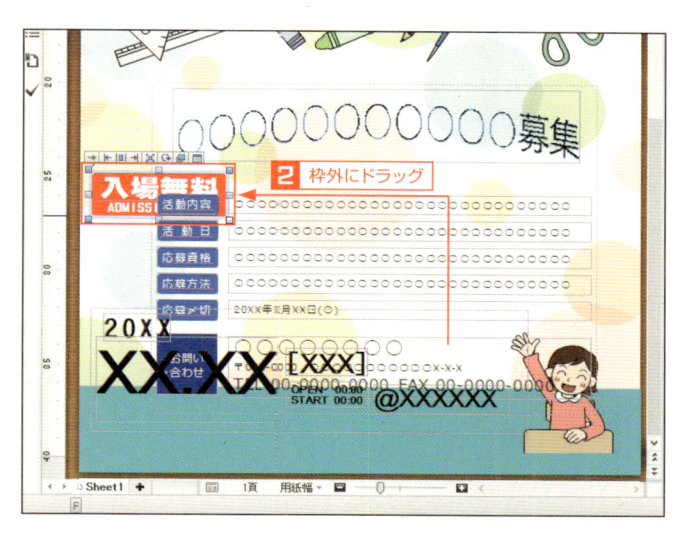

2 「入場無料」の枠線をクリックして選択し、ドラッグして枠の外に出します。

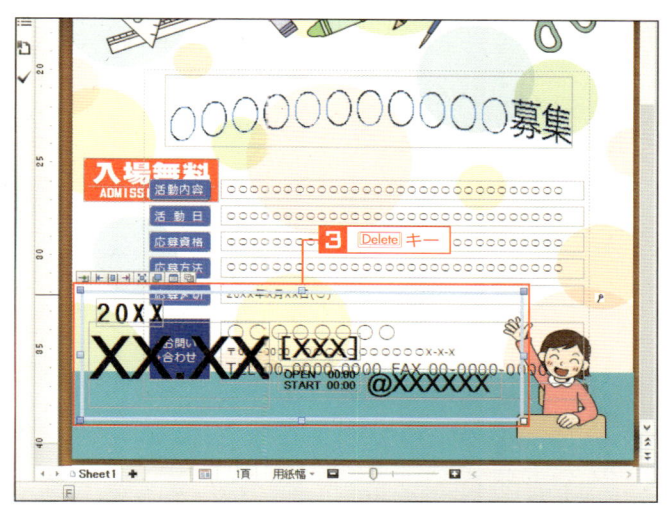

3 残った枠の外枠を選択し、Delete キーを押して削除します。

4 「入場無料」の枠を左下に移動し、枠の大きさや位置を微調整します。

5-2 フレームの内容を編集する

フレーム内は、レイアウト枠や画像枠などで構成されています。レイアウト枠内の内容や文字の大きさなどを編集しましょう。ここではフレーム内の不要な枠を削除して、レイアウト枠の大きさも調整します。

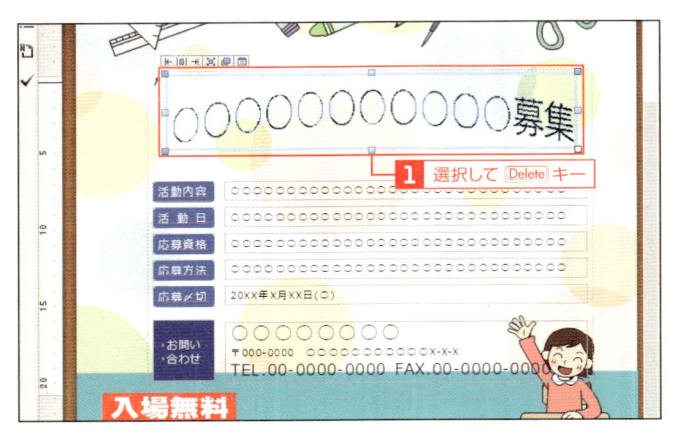

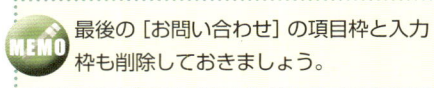

内容を編集する

1 「○○○募集」の枠線をクリックして選択し、[Delete] キーを押して枠を削除します。

MEMO 最後の [お問い合わせ] の項目枠と入力枠も削除しておきましょう。

2 159 ページの 1 ～ 3 の手順で、今度は [改行記号表示] をオンにします。レイアウト枠内に改行マークが表示されます。

3 上部の改行マークを 1 つだけ残して削除します。

MEMO 削除しすぎて項目名が重なってしまったら っ [取り消し] で前の状態に戻しましょう。

4 枠をクリックして選択し、下辺中央の□をドラッグして縦幅を縮めます。

5 枠線上をドラッグして下に移動し、位置を調整します。

6 「○○○」の部分に内容を記入します。項目名も必要に応じて書き換えます。均等割付が施されているので、[F2] キーを押してから書き換えましょう。

> **MEMO** もし均等割付が解除されてしまった場合は、[調整]パレットの [均等割付] をクリックして再度設定しましょう。

1 項目名の枠線をクリックして選択します。

2 [枠飾り] パレットの [飾り追加]をクリックします。

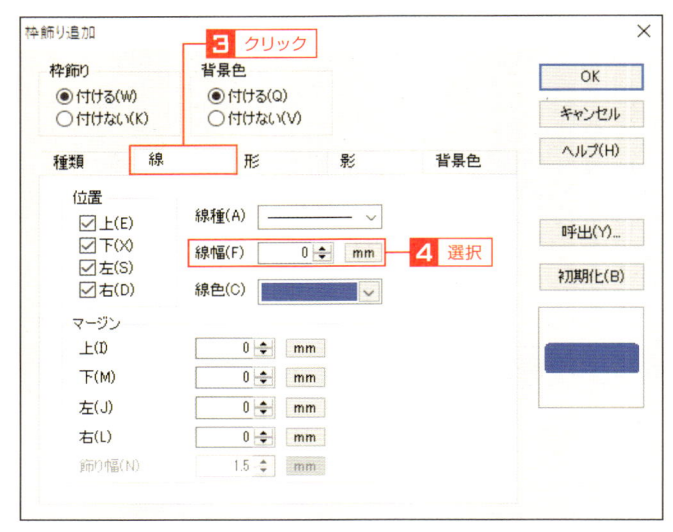

3 [線]タブをクリックします。

4 [線幅]を[0] mmにします。

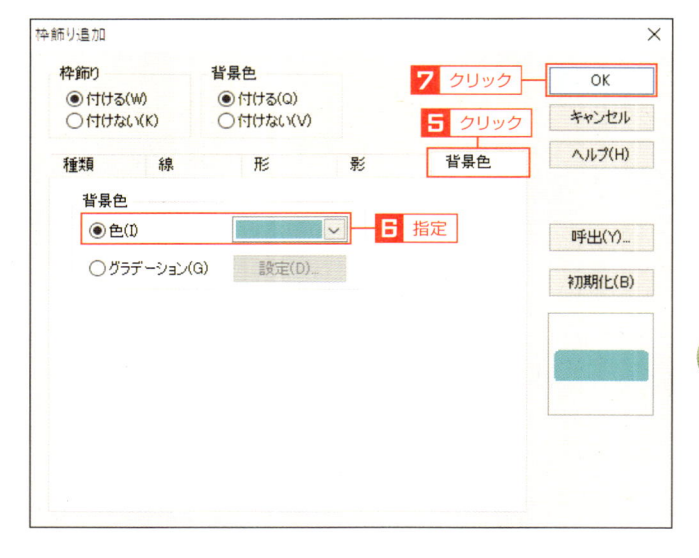

5 [背景色]タブをクリックします。

6 [色]のカラーパレットを開いて、背景に設定した長方形の図形と同じ色を指定します。

7 OK をクリックします。

> **MEMO** 枠飾りの登録ダイアログボックスが開くので、わかりやすい名前を付けて OK をクリックします。ほかの枠も、登録した枠を選択して色を合わせます。

5-3 レイアウト枠を挿入する

開催日は別途大きな文字で入力するために、横組のレイアウト枠を挿入しましょう。レイアウト枠は、作成時に縦組／横組が選択でき、文書中の任意の位置に配置することができます。文字の大きさや余白なども自由に設定できます。

日付用のレイアウト枠を挿入する

1 文房具部品の下にカーソルを置き、[挿入] パレットの [レイアウト枠 (横組)] をクリックします。

2 カーソル位置にレイアウト枠が挿入されます。

枠を調整する

1 枠の周囲の■をドラッグして大きさを、枠線上をドラッグして位置を調整します。

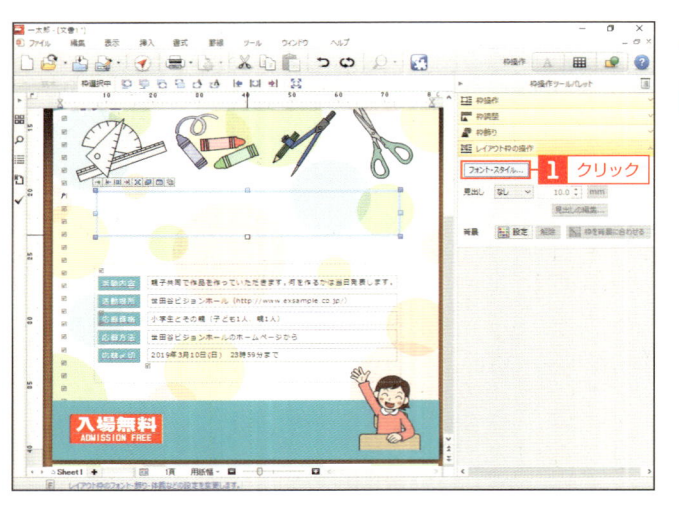

スタイルを変更する

1 [レイアウト枠の操作]パレットの [フォント・スタイル...] をクリックします。

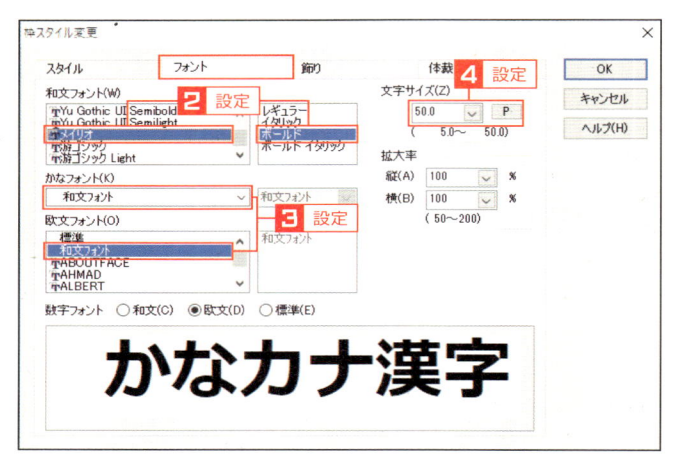

2 [フォント]タブで[和文フォント]を[メイリオ][ボールド]に設定します。

3 [かなフォント]と[欧文フォント]を[和文フォント]に設定します。

4 [文字サイズ]を[50]Pに設定します。

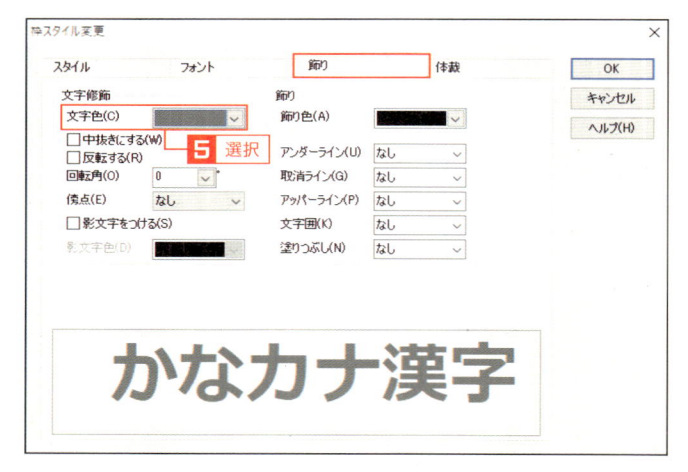

5 [飾り]タブの[文字色]でグレーを選択します。

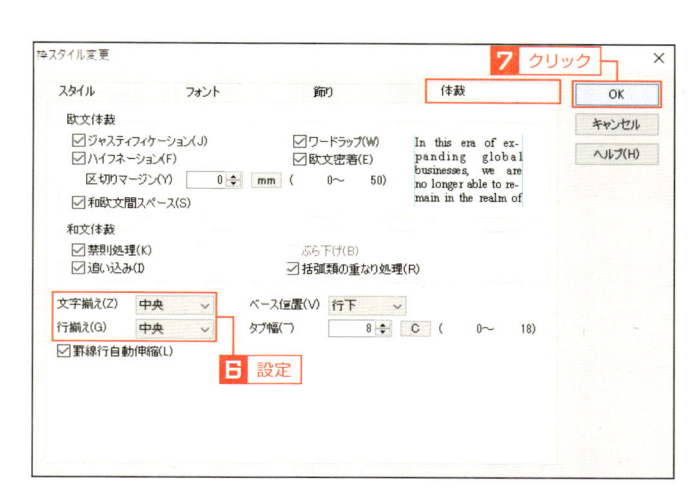

6 [体裁]タブで[文字揃え]と[行揃え]を[中央]に設定します。

7 OK をクリックします。

8 日付を入力します。「月」をドラッグして選択し、Ctrl キーを押しながら「日」と「木」もドラッグで選択します。

9 コマンドバーの 🖋 [文字色]の右横の ▾ をクリックします。

10 カラーパレットから色を選択します。ここではピンクを選択しています。

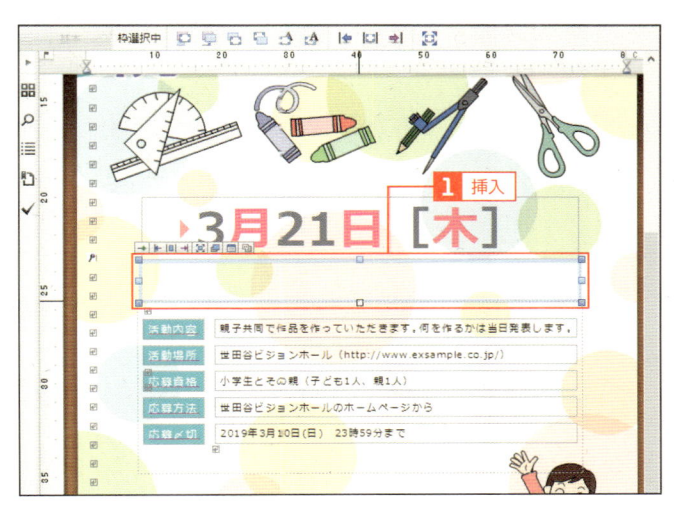

時間用のレイアウト枠を挿入する

1 日付用のレイアウト枠挿入と同様に、日付のレイアウト枠の下に時間用のレイアウト枠を挿入します。

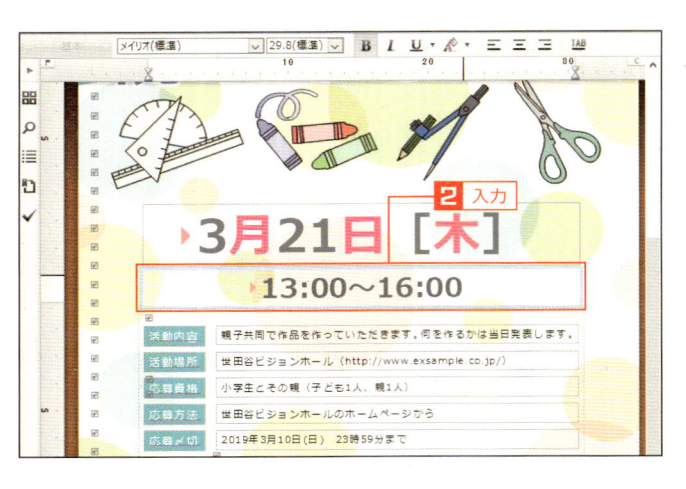

2 スタイルは日付用のレイアウト枠と同様に設定します。［文字サイズ］は［38］Pに設定し、文字を入力します。

枠飾りを付ける

1 枠を選択した状態で［枠飾り］パレットの ✏️ ［飾り変更］をクリックします。

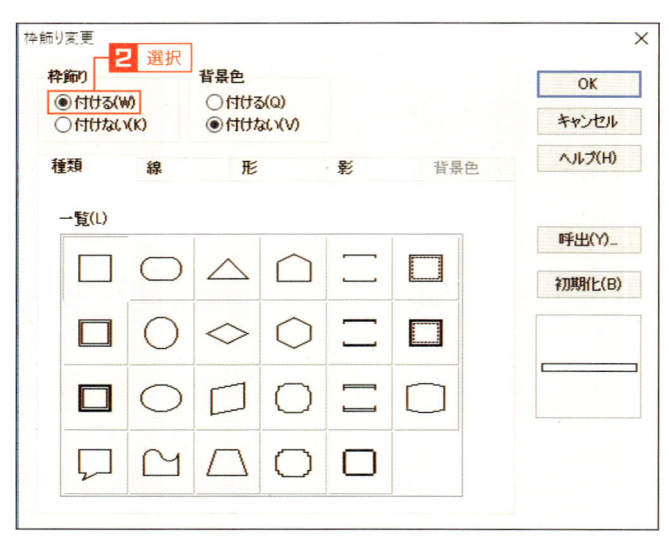

2 ［枠飾り］を［付ける］にします。

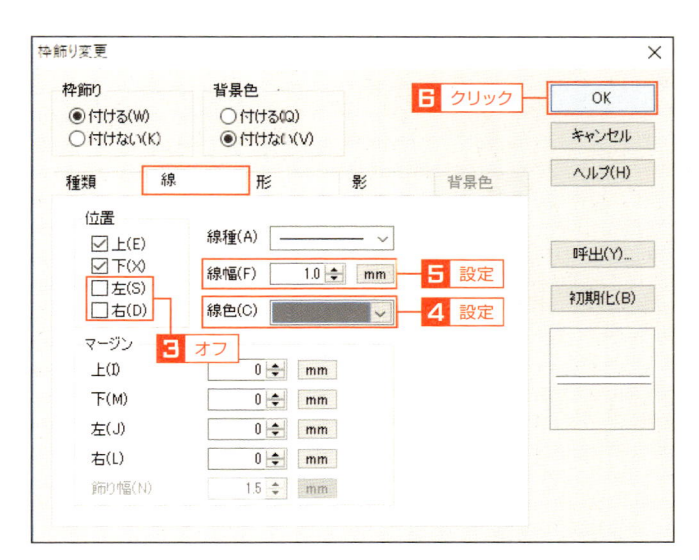

3 [線]タブの[位置]で[左]と[右] のチェックをオフにします。

4 [線色]を先ほどレイアウト枠の スタイルで設定した文字色と同 様のグレーにします。

5 [線幅]を[1.0]mmに設定し ます。

6 OK をクリックします。

枠を中央に配置する

1 日付枠を選択したあと、 Ctrl キーを押しながら時間枠と概要 枠を選択します。

2 [枠調整]パレットの[位置]で [左右中央揃え]をクリック します。

3 枠が左右中央に配置されます。

> **MEMO** 何もないところでクリックし、枠の選 択を解除しておきます。

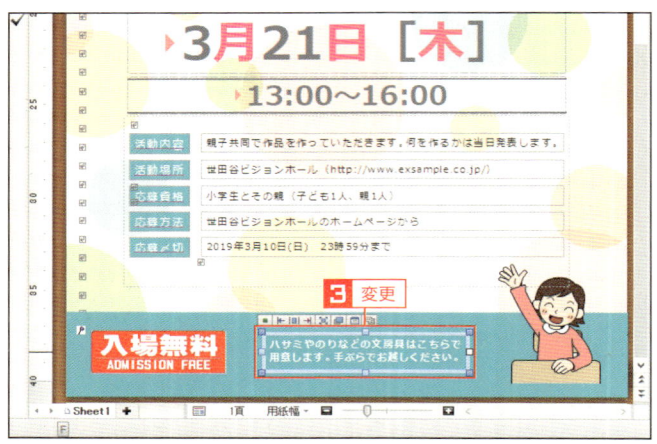

注意書き用のレイアウト枠を挿入する

1 ［挿入］パレットの ▣ ［レイアウト枠（横組）］をクリックします。

2 枠の大きさや位置を整え、注意書きの内容を入力します。

3 196 ページの手順 **1**〜**5** の要領で枠のスタイルを変更し、文字の大きさや色を整えます。文字色は読みやすいように白にしています。

4 161 ページの要領で編集画面タイプを印刷イメージに切り替えて全体のバランスを確認し、大きさや位置を微調整して仕上げましょう。

第 6 章

応 用 編

一太郎 2019 を使いこなそう

この章では、一太郎 2019 の便利な機能を、書き始めから印刷まで網羅して解説。編集や閲覧がしやすいように表示を変更したり、罫線や図をスマートに使ってわかりやすい書類を作成したりと、知っておくとできることの幅が広がります。自分好みに使いやすく変更できるオプションの設定も紹介しています。

6-1 【表示】オーダーメイドで操作環境をカスタマイズする

自分の好みに合わせて画面や操作環境をカスタマイズできます。手早くオーダーできる [かんたんオーダー]、とことんこだわりたい人向けの [こだわりオーダー] があります。

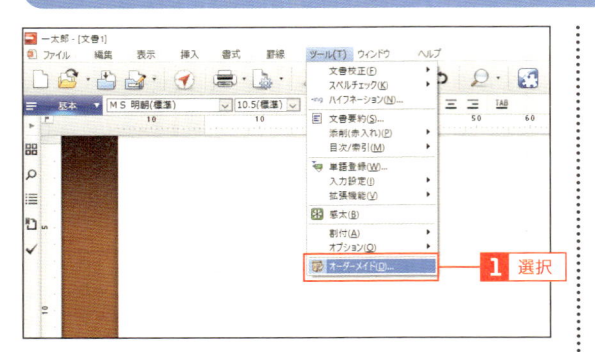

1 [ツール−オーダーメイド] を選択します。

2 [かんたんオーダー] か [こだわりオーダー] かを選びます。

> **MEMO** この画面は、一太郎の初回起動時にも表示されます。

【かんたんオーダー】

●使いこなし

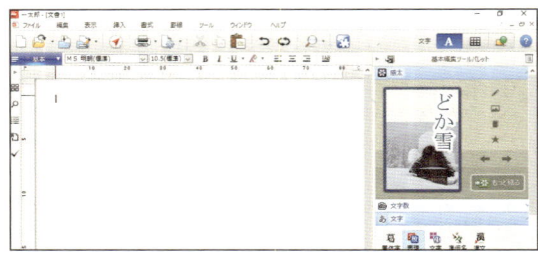

いろいろな機能で多様な文書を作る方におすすめです。

●シンプル

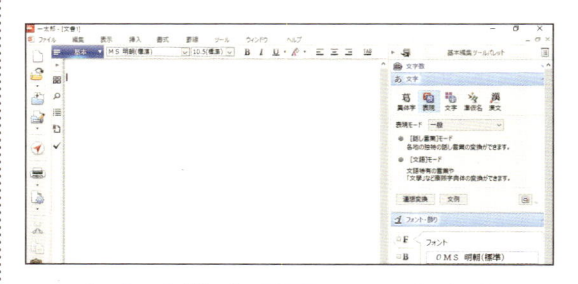

ツールバーを縦型に配置するなど、編集画面を広く使えます。メニューは、基本機能に絞った「シンプルメニュー」になります。

●もの書き

バーやパレットを非表示にし、文章の入力や編集に集中しやすい画面です。小説などの執筆におすすめです。

●くっきり

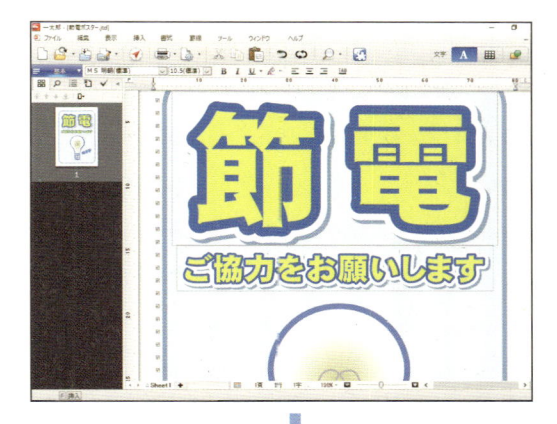

ツールバーや行間ラインなどのコントラスト
を強めた画面デザインです。

【こだわりオーダー】

オーダーメイドの画面から［こだわりオー
ダー］を選択すると、この画面が表示されま
す。好みの設定を選んでいきます。

●画面の背景にネームを表示

1 こだわりオーダーの画面で［編集画面］
を選択します。

2 ［画面の背景を選びましょう。］で、好み
の背景デザインを選択します。

3 ［画面の背景にネームを入れますか？］
で［ネームを入れる］を選択し、表示し
たい名前を入力します。

4 ［オーダーを確認］をクリックしてオーダー
内容を確認後、［オーダーする］をクリック
します。

5 ［OK］をクリックすると背景デザインが
変更され、ネームが表示されます。

6-2 【表示】作業フェーズを切り替える

編集や閲覧など、作業の目的に合わせて作業フェーズを切り替えられます。フェーズは「エディタ」「アウトライン」「基本編集」「提出確認」「ビューア」の5種類があります。

メニューから切り替える

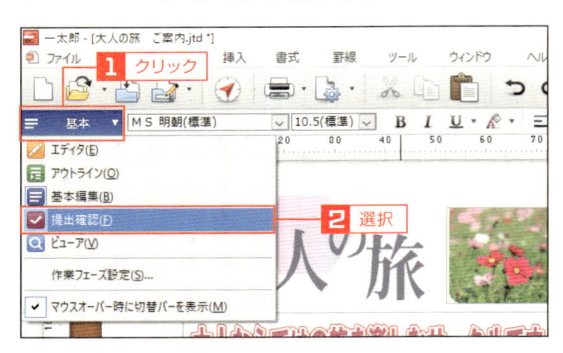

1　≡ 基本 ▼ ［作業フェーズの変更］をクリックします。

2　メニューが表示されるので、作業フェーズ名を確認して切り替えます。

HINT 作業フェーズに関する設定

≡ 基本 ▼ ［作業フェーズの変更］をクリックして［作業フェーズ設定］をクリックします。開くダイアログボックスで、［利用する作業フェーズ］のチェックをオフにすると、作業フェーズの切り替えメニューに表示されなくなります。なお、［基本編集］はオフにすることはできません。また、新規作成時の作業フェーズを設定することもできます。

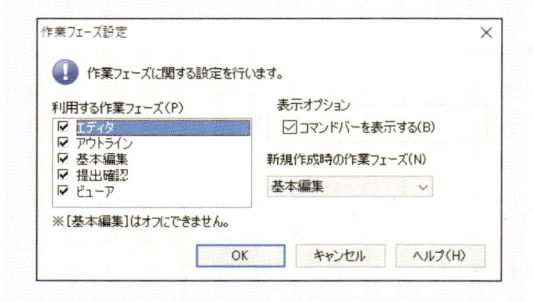

マウスオーバーで切り替える

1　コマンドバーの ≡ 基本 ▼ ［作業フェーズの変更］にマウスポインターを合わせます。

2　上に［作業フェーズ切替バー］が表示されるので、アイコンを選んで切り替えます。

HINT 切替バーを表示しない設定にする

≡ 基本 ▼ ［作業フェーズの変更］をクリックして［マウスオーバー時に切替バーを表示］のチェックをオフにすると、マウスポインターを合わせても切替バーを表示しなくなります。

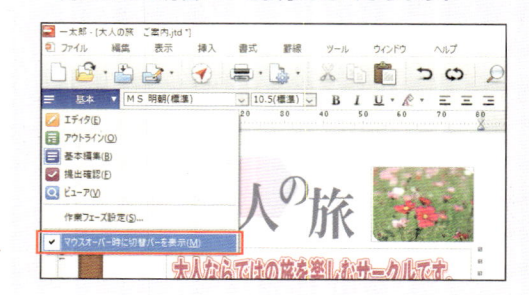

●エディタフェーズ

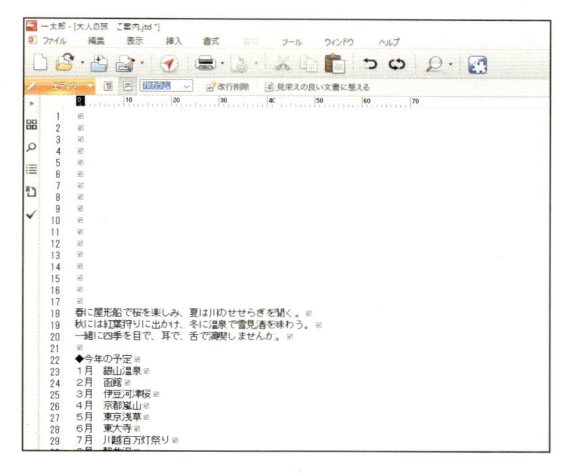

テキストエディタのように文字を入力するのに適したフェーズです。

●アウトラインフェーズ

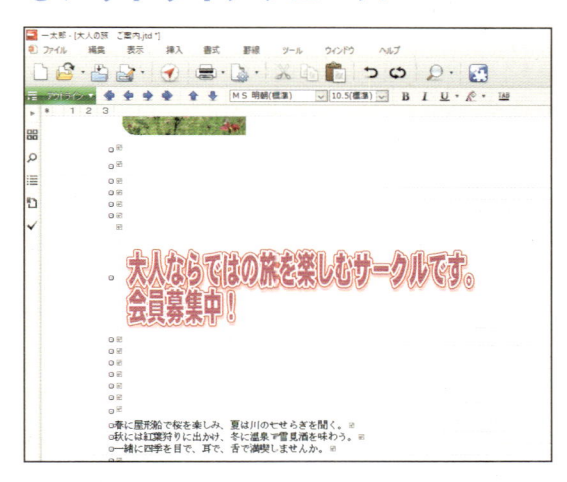

アイデアを整理したり文章の構成を考えたりしたいときに適したフェーズです。

●基本編集フェーズ

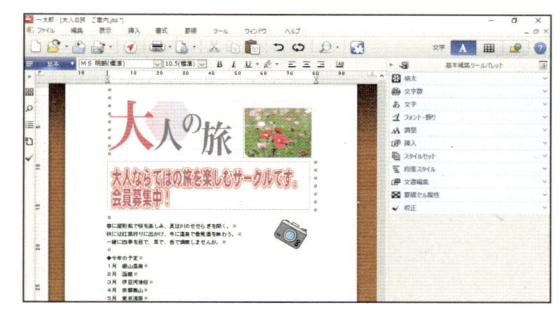

通常の編集作業で利用するフェーズです。初期設定では、この画面で起動します。

●提出確認フェーズ

完成した文書を提出前に確認するフェーズです。

●ビューアフェーズ

文書を閲覧するためのフェーズです。文書の編集はできないため、作成済みの文書をうっかり変更してしまうこともありません。

6-3 【表示】画面の表示倍率を変更する

画面は、作業内容に合わせて倍率を変更することができます。拡大して細かい作業をしたり、縮小して全体を見渡したりできます。また、文書を編集するときの画面タイプを切り替えることもできます。

表示倍率を指定する

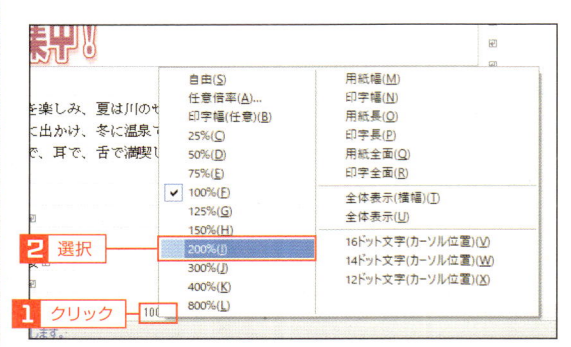

1 ［倍率表示］のボタンをクリックします。

2 倍率を選択します。

> **MEMO** 全体のイメージを確認できる［用紙全面］と、用紙の幅がちょうど画面に収まる大きさで表示する［用紙幅］を切り替えて使うと便利です。

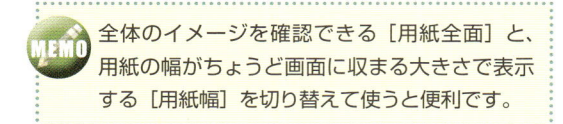

3 拡大する場合、表示する領域を指定します。

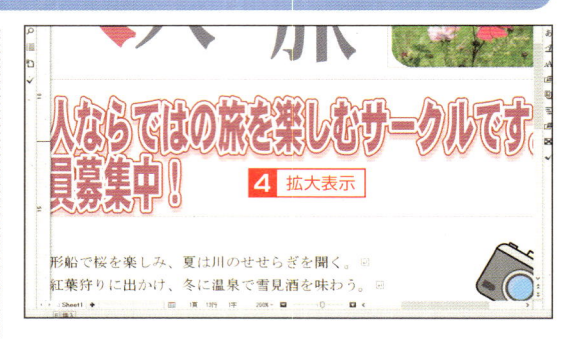

4 指定した領域が、拡大表示されます。

ズームコントロールで設定する

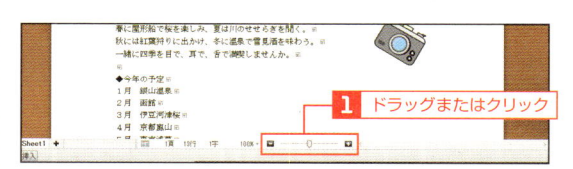

1 ズームコントロールでは、スライダーをドラッグするか、左右のボタンをクリックします。右の ⊞ をクリックすると10%ずつ拡大、左の ⊟ をクリックすると10%ずつ縮小されます。

HINT 編集画面タイプを切り替える

通常は［イメージ編集］で表示していますが、画面を簡略表示する［ドラフト編集］や、印刷したときの状態を表示する［印刷イメージ］に切り替えることができます。

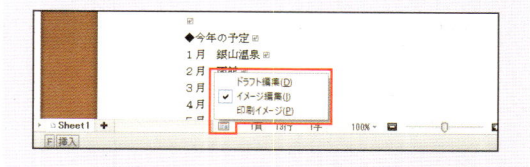

6-4 【表示】ウィンドウを分割して表示する

1つの文書を、上下や左右に分割して表示することができます。同じ文書内の別の場所を参照しながら編集したいときなどに便利です。ほかのウィンドウを上下や左右に並べて表示することもできます。

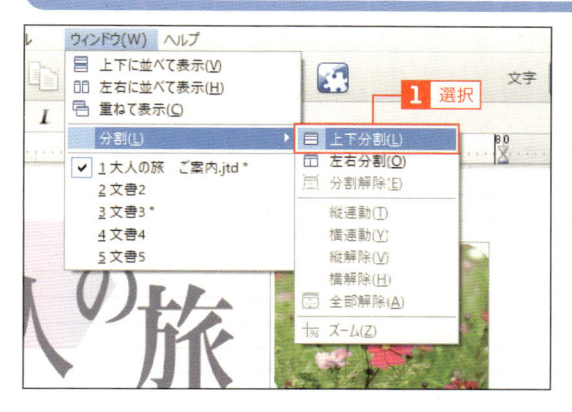

1 ［ウィンドウ－分割－上下分割］を選択します。

 MEMO ［ウィンドウ－上下に並べて表示／左右に並べて表示／重ねて表示］で、開いている複数の文書を上下や左右に並べて表示、重ねて表示できます。

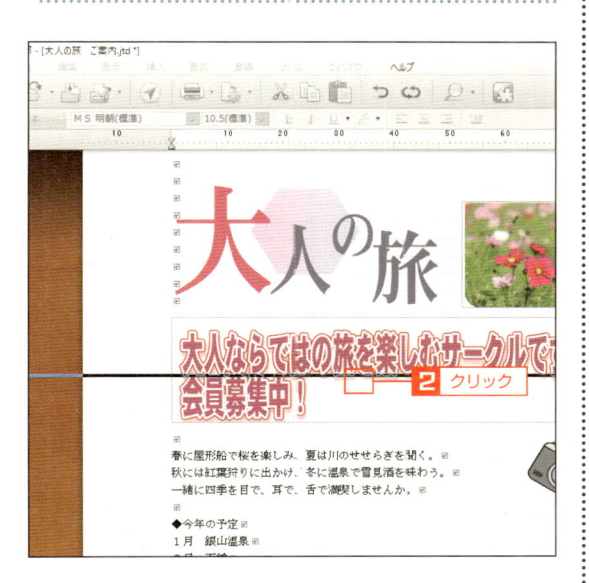

2 分割したい位置をクリックします。

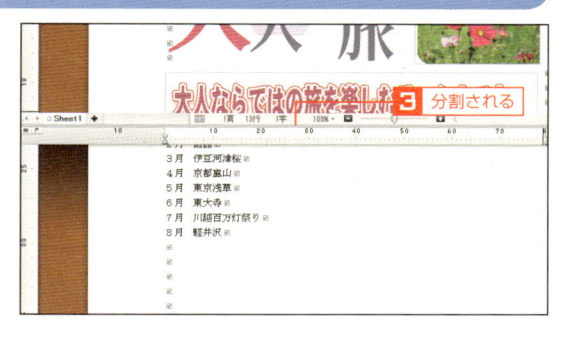

3 ウィンドウが上下に分割されます。スクロールバーをドラッグすると、それぞれ別々に表示位置を変えられます。

 MEMO ［ウィンドウ－分割－分割解除］で分割表示を解除できます。

HINT 分割位置を変更する

分割位置をドラッグすると、分割位置を変更できます。

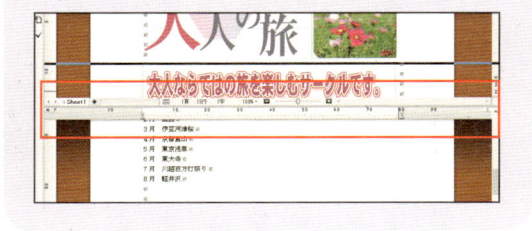

6-5 【表示】目的の位置やページに素早くジャンプする

長文の編集中に離れたページの内容を確認するには、画面左側にあるジャンプパレットを利用します。効率良く文書内を移動することで、作業スピードをアップできます。

ページへ移動する

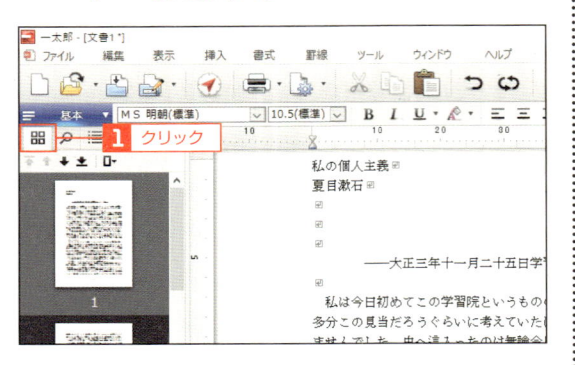

1 ジャンプパレットの 🔡 ［ページ］タブをクリックします。

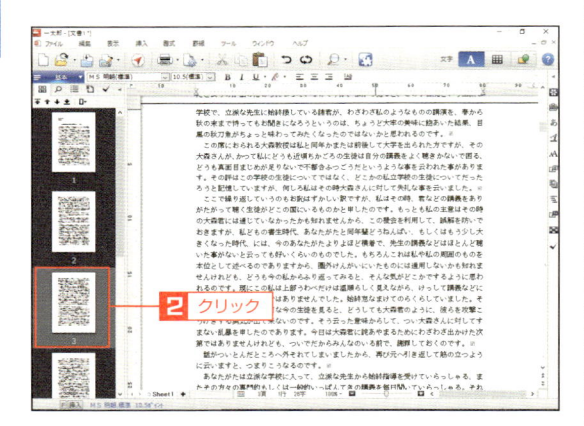

2 ページのサムネイルをクリックすると目的のページに移動します。

●ジャンプパレットをくっきり見やすい表示にするには→ 209 ページ

見出しへ移動する

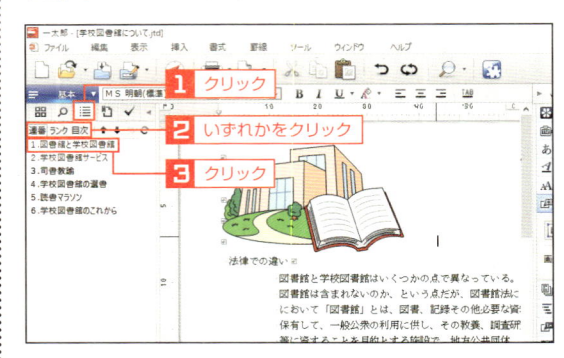

1 ジャンプパレットの ☰ ［見出し］タブをクリックします。

2 ［連番］［ランク］［目次］のいずれかをクリックします。

3 移動先の見出しをクリックします。

HINT さまざまな位置へジャンプする

Ctrl + J キーを押すと表示されるメニューから、文書内のさまざまな位置へジャンプできます。直前にカーソルがあった位置へジャンプしたり、飾りを設定している位置にジャンプすることができます。

6-6 【表示】画面の表示をくっきり見やすくする

ジャンプパレットやツールバー、ステータスバー／ファンクションキーの配色、コントラストをよりくっきりした画面に切り替えられます。行間ラインを濃くしたり、選択範囲を反転表示するなどの項目も選択可能です。

くっきり画面に切り替える

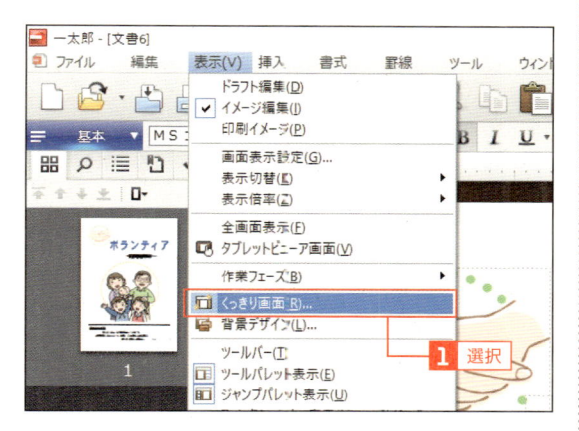

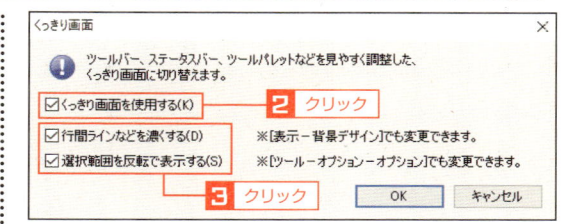

1 ［表示－くっきり画面］を選択します。

2 ［くっきり画面を使用する］のチェックをオンにします。

3 ［行間ラインなどを濃くする］［選択範囲を反転で表示する］のチェックをオンにします。

6-7 【表示】編集記号の表示／非表示を切り替える

編集記号を表示することで、改行やスペースを記号化して目で見ることができるようになります。スペースは半角・全角で記号が異なるのでレイアウトを整えることにも役立ちます。

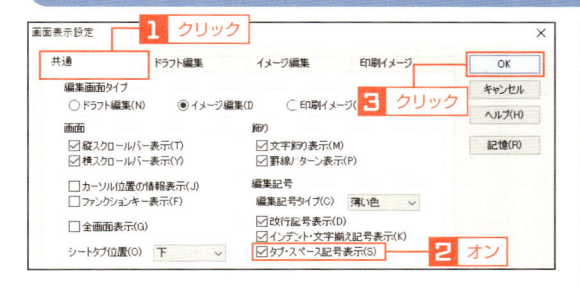

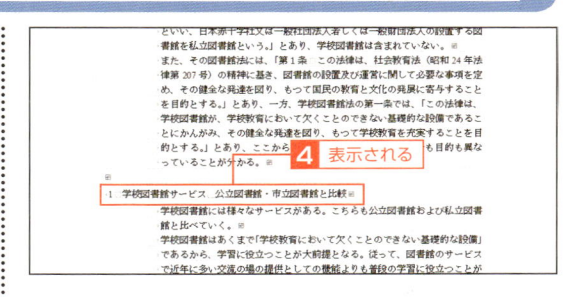

1 ［表示－画面表示設定］を選択し、［共通］タブをクリックします。

2 編集記号の項目で［タブ・スペース記号表示］のチェックをオンにします。

3 OK をクリックします。

4 タブ・スペース記号が表示されました。

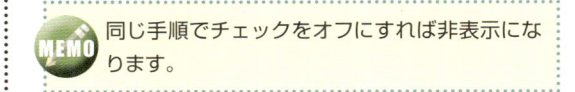
MEMO　同じ手順でチェックをオフにすれば非表示になります。

6-8 【表示】ブックマークを追加して移動する

文書中のよく参照する場所にブックマークを設定しておくと、すぐにジャンプして表示できるので便利です。ブックマークの追加とジャンプの方法を確認しましょう。

ブックマークを追加する

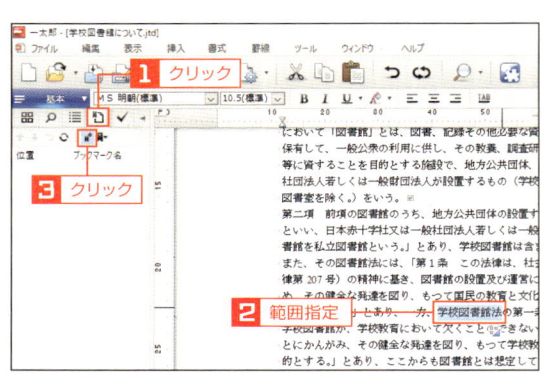

1 ジャンプパレットの 🔖 ［ブックマーク］タブをクリックします。

2 ブックマークに登録したい文字列を範囲指定します。

3 🔖 ［ブックマークを追加］をクリックします。

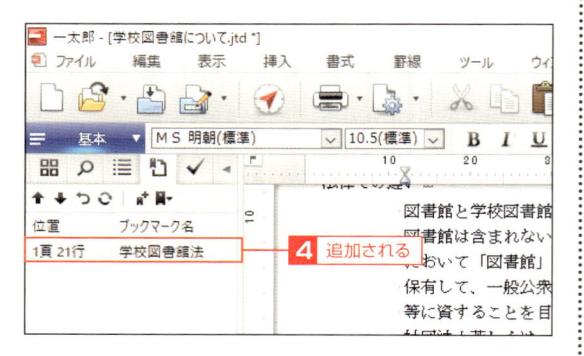

4 ブックマークとして追加されます。

ブックマークへジャンプする

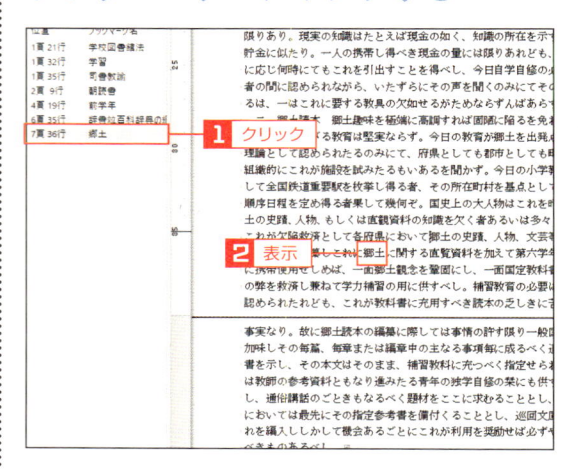

1 ブックマークをクリックします。

2 ブックマークを設定した場所が表示されます。

HINT ブックマークを削除する

削除したいブックマークの行を右クリックし、［ブックマークの削除］を選択します。

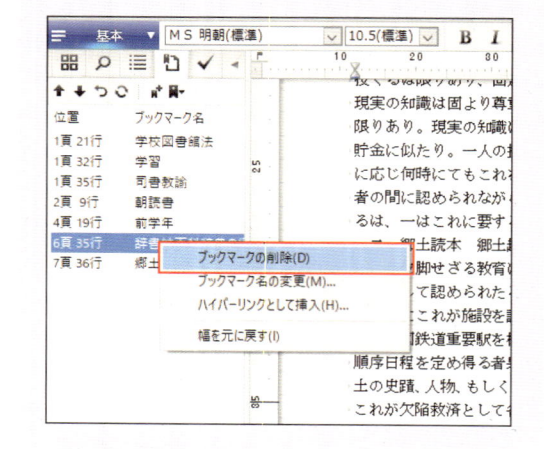

6-9 【文書管理】関連するファイルをシートとして追加する

一太郎では、1つのファイルで複数のシートを管理できます。関連する文書をシートに追加しておけば、文書管理が楽になります。一太郎文書のほか、ExcelやWord、PowerPointのファイルもシートとして追加できます。

新規シートを追加する

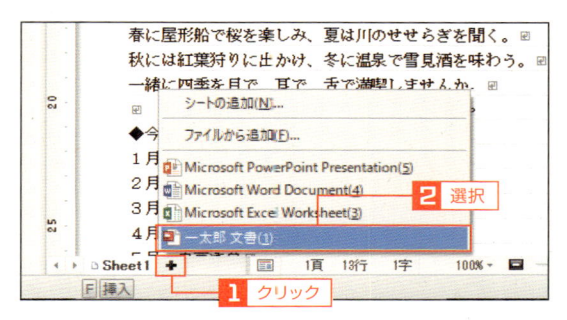

1 ➕ [シートの追加を行います] をクリックします。

2 [一太郎文書] を選択します。

> **MEMO** 一太郎文書以外のシートを追加するには、それぞれのソフトがインストールされている必要があります。

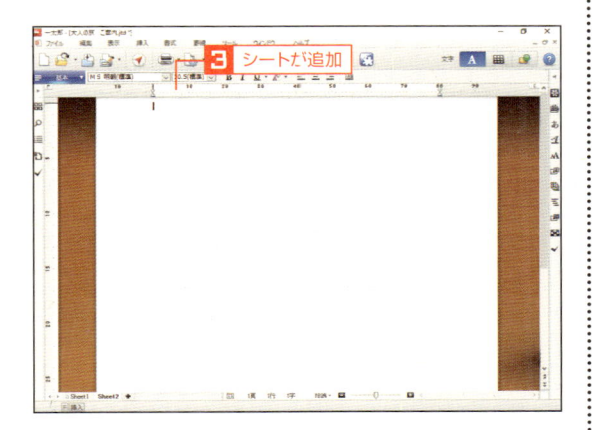

3 新規シートが追加されます。

ファイルからシートを追加する

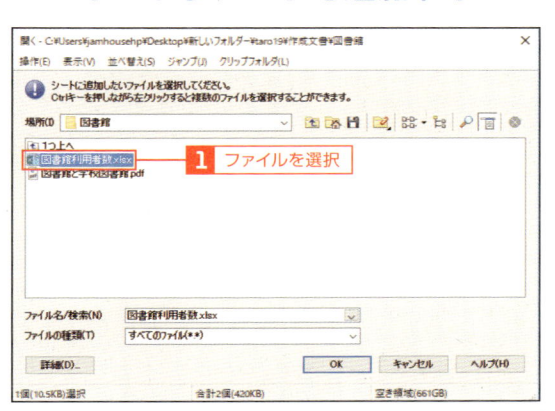

1 左段の手順**2**で [ファイルから追加] を選択し、[開く] ダイアログボックスからファイルを選択します。

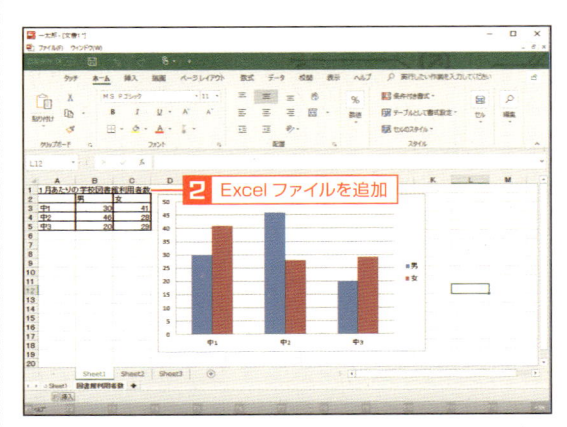

2 Excel ファイルをシートとして追加できました。

6-10 【文書管理】シートを移動、コピー、削除する

シートは、順序を入れ替えたりコピーしたりできます。不要なシートは削除できますが、削除したシートは元に戻すことができないので注意が必要です。

シートを移動する

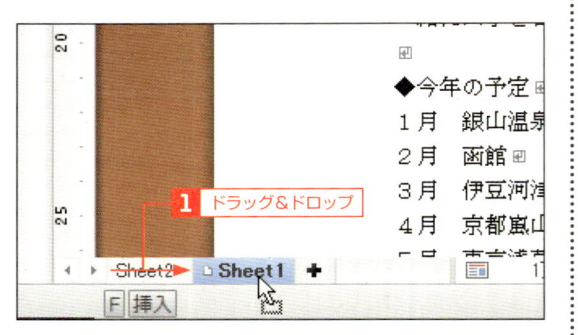

1 移動したいシートをドラッグし、移動先でドロップします。

シートをコピーする

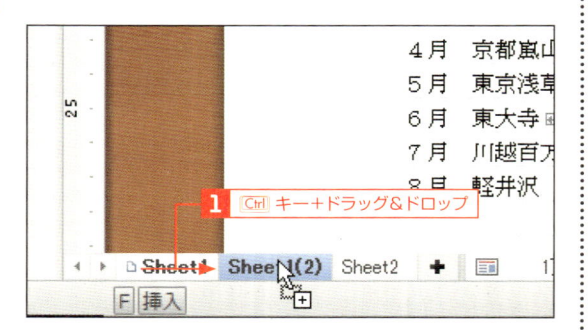

1 [Ctrl] キーを押しながら、コピーしたいシートをドラッグし、コピー先でドロップします。

> **MEMO** シートタブを右クリックして [シートの移動・コピー] を選択してもシートを移動・コピーできます。

シートを削除する

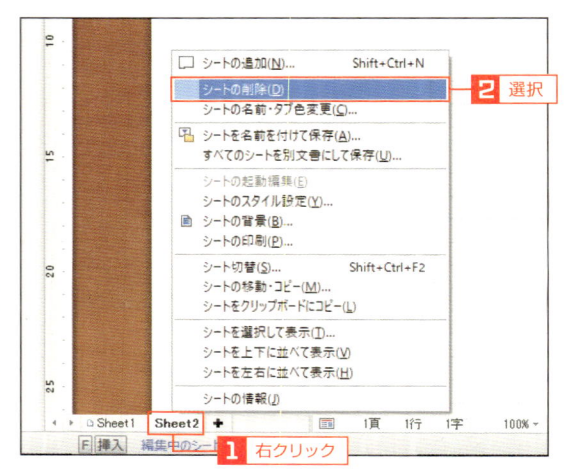

1 削除したいシートを右クリックします。

2 [シートの削除] を選択します。

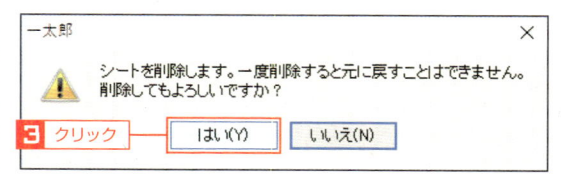

3 確認メッセージが表示されます。[はい] をクリックすると、シートが削除されます。

> **MEMO** [はい] をクリックするとシートは削除され、元に戻せないので、十分確認してから実行しましょう。

6-11 【文書管理】 シートの名前とタブ色を変更する

シートに名前を付けたり、タブに色を付けたりできます。わかりやすい名前に変更して色分けすると見分けがつきやすく、シートの切り替えが素早く行えます。

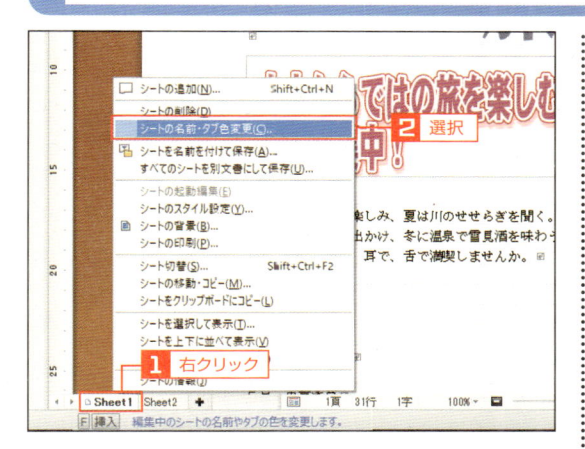

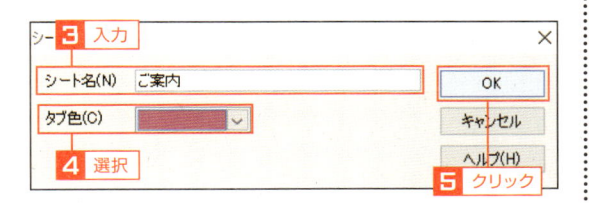

1 シートのタブを右クリックします。

2 [シートの名前・タブ色変更] を選択します。

3 [シート名] を入力します。

4 ▼ をクリックして、カラーパレットからタブ色を選択します。

5 OK をクリックします。

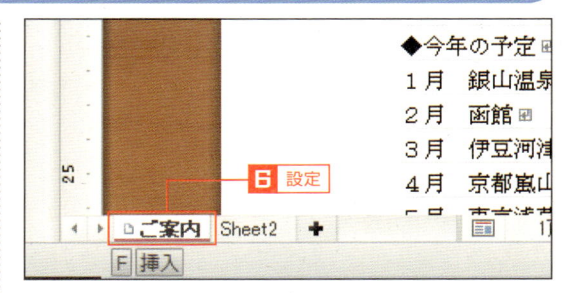

6 シート名とタブ色が設定されます。

HINT シートの色について

選択されているシートの色は、シート名の下にラインで表示されます。ほかのシートに切り替えると、タブ全体に色が付きます。

● 「ご案内」 シートが選択されているとき

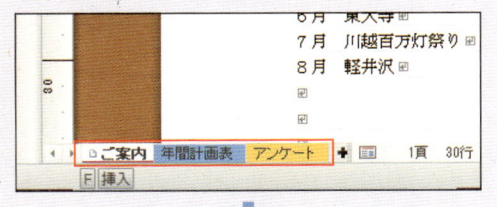

● 「ご案内」 シートが選択されていないとき

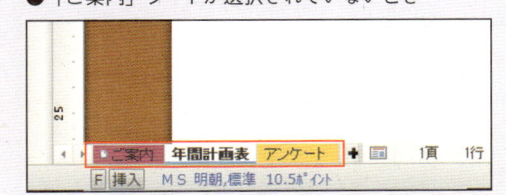

6-12 【文書管理】シートタブを切り替える

シートタブは、タブをクリックして切り替えるほか、選択されているシートタブをクリックして表示されたメニューからシート名をクリックして切り替えることもできます。

シートタブで切り替える

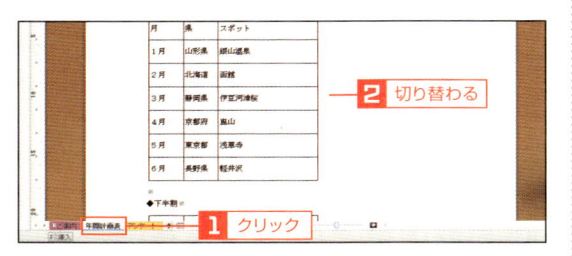

1 表示したいシート名をクリックします。

2 シートが切り替わります。

メニューから切り替える

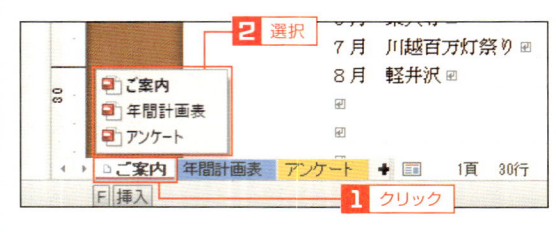

1 選択されているシートタブをクリックします。

2 シート名が一覧表示されるので、切り替えたいシート名を選択します。

6-13 【文書管理】シートタブの表示位置を変更する

シートタブは、初期値では画面下に表示されていますが、上下左右好きな位置に表示することができます。

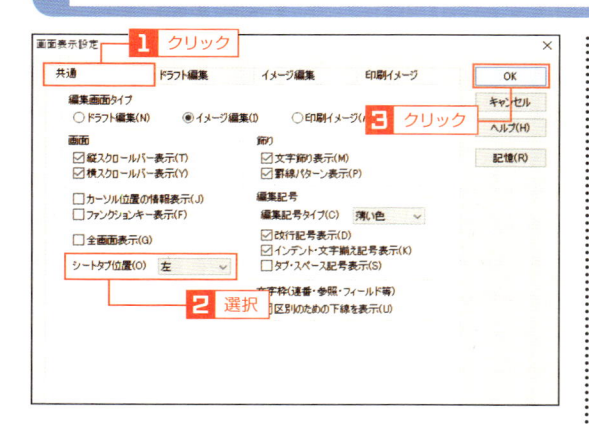

1 [表示－画面表示設定] を選択し、[共通] タブをクリックします。

2 [シートタブ位置] で、好きな位置を選びます。ここでは [左] を選んでいます。

3 OK をクリックします。

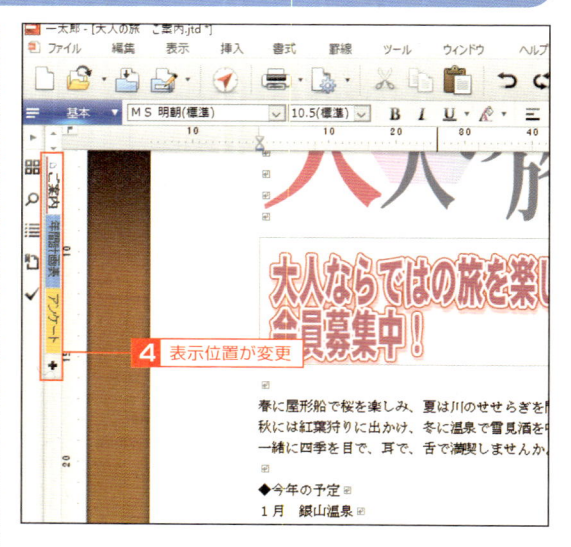

4 シートタブの表示位置が左に変更されます。

6-14 【罫線】罫線で直線を引く

罫線機能を利用するには、まず文字入力モードから罫線モードに切り替えます。直線を引くには、[罫線] を選びます。

1 ツールバーの ▦ [罫線開始／終了] をクリックします。

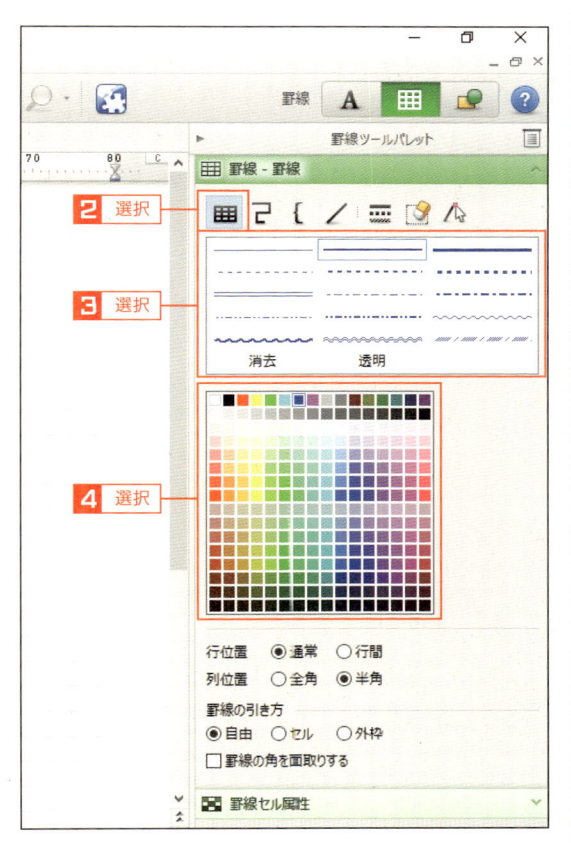

2 罫線モードになります。[罫線] パレットの ▦ [罫線] を選択します。

3 線の種類を選択します。

4 線の色を選択します。

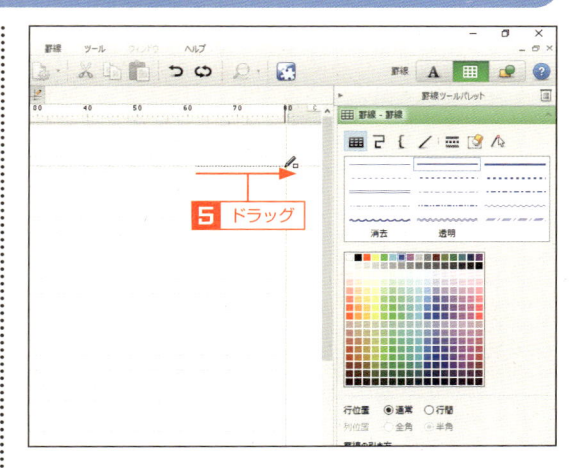

5 編集画面上で、線を引きたい位置をドラッグします。

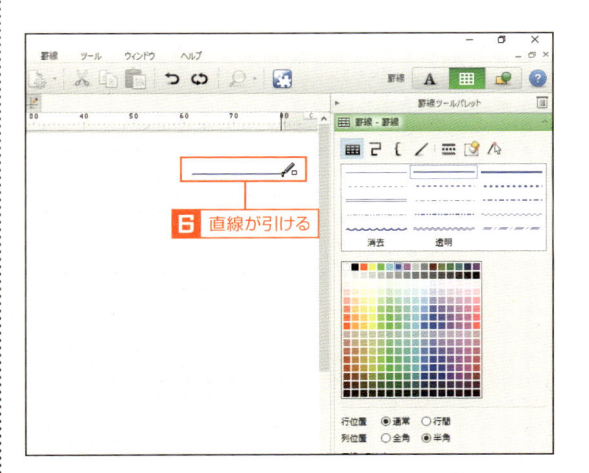

6 マウスボタンを離すと、直線が引けます。

6-15 【罫線】罫線で表を作成する

罫線機能を利用すれば、手軽に表が作成できます。直線を引くのと同じ要領で斜め方向にドラッグすると四角形が描けます。四角形を描くときに Tab キーを使えば表になります。

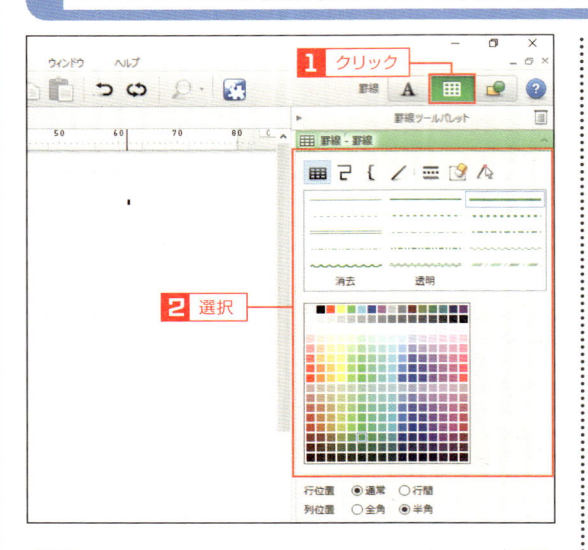

1 直線と同じ要領でツールバーの ▦ ［罫線開始 / 終了］をクリックして罫線モードにします。

2 ［罫線］パレットの ▦ ［罫線］を選択し、線の種類と色を選択します。

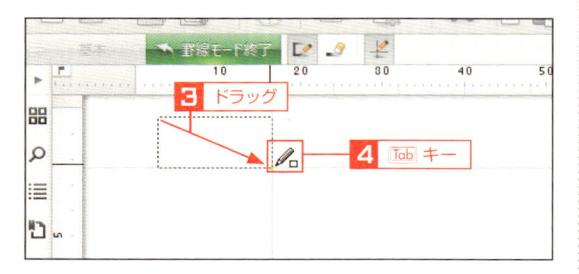

3 斜め方向にドラッグします。

4 マウスボタンを押したまま Tab キーを押します。

> **MEMO** Tab キーを押さずにマウスボタンを離すと斜めの線を対角線とする四角形が描けます。

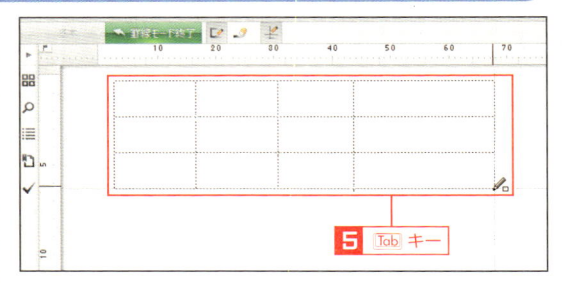

5 さらに右下方向にドラッグし、作りたい行数・列数に合わせて Tab キーを押していきます。

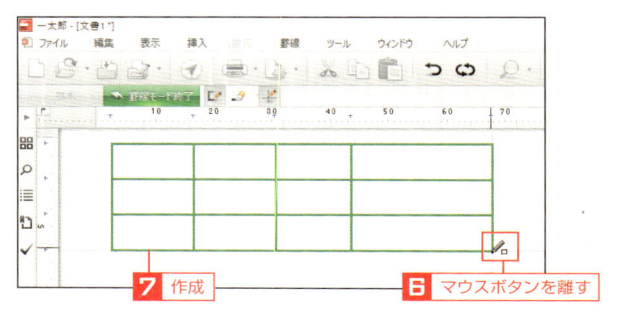

6 終了位置でマウスボタンを離します。

7 罫線表が作成されます。

> **MEMO** ツールバーの A ［文字入力］をクリックすると罫線モードが終了します。

6-16 【罫線】文字列から罫線表を作成する

文書中の数字などの並びから、自動で罫線表を作る方法があります。あらかじめ、タブやカンマで区切っておくと、データの区切りが正しく認識されます。

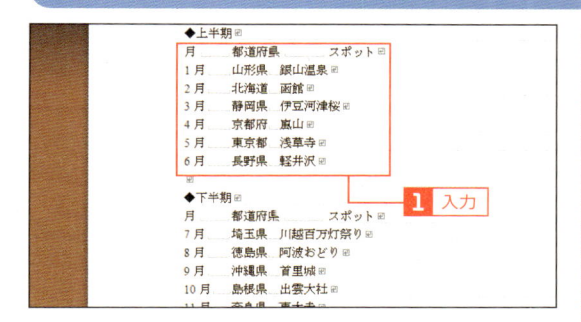

1 表にしたい見出しや数値の間にタブを1つずつ挿入して入力します。

> **MEMO** Tab キーを押すとタブを入力できます。この段階では列がきれいに揃っていなくても問題ありません。

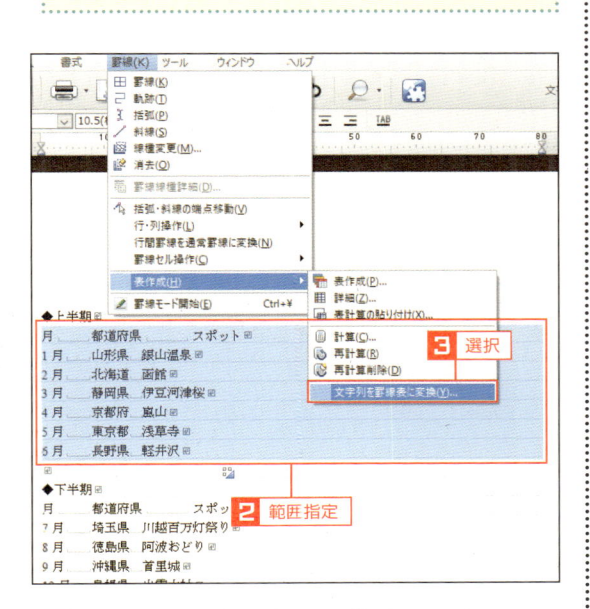

2 表にしたい行の範囲を指定します。

3 [罫線－表作成－文字列を罫線表に変換]を選択します。

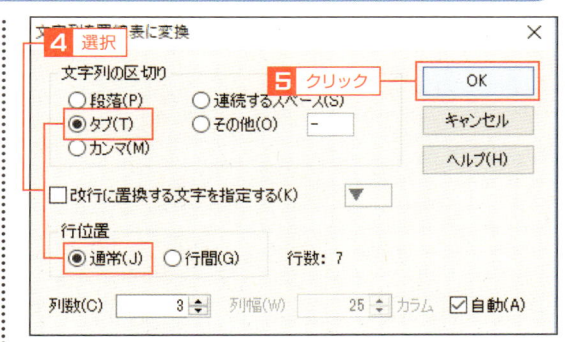

4 [文字列の区切り]で[タブ]を、[行位置]で[通常]を選択します。

5 OK をクリックします。

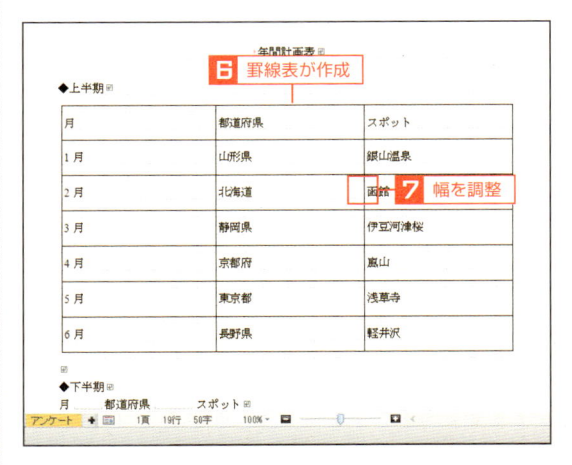

6 選択した見出しと数値が罫線表に収まります。

7 縦の罫線を左右にドラッグすると表の幅を変更できます。

6-17 【罫線】斜線を引く

一太郎の罫線機能は、斜線も引けます。斜線の始点や終点に矢印を付けることもできるので、
文書内の位置を矢印で示したいときなどに利用できます。

斜線を引く

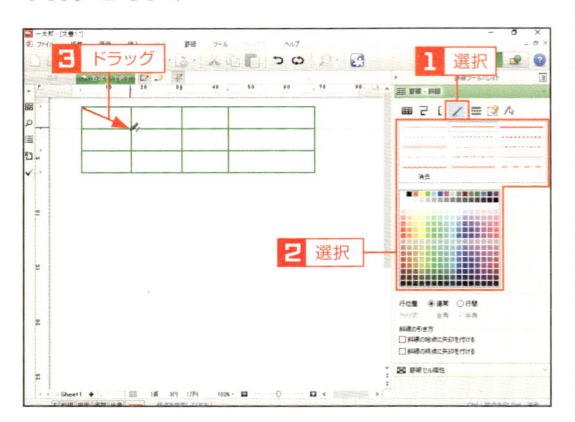

1 罫線モードで ［罫線］ パレットの ／ ［斜線］ を選択します。

2 線の種類と色を選択します。

3 編集画面上で斜線を引きたい位置をドラッグします。

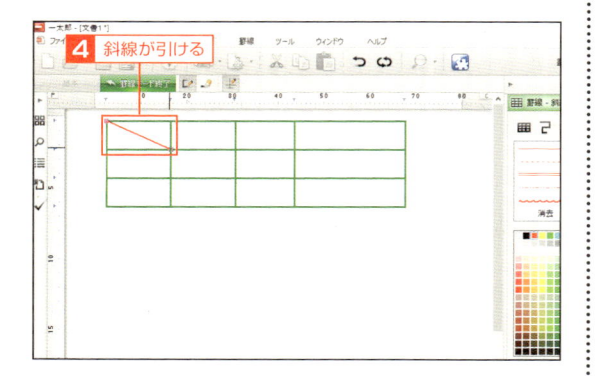

4 マウスボタンを離すと、斜線が引けます。

矢印付きの斜線を引く

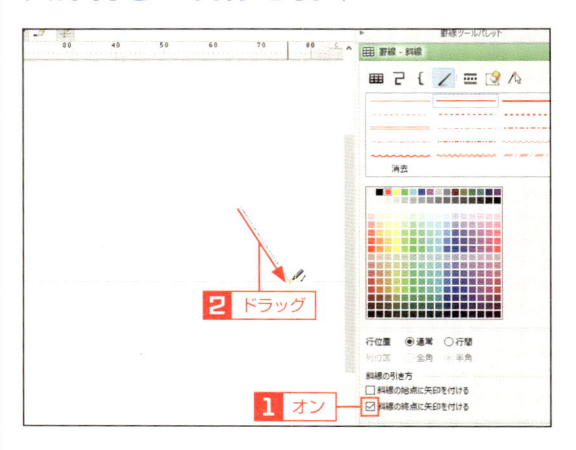

1 ［罫線－斜線］ パレットの ［斜線の終点に矢印を付ける］（または ［斜線の始点に矢印を付ける］）のチェックをオンにします。

2 引きたい位置をドラッグします。

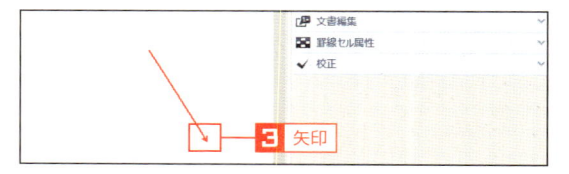

3 終点（または始点）に矢印が付きます。

> **MEMO** 矢印をわかりやすく表示するために、ここでは文字入力モードにしています。

> **MEMO** 上記以外の方法として、斜線の始点で Ctrl キーを押しながらマウスボタンを押すことでも、斜線の終点で Ctrl キーを押しながらマウスボタンを離すことでも、矢印が付けられます。両方に付けることも可能です。

6-18 【罫線】括弧を描く

個条書きした行を括弧でくくりたいときなどに、罫線の[括弧]を利用しましょう。複数行を囲む括弧を描けます。さらに、括弧の途中にブレス（突起）も付けられます。

括弧を描く

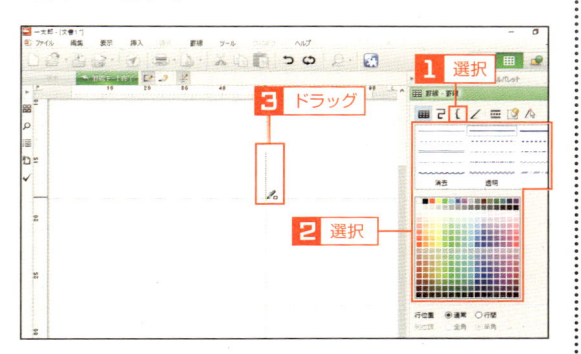

1 [罫線] パレットの 〔 [括弧] を選択します。

2 線の種類と色を選択します。

3 編集画面上で縦方向にドラッグします。

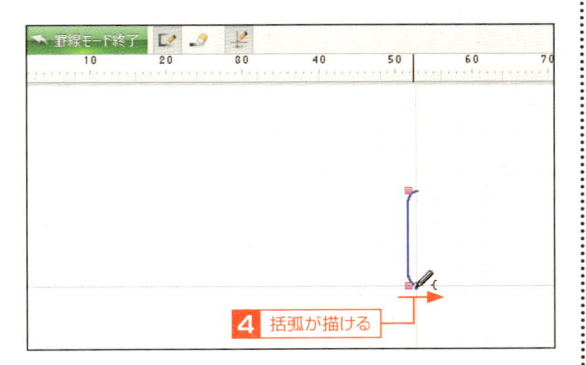

4 括弧を開きたい方向にマウスをずらしてマウスボタンを離すと、括弧を描けます。ここでは右側に開いた括弧を描くために、右方向にマウスをずらしています。

>
> **MEMO** 下方向や上方向に開いた括弧を描く場合も同様に、開きたい方向にマウスをずらします。

ブレス付きの括弧を描く

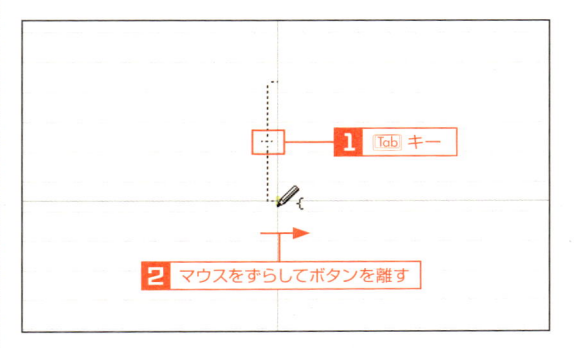

1 始点から終点へドラッグする途中、ブレスを付けたい位置で Tab キーを押します。

2 括弧を開きたい方向にマウスをずらしてマウスボタンを離します。

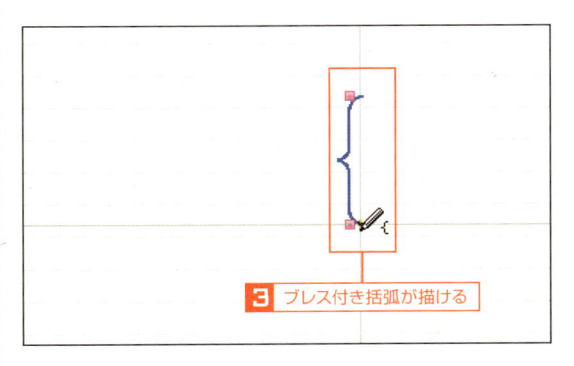

3 Tab キーを押した位置にブレスが付いた括弧が描けます。

>
> **MEMO** 括弧の中央にブレスを付けたい場合は、[罫線－括弧] パレットの[括弧の中央にブレスを付ける]のチェックをオンにするか、マウスボタンを離すときに Ctrl キーを押します。

6-19 【罫線】罫線の種類を変更する

罫線を引いたあとで、線の種類や色を変更することが可能です。わざわざ罫線を削除して引き直す必要はありません。変更する罫線の選択方法もいろいろ設定できます。

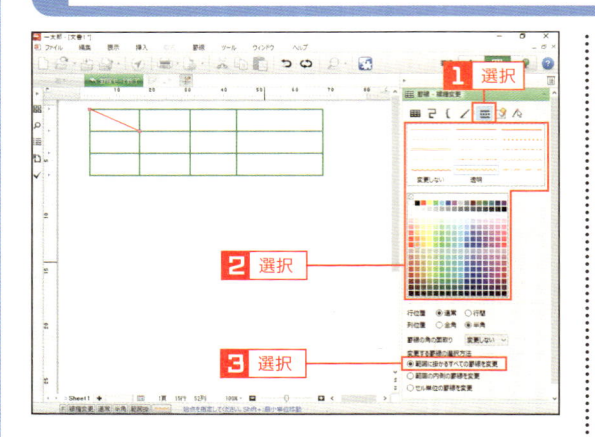

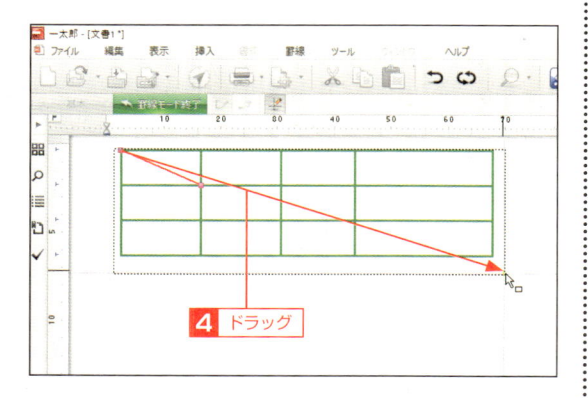

1 [罫線] パレットの ▦ [線種変更] を選択します。

2 変更後の線の種類と色を選択します。

3 [変更する罫線の選択方法] で [範囲に掛かるすべての罫線を変更] を選びます。

4 線種を変更したい罫線に掛かるように、マウスをドラッグします。

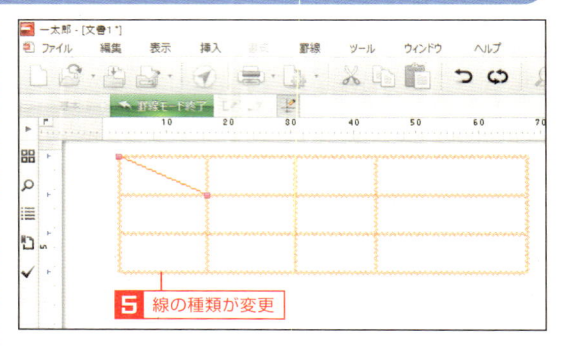

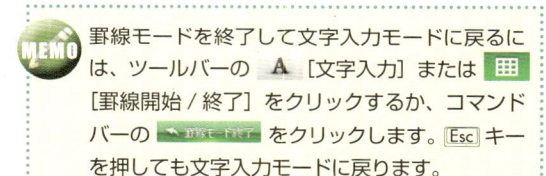

5 選択範囲に掛かった罫線の種類が変更されます。

> **MEMO**
> 罫線モードを終了して文字入力モードに戻るには、ツールバーの **A** [文字入力] または ▦ [罫線開始 / 終了] をクリックするか、コマンドバーの ◀ 罫線モード終了 をクリックします。[Esc] キーを押しても文字入力モードに戻ります。

HINT 選択方法の違い

● **範囲に掛かるすべての罫線を変更**
ドラッグして選択した範囲に掛かる罫線が対象

● **範囲の内側の罫線を変更**
ドラッグして選択した範囲の完全に内側にある罫線のみ対象

● **セル単位の罫線を変更**
ドラッグして選択した罫線のセルの交点までが対象

6-20 【罫線】罫線を消去する

罫線の[消去]機能を使えば、いったん描いた罫線を全部、あるいは部分的に消去することができます。選択方法によって、消去される範囲が異なってきます。

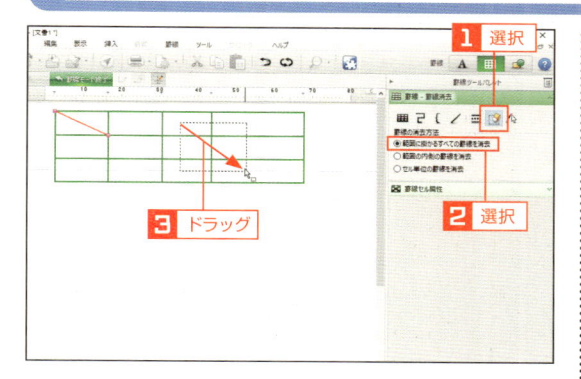

1 [罫線] パレットの [罫線消去] を選択します。

2 [罫線の消去方法] で [範囲に掛かるすべての罫線を消去] を選びます。

3 消去したい罫線に掛かるように、マウスをドラッグします。

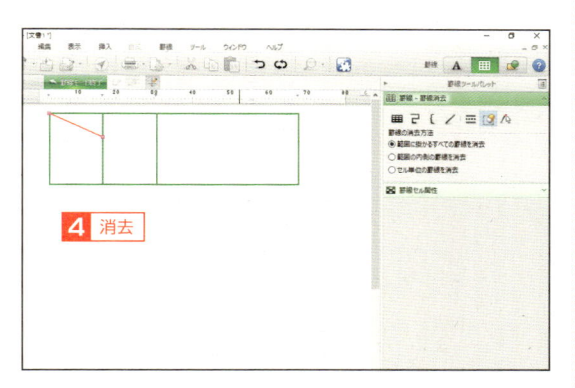

4 選択範囲に掛かる罫線が消去されます。

MEMO 選択方法と消去範囲については、左ページの線種変更と同じです。

HINT そのほかの消去方法

●マウスでなぞった部分だけを消去する

線種一覧で [消去] を選択し、消去したい部分をマウスでなぞると、その部分だけを消去できます。ただし、斜線や括弧は、なぞった部分だけを消去することはできません。

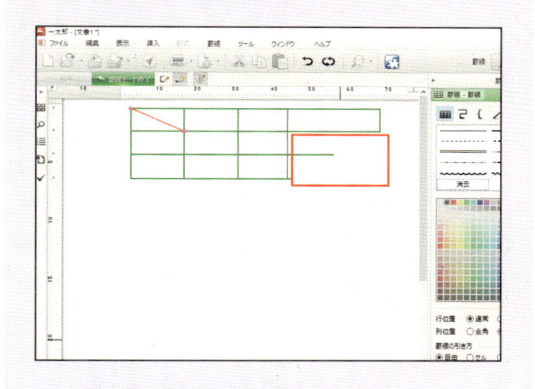

●文字入力モードで消去する

文字入力モードでは、罫線を含むようにしてドラッグして範囲指定し、Delete キーを押すと、罫線を削除できます。

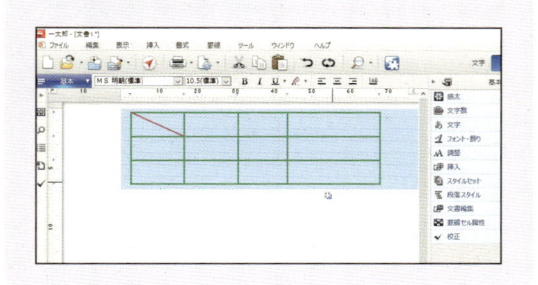

 **知っておくと便利な罫線の機能や操作**

これまでに紹介してきた罫線機能以外に、知っておくと便利な機能や操作を紹介します。

●通常罫線と行間罫線

罫線を描く際には、[行位置] として [通常] または [行間] を選択できます。[通常] は、行の中央に引かれます。[行間] は、行と行の間に引かれます。なお、[通常] で文字の上に線を引くと、文字が削除されます。

●通常罫線

●行間罫線

●角の丸い四角形を描く

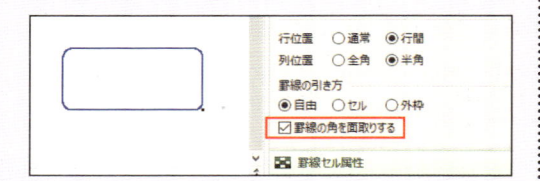

[罫線の角を面取りする] のチェックをオンにして四角形を描画すると、角の丸い四角形を描けます。また、四角形を描画する際に、[Ctrl] キーを押したままマウスボタンを離すことでも角丸にできます。

●水平・垂直の軌跡を描く

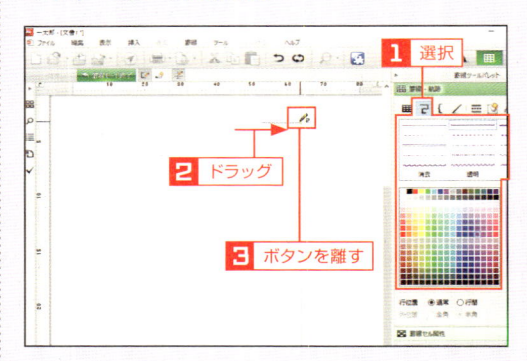

1 [罫線] パレットの ⊇ [軌跡] を選択し、線の種類と色を選択します。

2 横方向にドラッグします。

3 線を曲げる位置でいったんマウスボタンを離します。

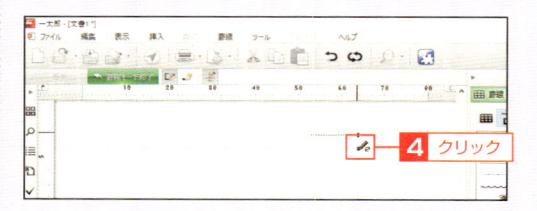

4 次に線を引きたい位置までマウスカーソルを移動し、曲げる位置をクリックします。

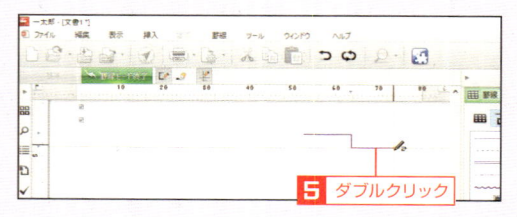

5 終点でダブルクリックすると、これまでの軌跡を確定できます。

6-21 【作図】図形を描く

一太郎には、簡易作図機能があります。これを利用すれば、簡単な地図やイラストなどを手早く描くことができます。

直線を描く

1 ツールバーの [簡易作図開始/終了] をクリックします。

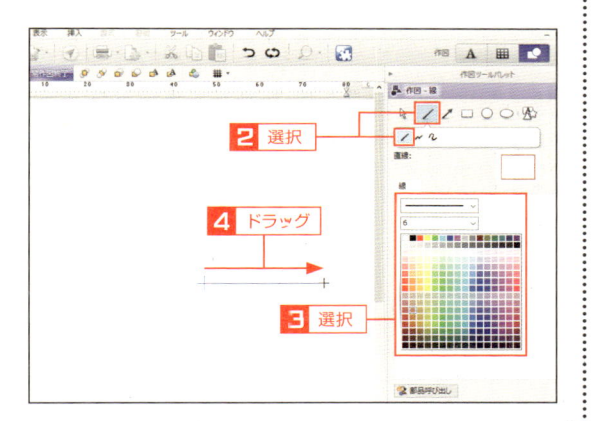

2 簡易作図モードになります。 ／ [線] の ／ [直線] を選択します。

3 線の種類や太さ、色を選択します。線の太さは [任意] を選択して「6」と入力、色では茶色を選択しています。

4 横方向にドラッグします。

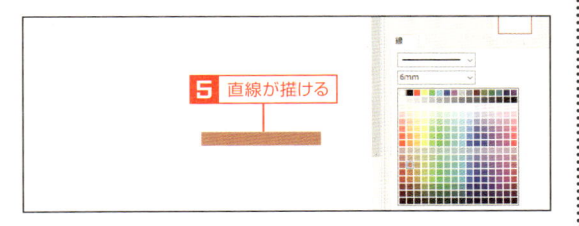

5 Shift キーを押したままマウスボタンを離すと、水平の直線が描けます。

立体図形を描く

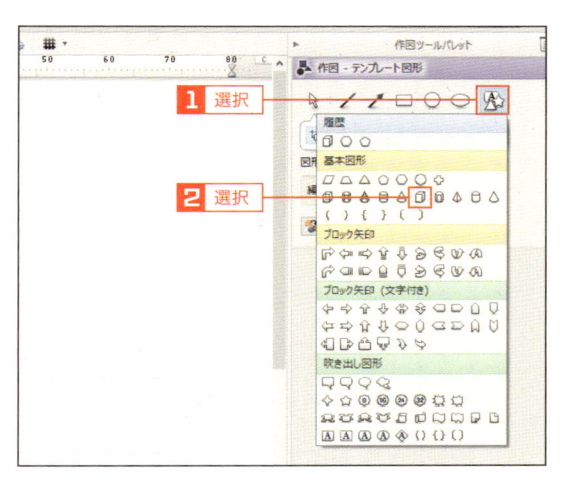

1 [テンプレート図形] を選択します。

2 一覧から描きたい図形を選びます。ここでは直方体を選んでいます。

3 [線] タブで線の種類や太さ、色を選択します。ここでは 0.8mm の極太線を選択しています。

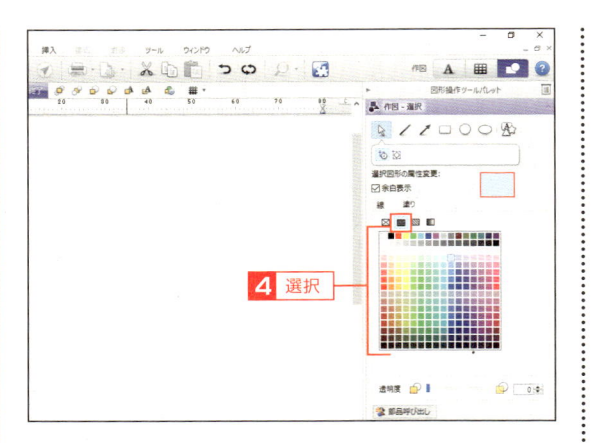

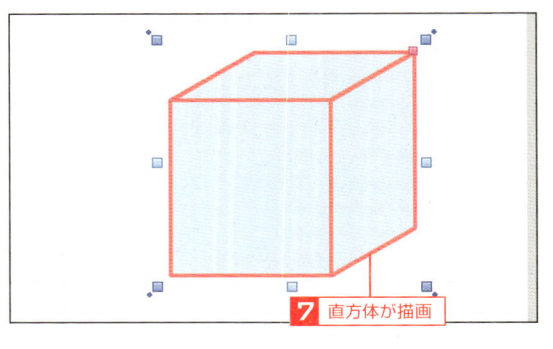

7 直方体が描けました。

4 [塗り] タブで [色] を選択します。ここでは水色を選択しています。

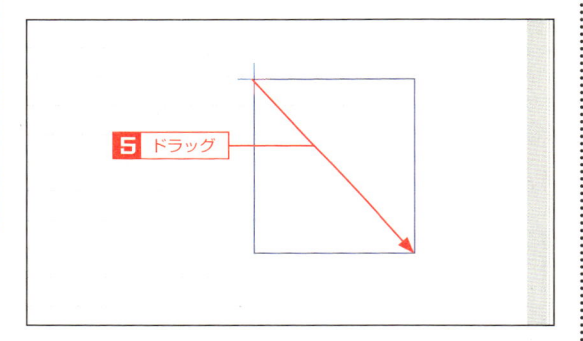

5 長方形の対角線を描くようにドラッグします。

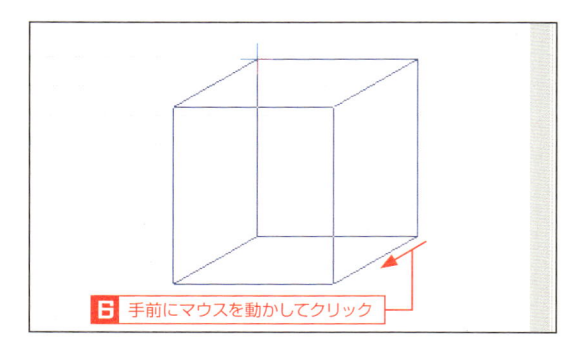

6 いったんマウスのボタンを離し、手前（左）の方向にマウスを動かして、もう一度クリックします。

MEMO [選択] をクリックし、図形をクリックしてドラッグすると移動、Delete キーを押すと削除、周辺の■をドラッグすると大きさを変更できます。

HINT 簡易作図で地図を描く

これまでに描いた図形に少し描き加えると、簡易地図になります。同じ色の直線を縦方向に描いて道路を交差させ、直線の色を青色に変えて川を描いています。矢印付き直線も描き加えています。
図形を描き終わったらツールバーの **A** [文字入力] をクリックして文字入力モードに戻り、文字を加えています。川は選択して右クリックし、[最も下] を選んで道路より下になるようにしています。

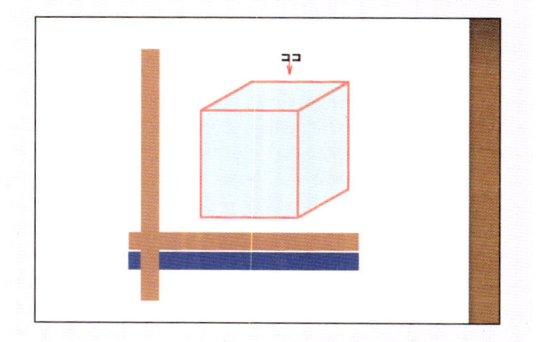

6-22 【写真】写真をまとめてレイアウトする

写真をたくさん貼り付けたいときは、「写真をまとめてレイアウト」機能を使いましょう。豊富なレイアウトパターンから選ぶだけで見栄え良く複数の写真を配置できます。

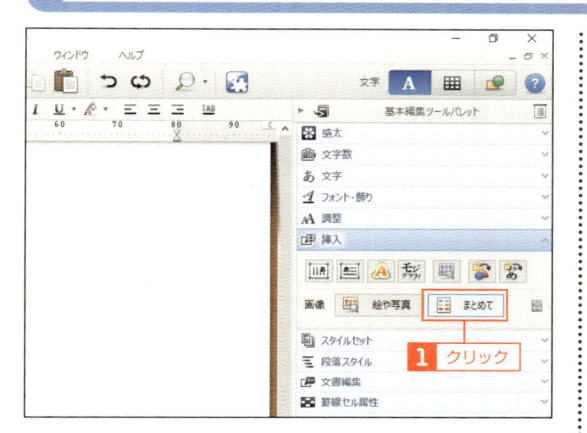

1 ［挿入］パレットの ⊞ まとめて ［写真をまとめてレイアウト］をクリックします。

2 ダイアログボックスが2つ表示されるので、［絵や写真］ダイアログボックスで 📂 ［フォルダーから］タブを選択します。

3 左側で貼り付けたい写真が入ったフォルダーを指定します。

4 右側で挿入したい写真を選択します。

5 追加 をクリックします。

6 もう一方の［写真をまとめてレイアウト］ダイアログボックスの一覧に、選んだ写真が表示されます。

7 手順 3 ～ 5 を繰り返して、複数の写真を選択します。ここでは5枚の写真を選択しています。

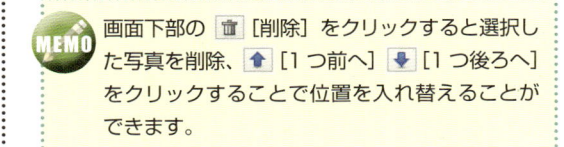
MEMO 画面下部の 🗑 ［削除］をクリックすると選択した写真を削除、⬆ ［1つ前へ］ ⬇ ［1つ後ろへ］をクリックすることで位置を入れ替えることができます。

B クリック

B 写真を選び終わったら［絵や写真］ダイアログボックスの 閉じる をクリックします。

9 選択

10 クリック

9 ［写真をまとめてレイアウト］ダイアログボックスに、テンプレート一覧が表示されるので、好みの配置を選びます。

10 挿入 をクリックします。

MEMO 写真をドラッグすることで、任意の位置に入れ替えることができます。また、右下の ⤭ ［シャッフル］をクリックすることで、ランダムに入れ替えることもできます。

11 複数写真が貼り付く

11 文書中に、複数の写真がレイアウトされて貼り付きました。

HINT ## 並べる方向や列数・行数を指定して並べる

テンプレートを利用して並べるほか、列数や行数を指定して規則的に並べることもできます。［写真をまとめてレイアウト］ダイアログボックスで［整列］タブを選び、並べる方向や列数・行数、間隔などを指定します。

写真を選ぶ ［写真を選ぶ］をクリックすると、写真を選ぶ画面に戻って写真を追加したり選択し直したりできます。

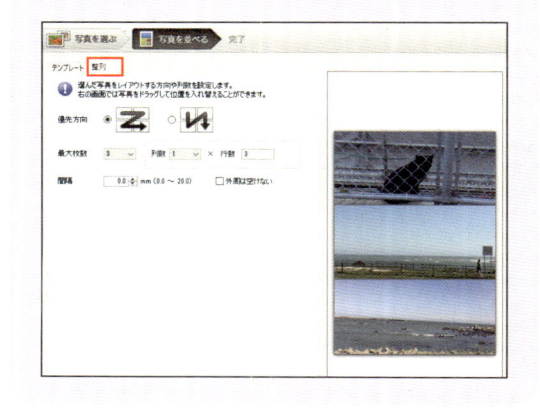

● **個別に写真を貼り付けるには**
→ 47 ページ

● **写真のデータサイズを縮小するには**
→ 48 ページ

6-23 【写真】写真に効果を付ける

写真にさまざまな効果を付けることができます。14種類の写真フィルターから選ぶだけで、雰囲気のある写真に変身させることができます。

1 効果を付けたい写真をクリックして選択します。

2 [画像枠の操作] パレットの 🖼️ [写真フィルター] をクリックします。

3 写真のイメージに合った効果を選択します。ここでは [ジオラマ] を選択しています。

4 OK をクリックします。

5 写真にフィルターが設定されました。

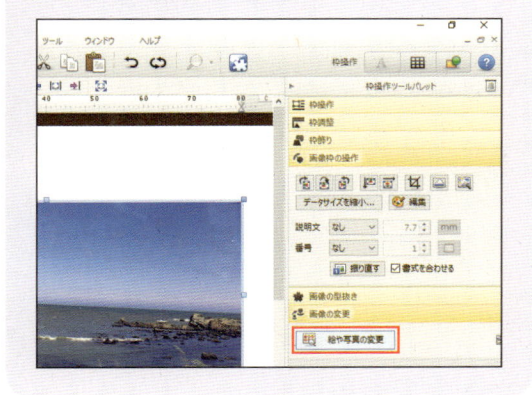

6-24 【感太】感太を使って言葉を挿入する

感太に収録されている言葉やイメージ写真を文書に挿入することができます。言葉の意味も簡単に調べることができます。

ことばを挿入する

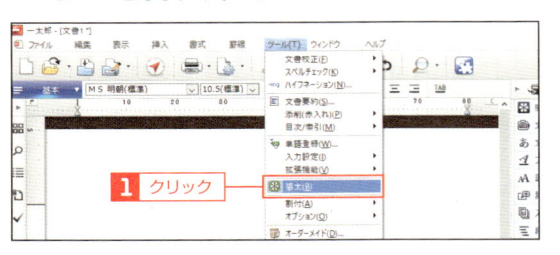

1 [ツール－感太] を選択します。

> **MEMO** 基本編集ツールパレットからも開くことができます。
>

2 挿入したいカードの [ことばを挿入します] をクリックします。

3 ことばが挿入されました。

写真を挿入する

1 挿入したいカードの [写真を挿入します] をクリックします。

2 写真が挿入されました。

辞書引きをする

1 言葉の意味を知りたいカードの [辞書引きします] をクリックすると、辞書が表示されます。

6-25 【書式】文字飾りをストックして再利用する

よく使う文字飾りの設定は、ストックしておくことができます。すぐに呼び出して再利用できるので、素早く書式を設定できるようになります。

フォント・飾りをストックする

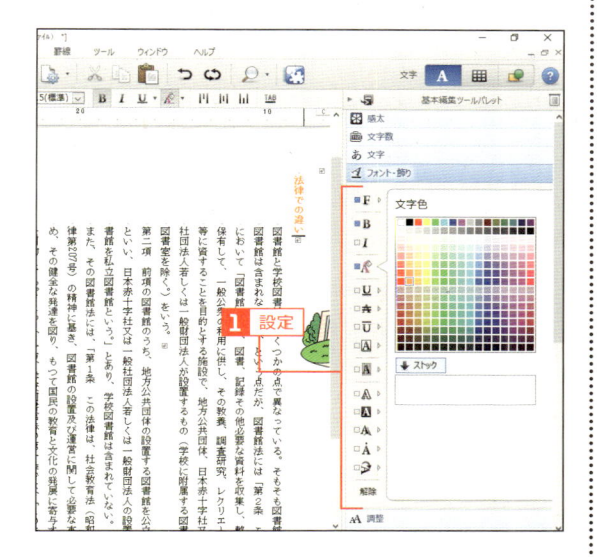

1 [フォント・飾り] パレットで文字色やアンダーラインなどの書式を設定します。

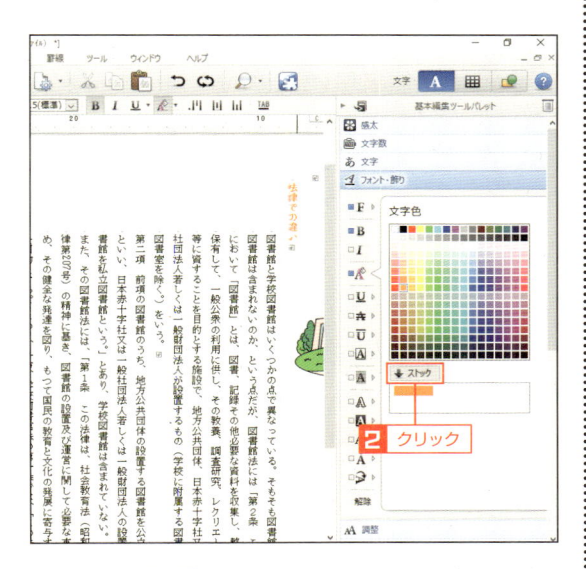

2 [ストック] をクリックします。

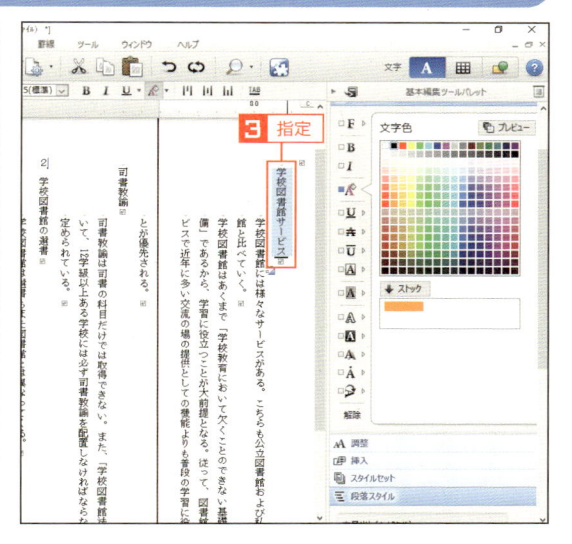

3 書式を設定したい文字列を範囲指定します。

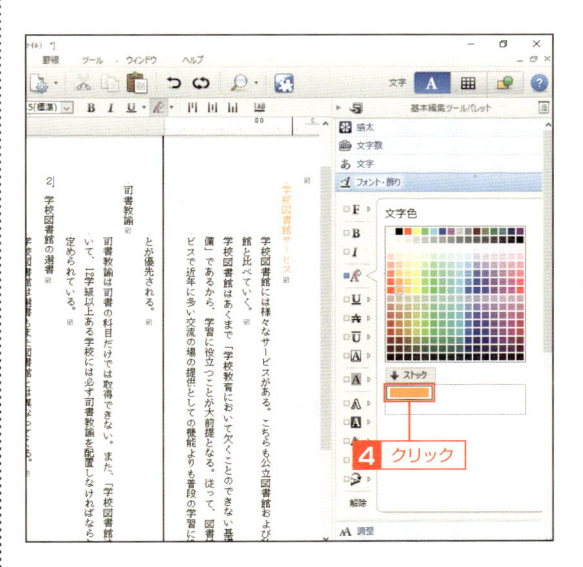

4 ストックした飾りをクリックします。

● お気に入りのフォントを利用する
→ 35 ページへ

6-26 【書式】きまるフレームで枠を簡単に挿入する

「きまるフレーム」は、文書によく使われる定番の記載内容（フレーム）を、編集中の文書に呼び出す機能です。「コラム」「告知」「申し込み」などの用途別に、豊富なフレームを収録しています。

●フレームを挿入する

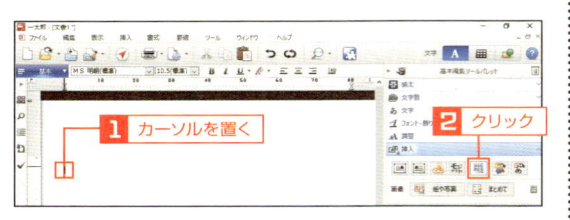

1 挿入したい場所をクリックしてカーソルを置きます。

2 [挿入] パレットの ⊞ [きまるフレーム] をクリックします。

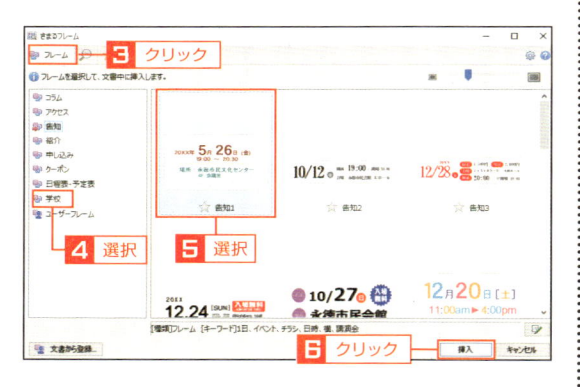

3 [きまるフレーム] ダイアログボックスが開くので、[フレーム] タブをクリックします。

4 左側でフレームの分類を選択します。

5 右側で挿入したいフレームを選択します。

6 挿入 をクリックします。

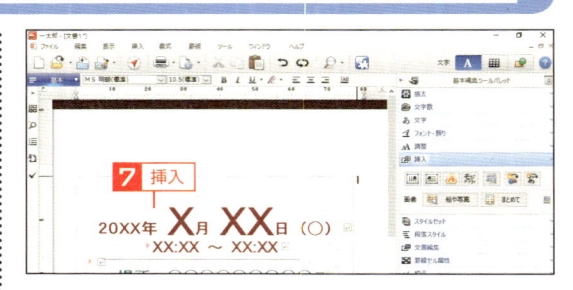

7 フレームが挿入されます。

> **MEMO** 件名や日付、通信名などの内容を入力します。

●よく使うフレームを登録する

1 枠を選択していない状態で[挿入]パレットの ⊞ [きまるフレーム] をクリックします。

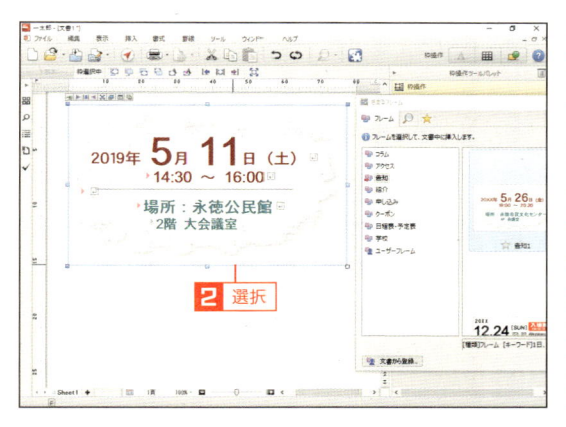

2 [きまるフレーム] ダイアログボックスが表示されている状態で、登録したい枠を選択します。

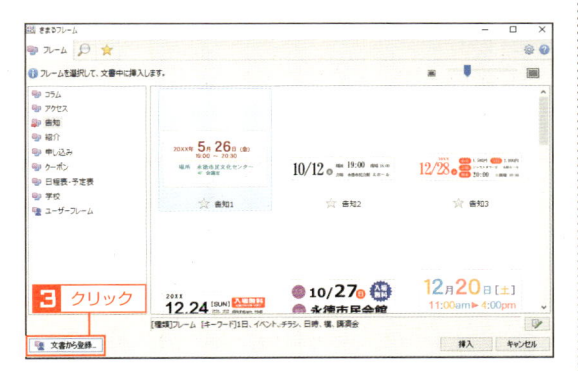

3 [きまるフレーム] ダイアログボックスで 文書から登録... をクリックします。

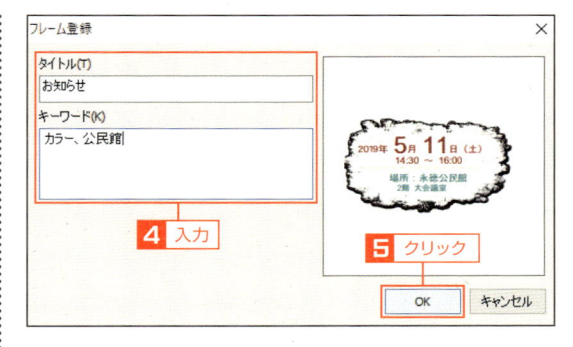

4 タイトルやキーワードを入力します。

5 OK をクリックします。

> **MEMO** キーワードを設定しておけば、検索時にその文字列で絞り込むことができます。複数のキーワードを設定したい場合は、「,」で区切って入力します。

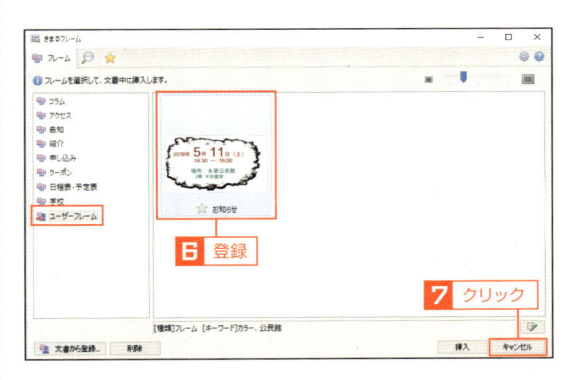

6 [ユーザーフレーム] の中に登録されます。

7 登録を終了する場合は キャンセル をクリックします。

> **MEMO** 登録したフレームは、[ユーザーフレーム] の中から選んで再利用できます。

6-27 【書式】段組を設定する

1行の文字数が長くなりすぎると、文章が読みづらくなります。そんなときは、段組を設定して読みやすくしましょう。2段組から9段組までの設定が可能です。

段組を設定する

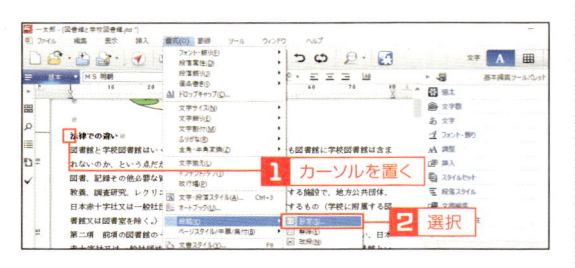

1 段組を開始したい行にカーソルを置きます。

2 ［書式−段組−設定］を選択します。

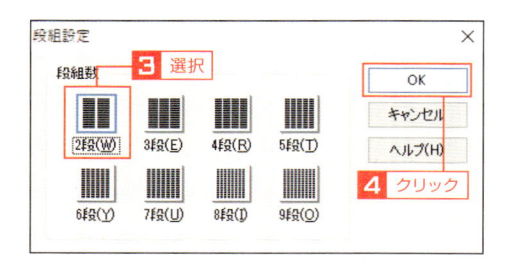

3 ［段組設定］ダイアログボックスが開くので、［段組数］で［2段］を選択します。

4 OK をクリックします。

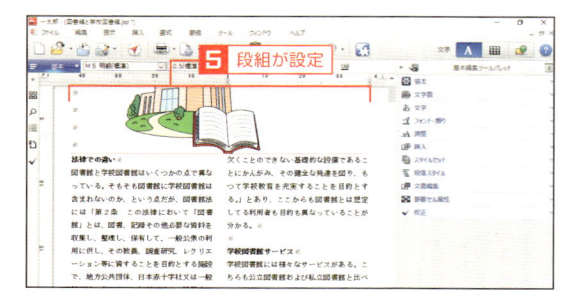

5 カーソル位置以降の行に段組が設定されます。

改段する

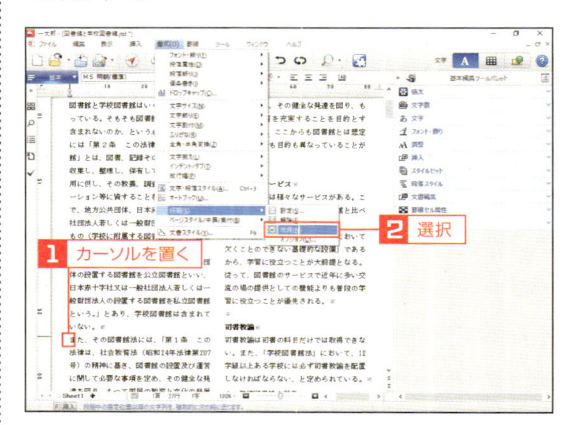

1 段の途中から、次の段に移動したいときには、移動したい文字の前にカーソルを置きます。

2 ［書式−段組−改段］を選択します。

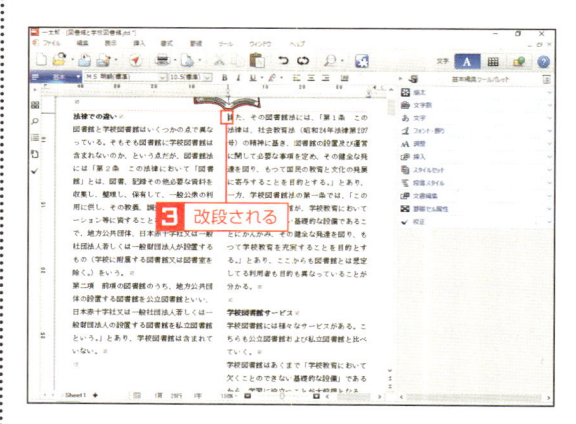

3 改段されます。

●文書のスタイルを一発で選べる「きまるスタイル」は→ 53、89 ページ

6-28 【書式】ページのヘッダ・フッタを設定する

ページ上部のヘッダと、下部のフッタ領域には、ファイル名や印刷日付などの文書情報を表示できます。そのまま印刷すれば、書類を管理する際に役立ちます。

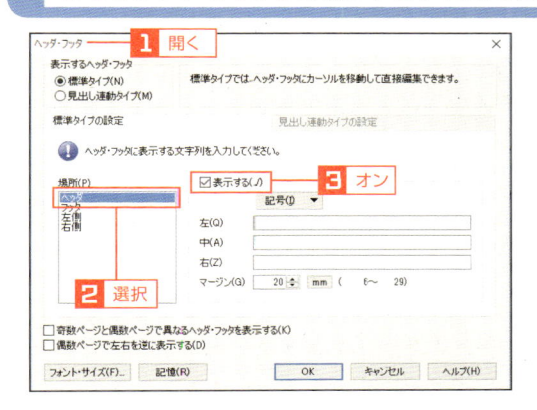

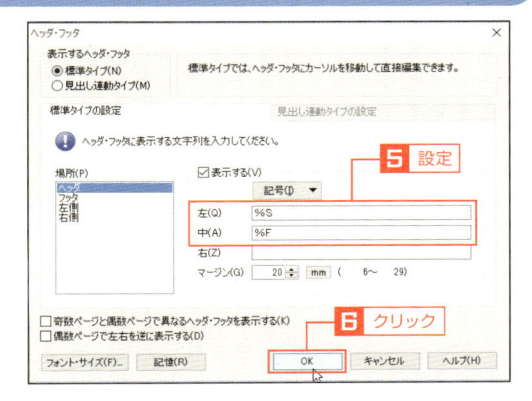

1 [ファイル－文書スタイル－ヘッダ・フッタ] を選択し、[ヘッダ・フッタ] ダイアログボックスを開きます。

2 [場所] で [ヘッダ] を選択します。

3 [表示する] のチェックをオンにします。

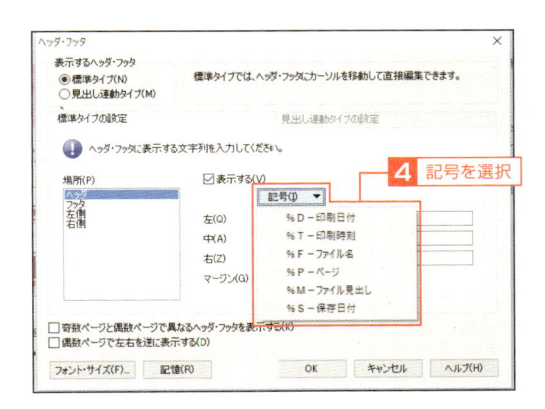

4 記号 をクリックすると、ヘッダに設定可能な記号を選択できます。

MEMO 任意の文字列を直接入力することもできます。

5 ここでは、[左] に保存日付、[中] にファイル名を表示する設定にしています。

6 OK をクリックします。

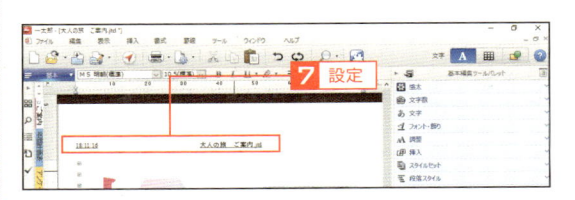

7 ヘッダ領域に、日付とファイル名が表示されます。

HINT ヘッダやフッタが表示されないときは

ページの境界部分にマウスポインターを合わせ、ポインターがはしごのような形になったらクリックします。すると、余白部分が表示されてヘッダ・フッタが表示されます。再度クリックすると、余白部分は非表示になります。

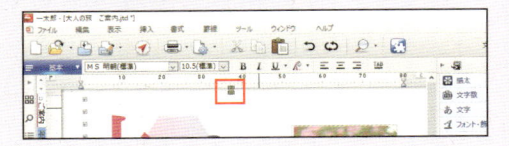

6-29 【書式】ドロップキャップで先頭文字を大きくする

ドロップキャップは、先頭文字を複数行にまたがった大きな文字にすることができる機能で、雑誌などのレイアウトでよく使われています。

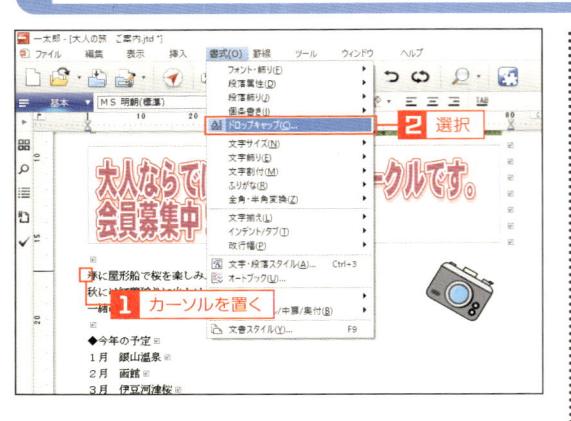

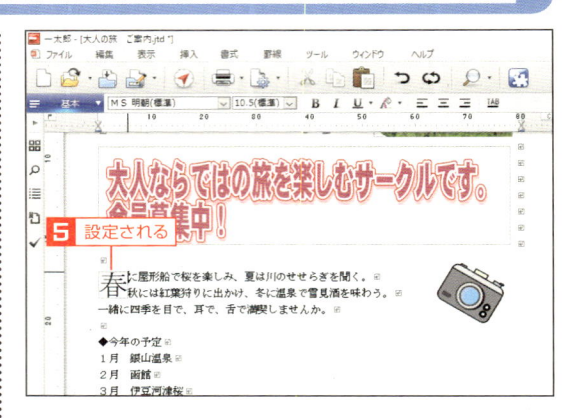

1 ドロップキャップを設定したい段落にカーソルを置きます。

5 ドロップキャップが設定されました。

2 [書式－ドロップキャップ]を選択します。

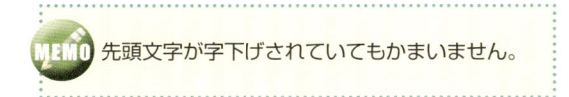

先頭文字が字下げされていてもかまいません。

HINT ドロップキャップを変更、解除する

ドロップキャップの枠を選択した状態で[書式－ドロップキャップ]を選択し、行数を変更したり解除したりします。
なお、ドロップキャップに設定した文字は、設定後も自由に編集できます。

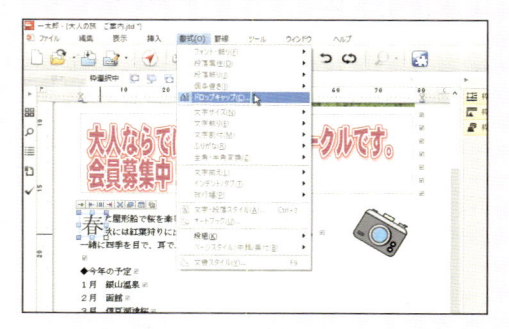

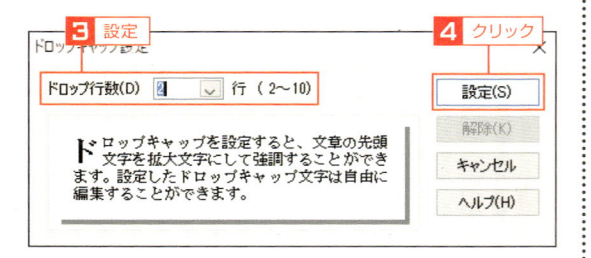

3 [ドロップキャップ設定]ダイアログボックスが開きます。[ドロップ行数]を設定します。

4 設定 をクリックします。

6-30 【文字】文字列を検索する

文書中にある特定の文字列を探したいときには、検索機能を利用します。検索された文字列は色付きで表示されるので、ひと目でわかります。

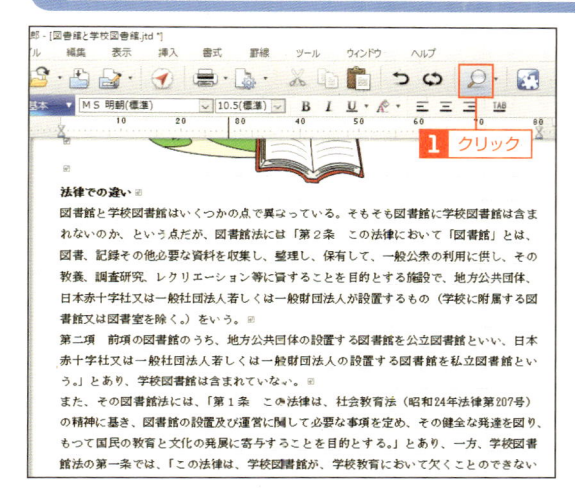

1 文字列を検索したい文書を開いたら、ツールバーの 🔍 [検索ダイアログボックスを開く] をクリックします。

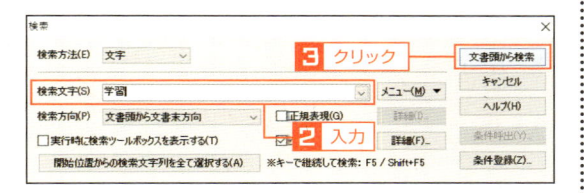

2 [検索文字] に、検索したい文字列を入力します。

3 文書頭から検索 をクリックします。

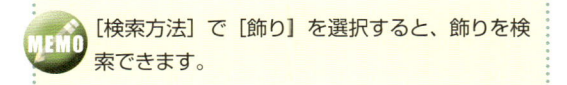

MEMO [検索方法] で [飾り] を選択すると、飾りを検索できます。

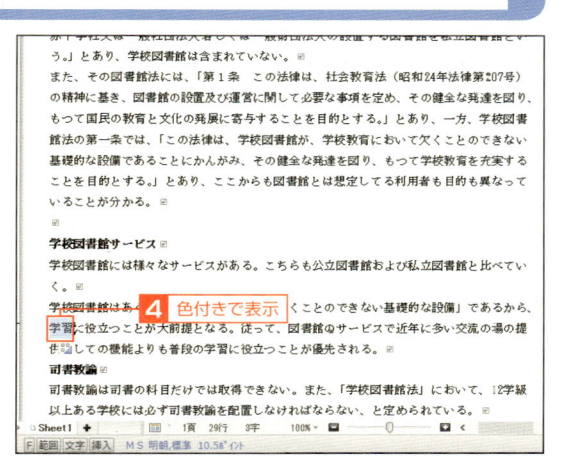

4 文書先頭から検索が開始され、最初に検索された文字列が色付きで表示されます。続けて文書末方向に検索する場合は F5 キーを押します。

MEMO 文書頭方向に検索したい場合は Shift + F5 キーを押します。

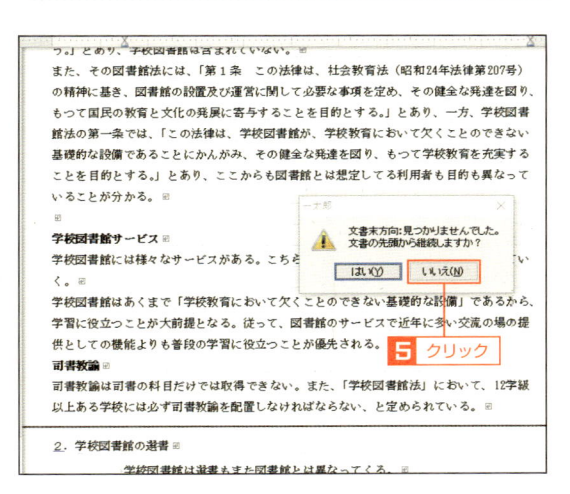

5 以降に対象の文字列がなくなると、メッセージが表示されます。検索を終了するなら いいえ をクリックします。

6-31 【文字】文字列を置換する

検索した特定の文字列をすべて別の文字列に置き換えたい場合は、置換機能を使います。たとえば受講料1000円をすべて1200円に変更したいときなどに便利です。

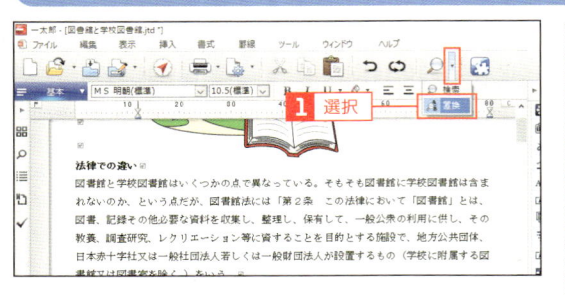

1 ツールバーの 🔍 [検索ダイアログボックスを開く] の右にある ▼ をクリックし、[置換] を選択します。

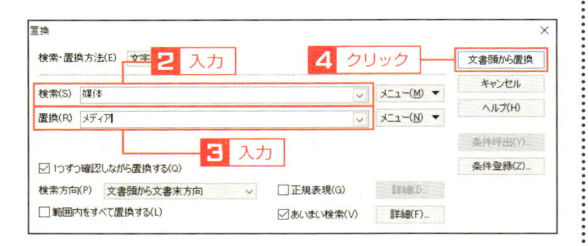

2 [検索] に検索する文字列を入力します。

3 [置換] に置き換える文字列を入力します。

4 文書頭から置換 をクリックします。

> **MEMO** [1つずつ確認しながら置換する] のチェックがオンになっていると、文字列を置換する前に確認メッセージが表示されます。

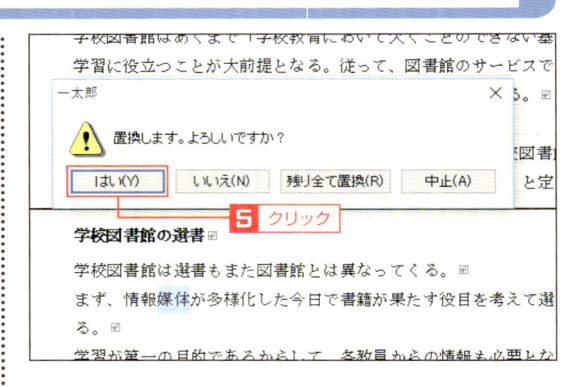

5 置換してよければ、はい をクリックします。

> **MEMO** 残り全て置換 をクリックすると、以降の文字列は、確認することなくすべて置換できます。

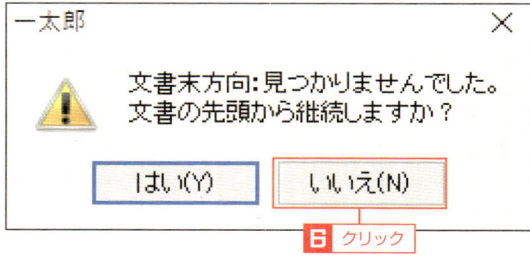

6 以降に対象の文字列がなくなると、メッセージが表示されます。置換を終了するなら いいえ をクリックします。

6-32 【文字】アルファベットや数字を半角に変換する

入力後のアルファベットや数字、記号などを文字の種類ごとに一括で全角や半角に統一することができます。

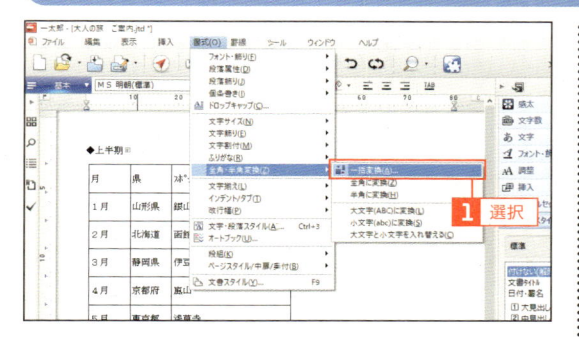

1 [書式－全角・半角変換－一括変換] を選択します。

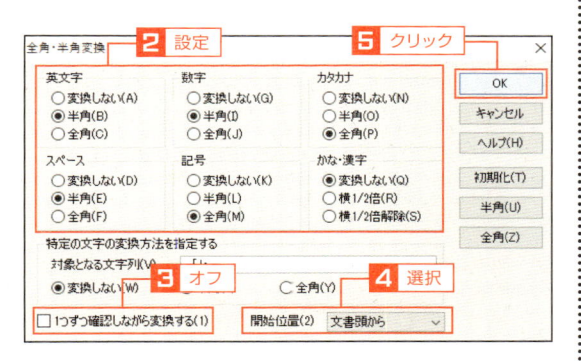

2 数字は半角、カタカナは全角など、変換したい文字の種類で [半角] か [全角] を選択します。変更しないものは [変換しない] を選択します。

3 [1つずつ確認しながら変換する] のチェックをオフにします。

4 [開始位置] で [文書頭から] を選択します。

5 OK を クリックします。

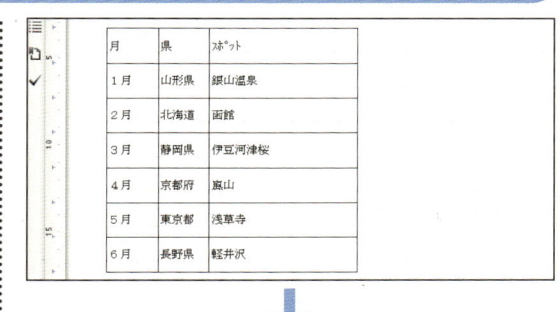

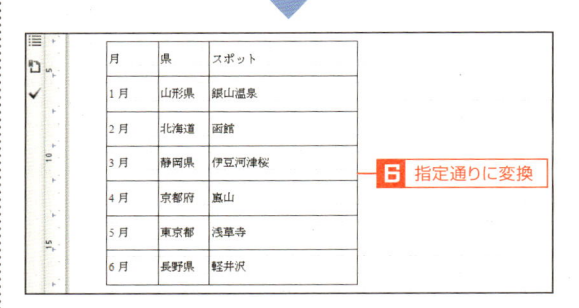

6 指定通り数字は半角、カタカナは全角に変換されます。

HINT 1つずつ確認しながら変換する

[1つずつ確認しながら変換する] のチェックをオンにすると、その都度変換してもよいか確認のメッセージが表示されます。

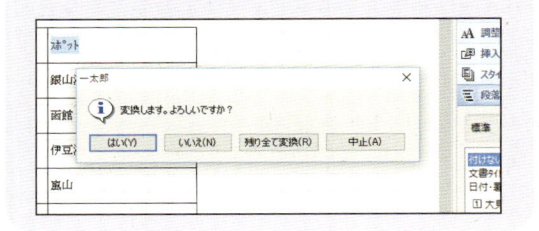

6-33 【印刷】原稿用紙のテンプレートを使う

用意されている原稿用紙スタイルから、用紙の大きさや向きを選んで文書を作成することができます。原稿用紙のルールに合わせて、禁則処理なども設定されています。

原稿用紙のテンプレートを開く

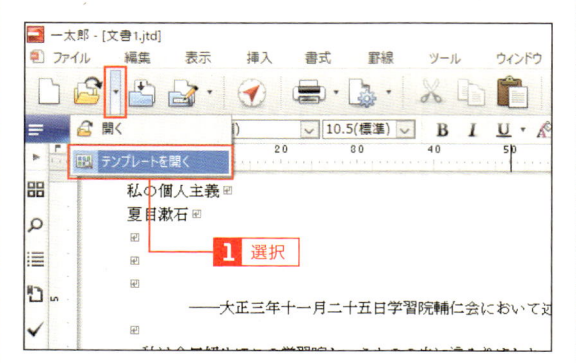

1 ツールバーの 📂 [開く] の ▼ をクリックして [テンプレートを開く] を選択します。

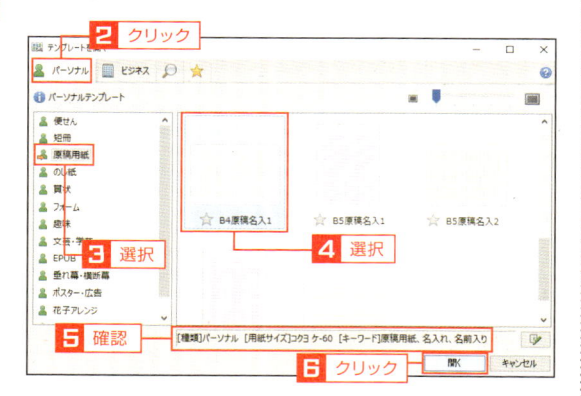

2 [パーソナル] タブをクリックします。

3 [原稿用紙] を選択します。

4 用紙の種類を選択します。

5 市販用紙との対応を確認します。

6 開く をクリックします。

HINT 原稿用紙に名入れできる

「B5 原稿名入 2」のように、テンプレート名に「名入」と入っている場合は、名入れ原稿用紙を作ることができます。「名入れ」のチェックをオンにし、名前を入力してフォントやサイズを指定します。

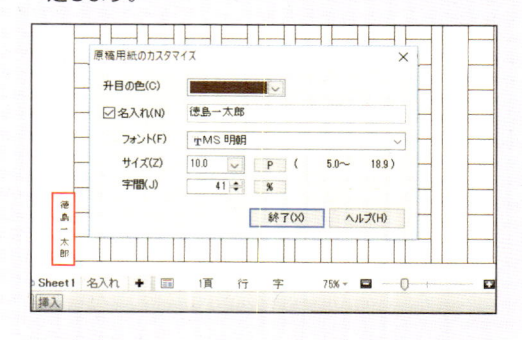

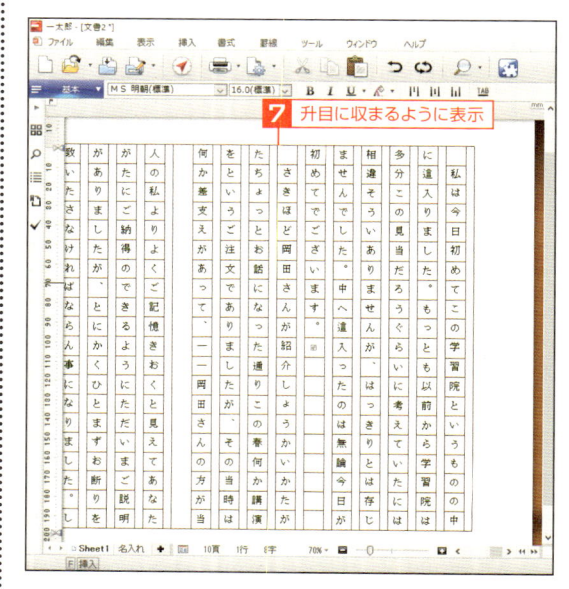

7 文字を入力すると、原稿用紙の升目にピッタリ収まります。

原稿用紙に印刷する

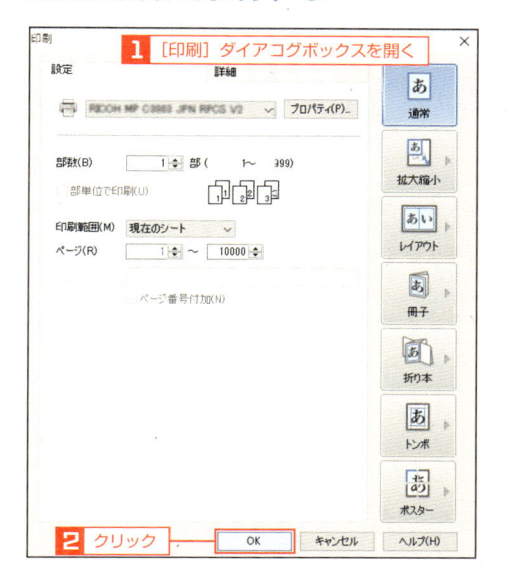

1 ツールバーの 🖶 [印刷] をクリックして、[印刷] ダイアログボックスを開きます。

2 OK をクリックします。

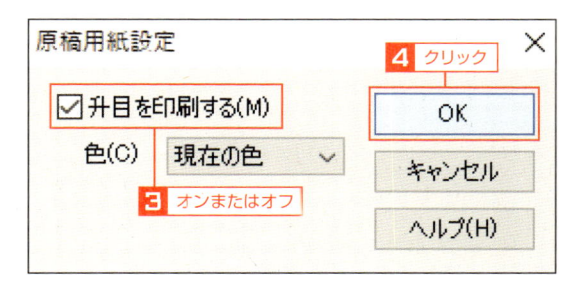

3 原稿用紙に印刷するなら、[升目を印刷する] のチェックをオフに、白い用紙に升目も印刷したいならオンにします。

4 OK をクリックします。

HINT そのほかのテンプレートを活用する

左ページの手順 1 の要領で開くテンプレートには、原稿用紙のほかにも回覧板やレシピシートなどさまざまなテンプレートが用意されています。そのまま印刷して使ったり、フォームに入力して保存したりと便利に活用できます。

●パーソナル－便せん

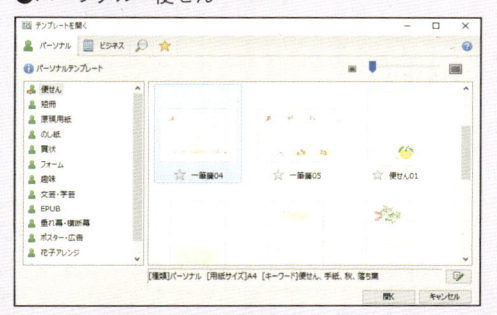

●パーソナル－垂れ幕・横断幕

●パーソナル－折り本

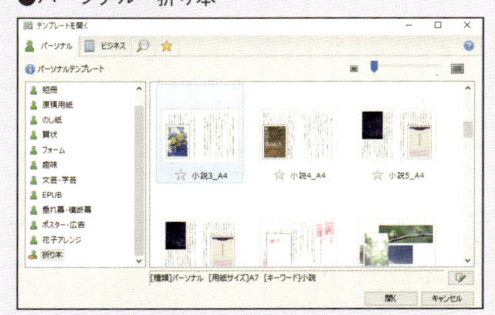

6-34 【印刷】市販のラベルやタック用紙に印刷する

市販のラベルやタック用紙を使用し、ラベルのサイズや形状に収まるように印刷できます。文書スタイルの［用紙設定］から呼び出し可能な用紙の種類は追加できます。

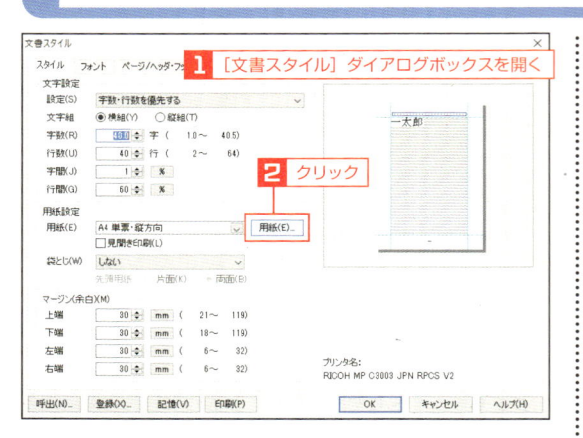

1 ［文書スタイル］ダイアログボックスを開く
2 クリック

1 ツールバーの 🖳 ［用紙や字数行数の設定（文書スタイル）］をクリックして、［文書スタイル］ダイアログボックスを開きます。

2 用紙 をクリックします。

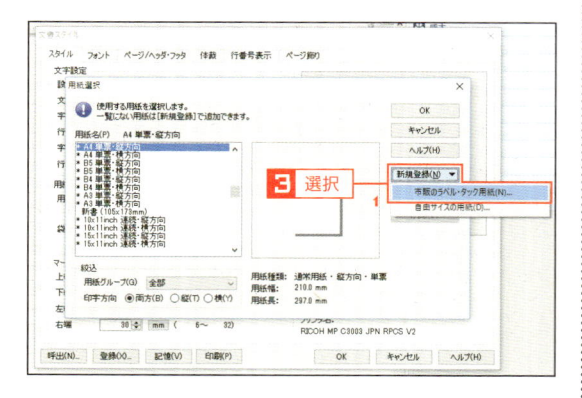

3 選択

3 ［用紙選択］ダイアログボックスで、新規登録 をクリックし、［市販のラベル・タック用紙］を選択します。

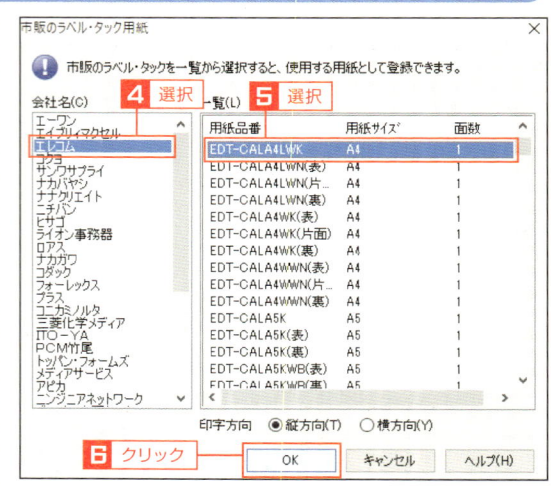

4 選択
5 選択
6 クリック

4 用紙の会社名を選択します。

5 用紙の型番を選択します。

6 OK をクリックします。

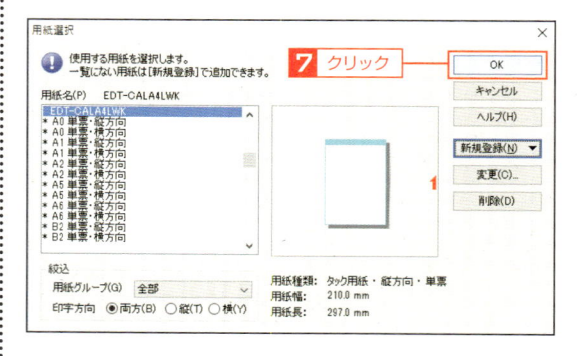

7 クリック

7 選択した用紙のイメージを確認したら、OK をクリックします。

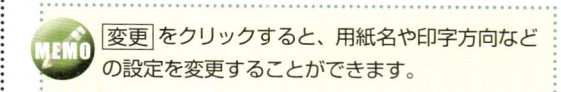

MEMO 変更 をクリックすると、用紙名や印字方向などの設定を変更することができます。

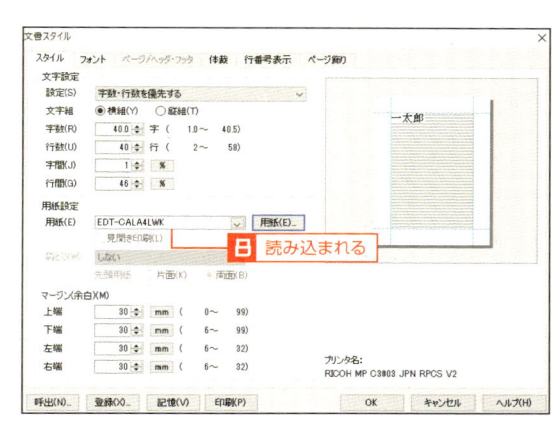

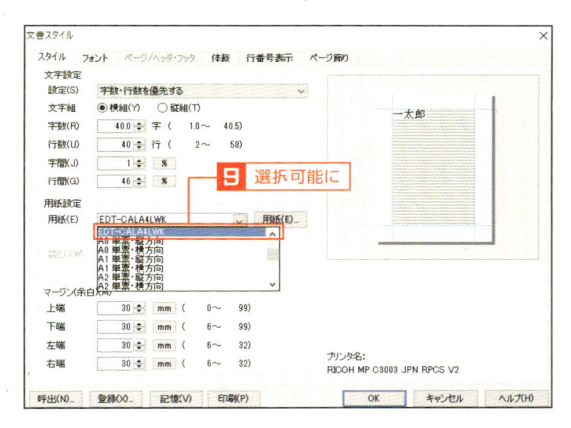

8 用紙のスタイルが読み込まれました。

9 登録した用紙スタイルは、以降 [用紙] の 🔽 をクリックすると表示されるリストから選択できるようになります。

HINT 自由サイズの用紙を作成する

使用したい用紙の型番が見つからない場合には、自分で作成することが可能です。手順 **3** で [自由サイズの用紙] を選択すると、用紙のサイズ、ラベルの枚数、余白などを設定して独自の用紙設定を作成できます。

● [用紙情報] タブ

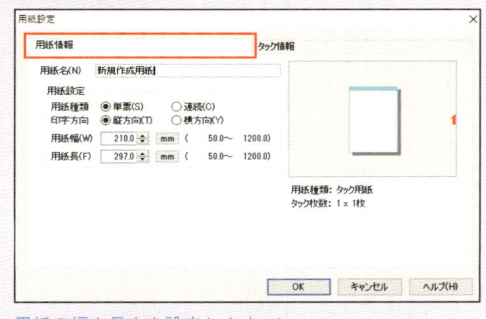

用紙の幅や長さを設定します。

● [タック情報] タブ

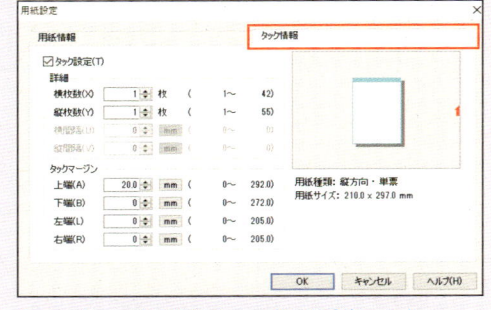

ラベル（タック）の枚数やマージンを設定します。

6-35 【印刷】折り本を作成する

折り本スタイルで印刷すると、切り込みを入れて折るだけで本の形にすることができます。

折り本印刷する

1 ツールバーの 🖶 [印刷] をクリックします。

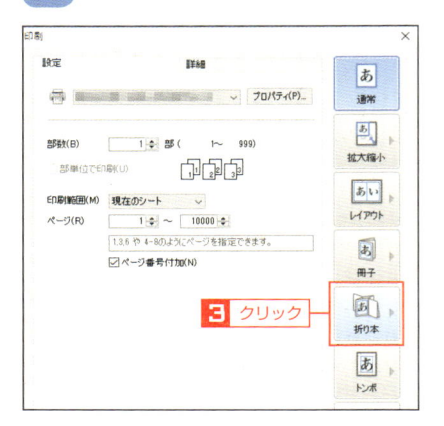

2 [折り本] をクリックします。

3 [出力用紙]、[開き方]、[折り方] を選択します。

4 OK をクリックします。

折り本印刷したものを折る

5 印刷した用紙に切り込みを入れて、折ります。

HINT 印刷の折り本設定画面で折り方を確認できます。

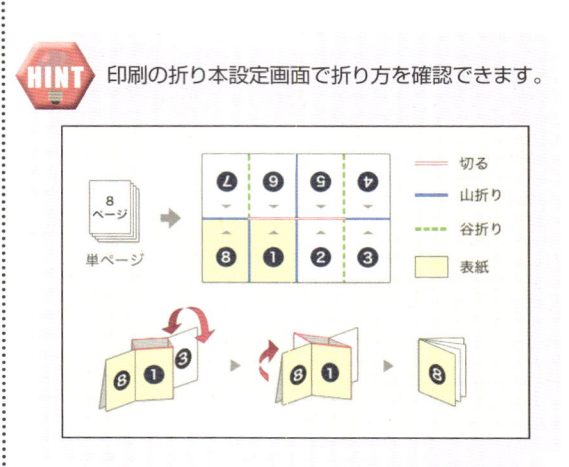

6 完成

6 本の形状になりました。

6-36 【印刷】1ページだけの文書にページ番号を印刷しない

初期設定では、自動でページ番号が付けられますが、1ページだけの文書には不要という場合があります。印刷時のメッセージでページ番号を付けるかどうか確認できます。

ページ番号を印刷しない

1 1ページだけの文書を印刷します。

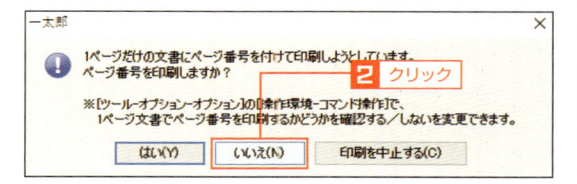

2 確認画面が表示されます。ページ番号が不要な場合には、いいえ をクリックします。

HINT 確認方法を変更する

1ページだけ印刷するときにページ番号を付けるかどうか確認するメッセージは、初期設定でオンになっています。オプション画面でオン／オフを切り替えられます。

1 [ツール−オプション−オプション] を選択します。

2 [グループ] で [操作環境] の [コマンド操作] を選択し、[項目一覧] で [1ページ文書でページ番号を印刷するかどうかを確認する] を設定します。

6-37 【ツール】カーソルを移動したとき余白を残してスクロールする

文章を入力するにしたがって、ページは自動でスクロールします。余白を残してスクロールするように設定を変更できます。

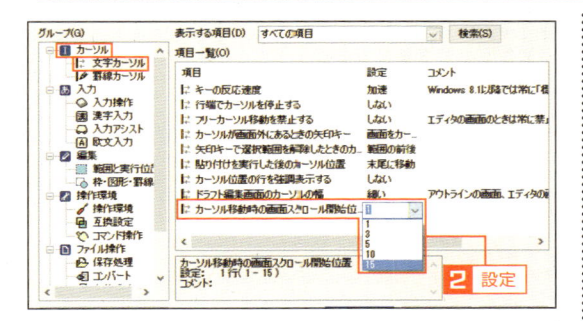

1 [ツール−オプション−オプション] を選択します。

2 [グループ] で [カーソル] の [文字カーソル] を選択し、[項目一覧] で [カーソル移動時の画面スクロール開始位置] の行数を設定します。

●初期設定の状態

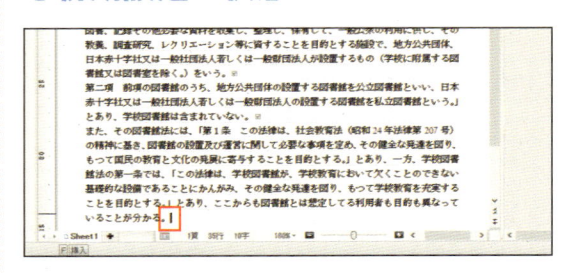

●[15行]に設定した状態

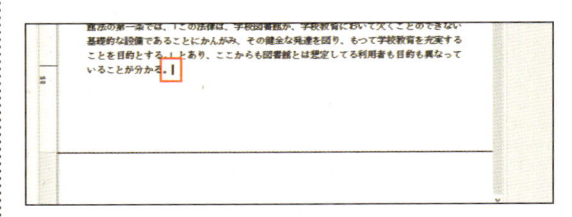

6-38 【ツール】取り消し回数を増やす

操作を誤ったときには取り消しを実行します。取り消し可能な回数は最大500回まで設定可能です。

取り消し回数を設定する

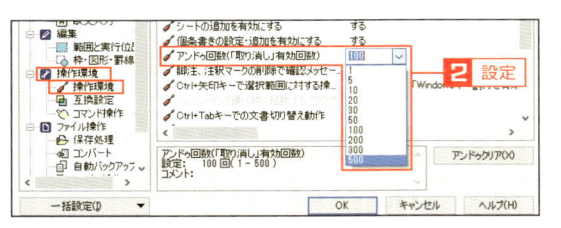

1 [ツール－オプション－オプション]を選択します。

2 [グループ]で[操作環境]の[操作環境]を選択し、[項目一覧]で[アンドゥ回数（「取り消し」有効回数)]を設定します。

3 操作を誤ったときには、ツールバーの⊃[取り消し]をクリックします。設定した回数まで操作をさかのぼって取り消すことができます。

6-39 【ツール】オプションの設定項目を検索する

オプション設定には、さまざまな項目が用意されています。検索機能を利用することで、目的の項目を素早く見つけることができます。

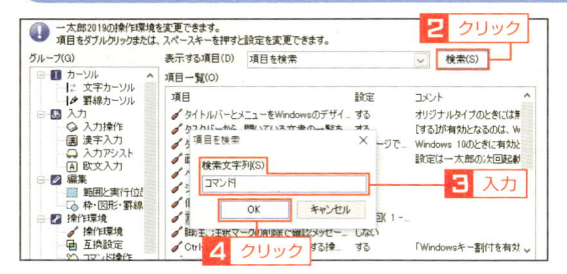

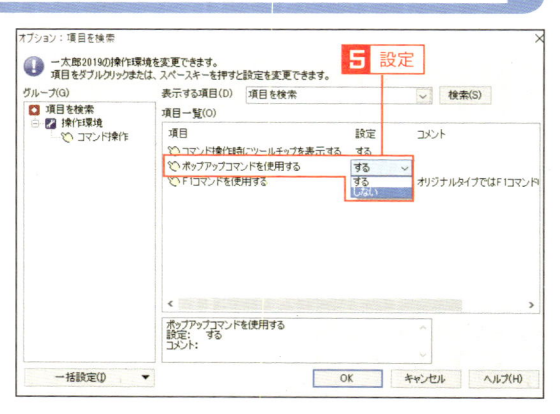

1 [ツール－オプション－オプション]を選択します。

2 検索 をクリックします。

3 [検索文字列]に設定項目に含まれる文字を入力します。

4 OK をクリックします。

5 [項目一覧]に該当項目が表示されるので、設定したい項目を選択します。

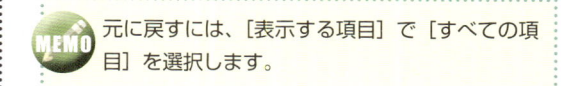

MEMO 元に戻すには、[表示する項目]で[すべての項目]を選択します。

6-40 【保存】Word形式で保存する

一太郎で作成した文書をWord形式で保存することができます。また、Word形式のファイルを直接一太郎で開くこともできます。

Word形式で保存する

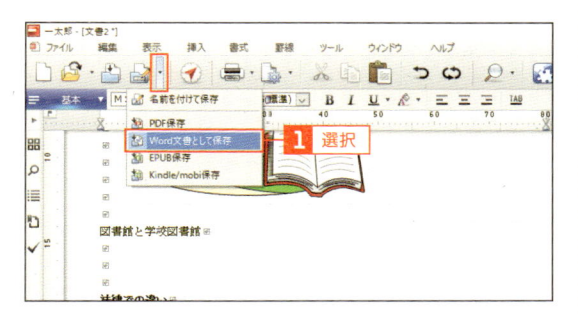

1 ツールバーの [名前を付けて保存] の右の ▼ をクリックして［Word文書として保存］を選択します。［Word文書として保存］ダイアログボックスが開くので、ファイル名などを入力して保存します。

> **MEMO** 同じように、[PDF保存]を選択するとPDF形式で保存できます。

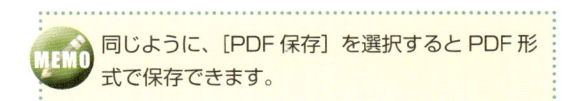

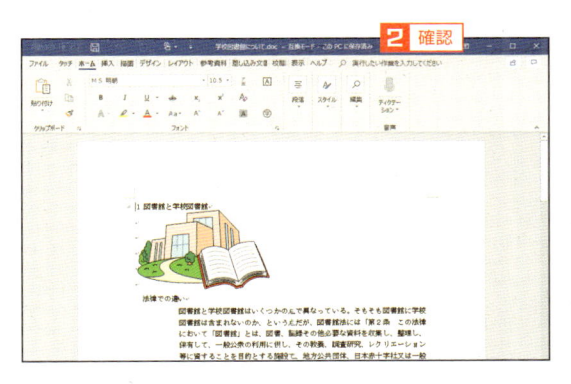

2 文書がWord形式で保存されます。Wordで開いて確認します。

Word形式の文書を開く

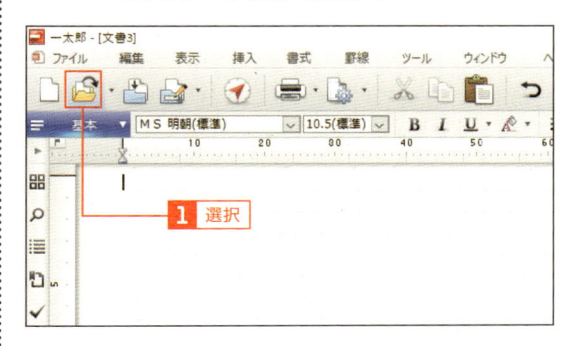

1 ツールバーの [開く] をクリックします。

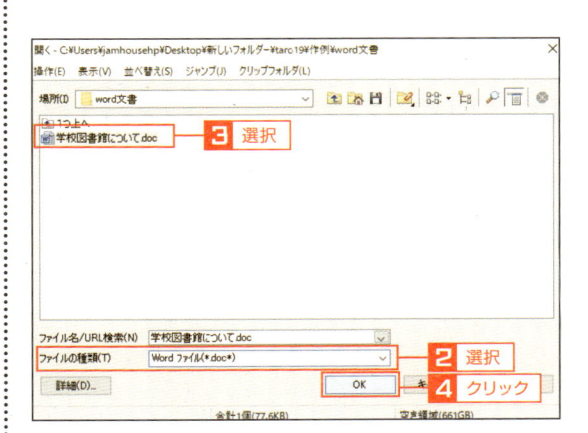

2 ［ファイルの種類］で［Wordファイル（*.doc*）］を選択します。

3 開きたいファイルを選択します。

4 OK をクリックします。

> **MEMO** ［ファイル－他形式の保存／開く－Word文書を開く］でも、Word形式の文書を開くことができます。

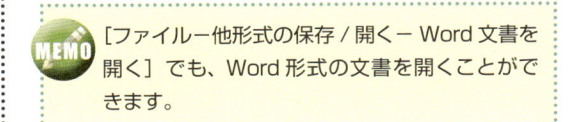

6-41 【環境】インストール直後の状態に戻す

カスタマイズしたメニューや変更した背景デザインなど、一太郎の設定をまとめてインストール直後の状態に戻すことができます。すべての設定を破棄して最初からやり直したいときなどに便利です。

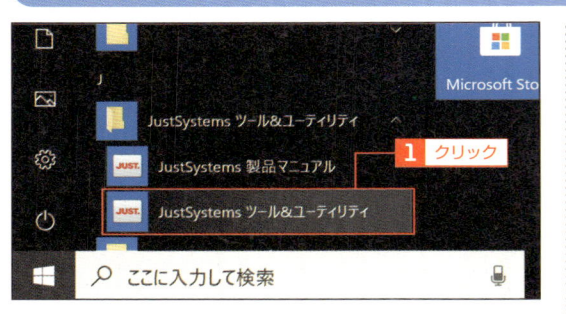

1 一太郎やジャストシステム製品が起動している場合は終了し、すべてのアプリから [JustSystems ツール＆ユーティリティ － JustSystems ツール＆ユーティリティ] をクリックします。

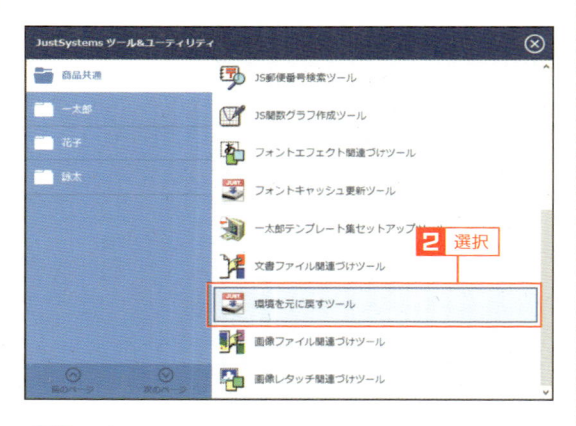

2 [商品共通－環境を元に戻すツール] を選択します。

> **MEMO** Windows 8.1 の場合は、アプリ一覧画面から [JustSystems ツール＆ユーティリティ] をクリックします。

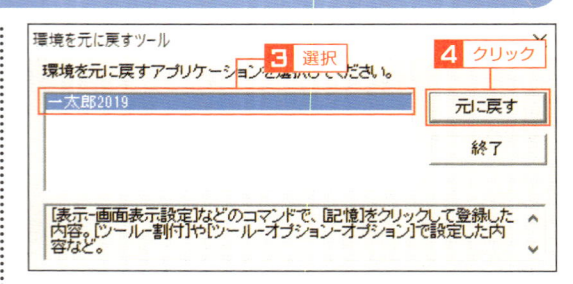

3 開く画面で [一太郎 2019] を選択します。

4 元に戻す をクリックします。

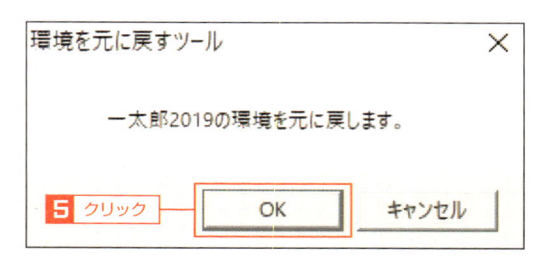

5 ダイアログボックスで OK をクリックします。

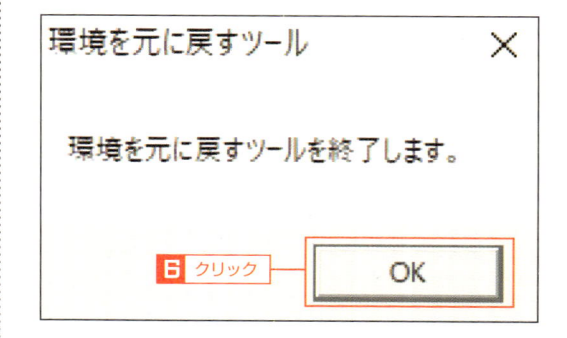

6 OK をクリックすると終了します。

6-42 【はがき】はがきを作成する

楽々はがきを使えば、テンプレートから選ぶだけで簡単に年賀状や引っ越し報告のはがきを作成することができます。一太郎2019の[ツール]メニューから起動できるほか、ソフト単独で起動することもできます。

一太郎から起動する

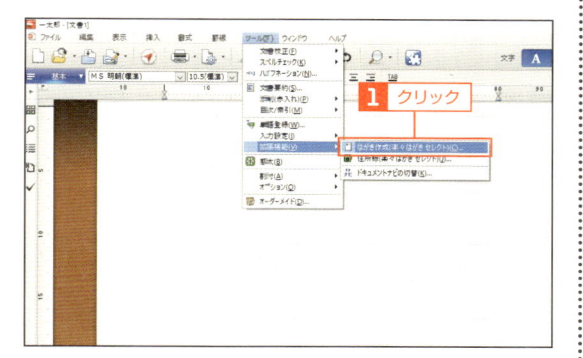

1 [ツールー拡張機能ーはがき作成（楽々はがき セレクト）]を選択します。

はがきうらの作成

1 楽々はがき セレクト for 一太郎が起動し、ガイドメニューが表示されるので、作成したいはがきをクリックして選択します。ここでは[冬の挨拶]を選択しています。

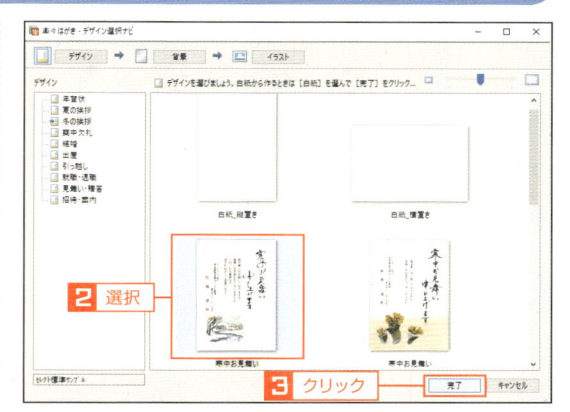

2 デザインを選択します。

3 完了 をクリックします。

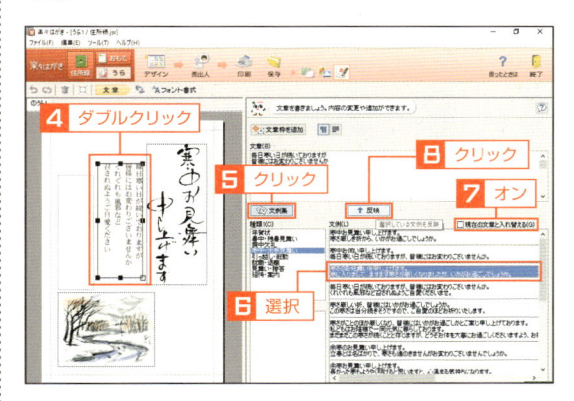

4 文章枠をダブルクリックします。

5 文例集 をクリックします。

6 文章を選択します。

7 「現在の文章と入れ替える」のチェックをオンにします。

8 反映 をクリックします。

はがきおもての作成

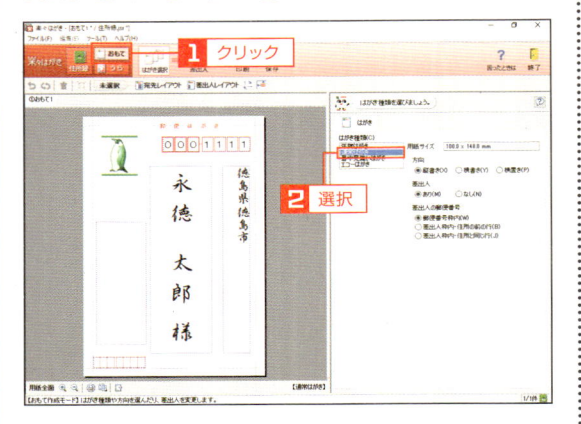

1 ［おもて］をクリックします。

2 ［はがき種類］ではがきの種類を選択します。

> **MEMO** 宛先は［住所録］に登録します。ここでは、あらかじめ住所録を作成しているため、宛先が自動的に表示されています。

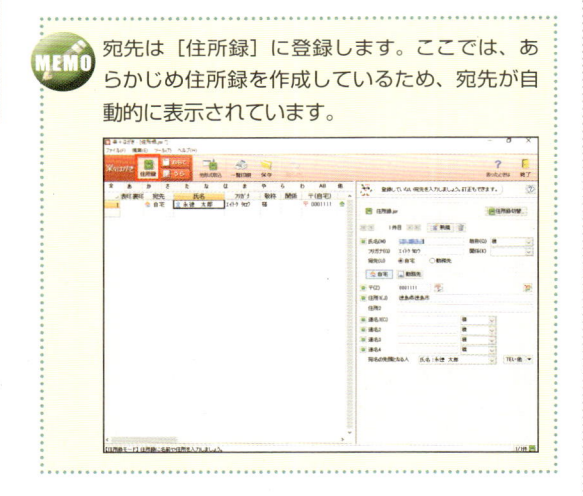

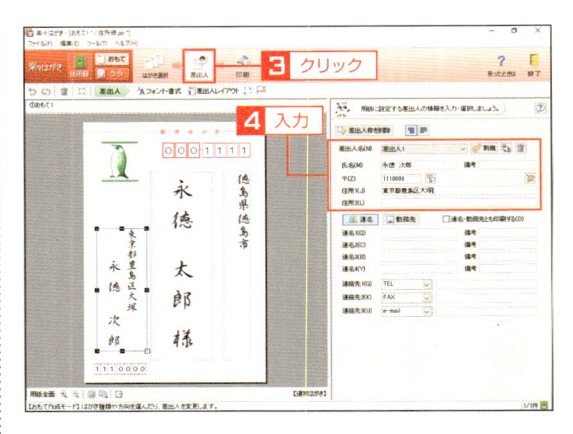

3 ［差出人］をクリックします。

4 差出人を入力します。

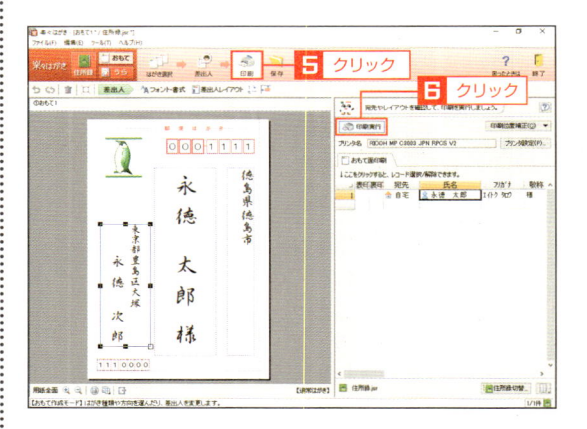

5 ［印刷］をクリックします。

6 宛先を確認して 印刷実行 をクリックします。

一太郎2019 プレミアム／スーパープレミアムでできること

一太郎2019とATOKに、「秀英体」8書体、「日本語シソーラス　第2版　類語検索辞典 for ATOK」、「明鏡国語辞典　第二版 for ATOK」、そして「花子2019」などを加えたのが「一太郎2019 プレミアム」です。さらに、「ブリタニカ国際年鑑 特別編集版」、「Britannica ImageQuest」の使用権などを加えた最上位版が「一太郎2019 スーパープレミアム_。文書作成やパソコン活用の世界が広がります。

1　一太郎2019 プレミアム

活字書体として誕生した「秀英体」8書体、言葉探しの強力な相棒になってくれる「日本語シソーラス　第2版　類語検索辞典 for ATOK」、日本語の意味を解決する国語辞典「明鏡国語辞典 第二版 for ATOK」を活用して、豊かな日本語文書を作成しましょう。

一太郎で作る美しい文書（秀英初号明朝／秀英にじみ明朝 L／秀英明朝 L／秀英明朝 M／秀英明朝 B／秀英角ゴシック金 L／秀英角ゴシック金 M／秀英角ゴシック金 B）

●秀英体

秀英体は金属活字書体として誕生し、明治以来100年以上にわたり開発が続けられている歴史ある書体です。現在でも、多くの書籍や文芸誌、辞典などで使われています。利用することで、格調高い文書作成を実現できます。

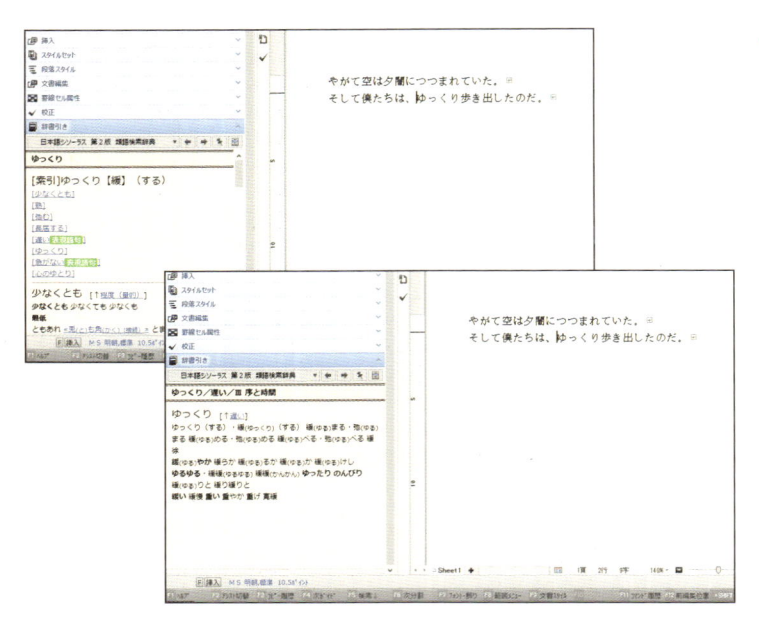

●日本語シソーラス　第2版 類語検索辞典 for ATOK

「日本語シソーラス」（大修館書店）は、意味の類似に従って言葉をグループ分けした類語検索辞典です。のべ33万語句を収録し、日本語使用の実態や言葉の世界に定着された日本人の感性が反映されています。言い換える言葉を探すのに最適で、より豊かな日本語表現を可能にしてくれます。言葉の前にカーソルを置き、[Ctrl]キーで表示します。

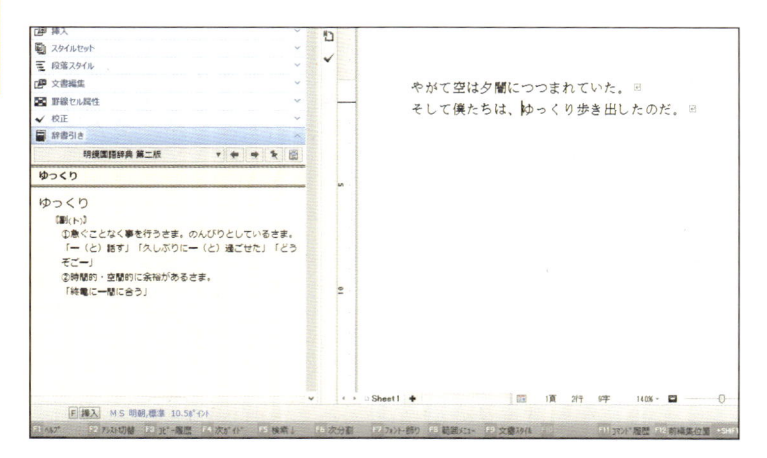

●明鏡国語辞典 第二版 for ATOK

「明鏡国語辞典」（大修館書店）の特徴は、「言葉に関する疑問」の数々に応え、言葉の適切な使い方と気をつけたい誤用を解説していることです。使用頻度の高い現代語に強い実用的な国語辞典『明鏡国語辞典』は、今の時代における日本語文章作成の強い味方です。言葉の前にカーソルを置き、[Ctrl]キーで表示します。

●詠太9

文書読み上げソフトの詠太は新バージョンとなり、日本語男性話者が刷新され、最新話者のAKIRAが採用されました。落ち着いた音質で、話し方も明瞭。残響やエコーのある場所でも聞き取りやすい音質が特徴です。

●花子2019

統合グラフィックソフト花子は、新しくバックアップ履歴機能を搭載し、複数世代のバックアップを残せるようになりました。さらに、一太郎でも使える部品を22,600点以上収録しています。そして、一太郎と連携して、本の魅力をアピールするカバー・帯作りができます。「バラエティ用紙」に新しく追加された「カバー・帯」を使えば、本のカバーと帯を同時に作ることができます。

● JUST PDF 4 ［作成・編集］

PDF作成ソフトのJUST PDFが6年ぶりにバージョンアップ。［作成］は高精細ディスプレイ対応、画像形式保存、フォントの図形化などに対応しています。［編集］は、スナップショットや音声読み上げなどに対応しています。多くの印刷所が入稿データとしてサポートするPDF/X-1a:2001出力対応なので、一太郎と連携してPDF文書を作成し、作成したオリジナル小説をそのまま印刷所に入稿できます。

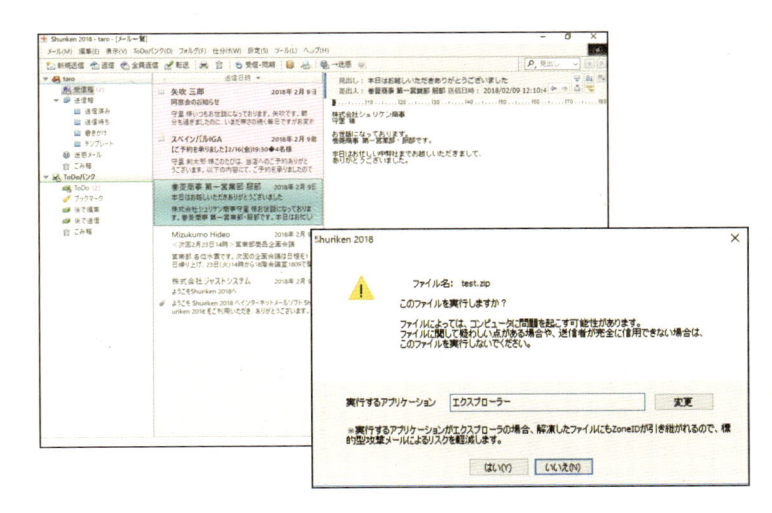

● Shuriken 2018

高いセキュリティ機能と軽快な動きを兼ね備えたメールソフト「Shuriken 2018」。近年増加し、社会問題となっている標的型攻撃メール対策が施され、高いセキュリティ性能を持ちます。

2 一太郎2019 スーパー プレミアム

世界の情報を幅広く解説する「ブリタニカ国際年鑑 特別編集版」と、「Britannica ImageQuest」の画像を活用できます。ほかにも、Microsoft Office 互換ソフトとなる表計算ソフト「JUST Calc 4」やプレゼンテーションソフト「JUST Focus 4」を搭載する最上位モデルです。

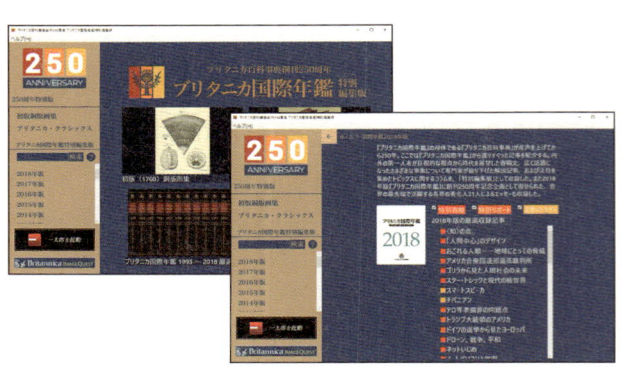

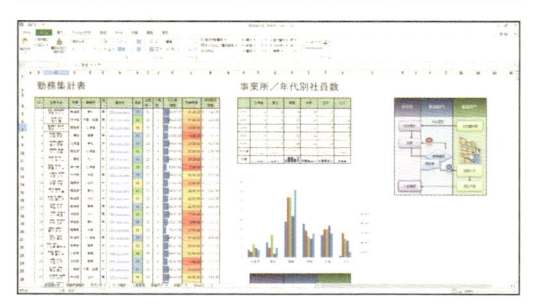

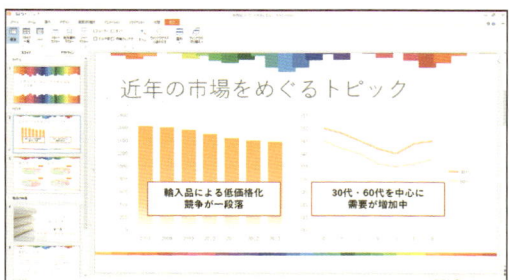

●ブリタニカ国際年鑑 特別編集版

「ブリタニカ国際年鑑 特別編集版」は、創刊 250 周年の特別記念版です。1994 ～ 2018 年の 26 年分の情報を厳選して収録するほか、1768 年発刊の初版に掲載された銅版画のデータなども多数収録しています。検索性が高いことも特徴です。

●Britannica ImageQuest

「Britannica ImageQuest」は、さまざまな分野の貴重な写真やイラストを提供するオンラインサービスです。世界有数の企業・学術機関から収集した 300 万点以上の画像を利用できます。
（利用期限は、利用開始日から起算して 1 年、または、2021 年 3 月末日のうち、いずれか先に訪れる日まで）

●JUST Calc 4

Excel と高い互換性を持った表計算ソフト。ピボットテーブル・オートフィルター・スパークライン・条件付き書式・グラフ・関数など、Excel でよく使われる機能にも対応しています。Excel のマクロ機能にも一部対応しています。

●JUST Focus 4

PowerPoint と高い互換性を持ったプレゼンテーションソフトです。pptx 形式のファイルの読み込みと保存に対応しています。すぐれた表現力とテーマや文字の効果などの機能を備えていて、魅力あるプレゼンテーションを演出します。

索引

索引

内藤由美（ないとう ゆみ／フリーライター）

ジャストシステムを退社後、IT関連のライター・編集者として活動。ソフトウェアの解説本、パソコンやスマートフォンの活用記事などを執筆。日経BP社のムックや書籍の編集も担当。趣味が高じてビリヤード雑誌でも執筆中。

井上健語（いのうえ けんご）

フリーランスのテクニカルライター。オールアバウトの「Wordの使い方」「パソコンソフト」のガイドも担当。ビジネス＋IT（SBクリエイティブ）等での企業取材、広告記事も手がける。近著は「誰でもできる！ LINE WORKS導入ガイド」（日経BP社）など。
個人サイト：http://www.makoto3.net/
Facebook：https://www.facebook.com/inouekengo

●「一太郎 2019」の操作に関するご質問は、株式会社ジャストシステム　サポートセンターにお問い合わせください。
●その他、本書で紹介したハードウェア・ソフトウェア・システム本体に関するご質問は、各メーカー・開発元の担当部署にお問い合わせください。
●本書の内容に基づく運用結果について、弊社は責任を負いません。ご了承ください。
●万一、乱丁・落丁本などの不良がございましたら、お手数ですが株式会社ジャムハウスまでご返送ください。送料は弊社負担でお取り替えいたします。
●本書の内容に関する感想、お問い合わせは、下記のメールアドレスあるいはFAX番号あてにお願いいたします。電話によるお問い合わせには、応じかねます。
　メールアドレス◆ mail@jam-house.co.jp　FAX番号◆ 03-6277-0581
●可能な限り、最新の情報を収録するように努めておりますが、商品のお買い上げの時期によって、同一書籍にも多少の違いが生じるケースがあります。また、これは本書の刊行時期以降の改変などについて保証するものではございません。ご了承ください。

学んで作る！ 一太郎 2019 使いこなしガイド
2019 年 2 月 8 日　初版第 1 刷発行

著者	内藤由美＋井上健語＋ジャムハウス編集部
発行人	池田利夫
発行所	株式会社ジャムハウス
	〒 170-0004　東京都豊島区北大塚 2-3-12
	ライオンズマンション大塚角萬 302 号室
カバー・本文デザイン	船田久美子
印刷・製本	シナノ書籍印刷株式会社

ISBN978-4-906768-58-5
定価はカバーに明記してあります。

© 2019
Yumi Naito, Kengo Inoue
JamHouse
Printed in Japan